大杉栄伝

永遠のアナキズム

栗原 康

角川文庫
22568

目次

凡例

一、大杉栄の引用については、初出、および『大杉栄全集』（現代思潮社版）の巻名を記した。

一、『大杉栄全集』（現代思潮社版）については、『全集』と略した。

一、引用史料には「つんぼ」「吃り」「気ちがい」「盲目的」など今日の人権擁護の見地に照らして、不適切と思われる語句や表現があるが、原文の歴史性を考慮し、また大杉栄が故人であることも鑑みて、底本のママとした。

一、引用文は現代表記とし、必要におうじて漢字はひらがなにあらため、またはルビを振った。

一、注は（ ）で囲んだ番号によって示した。

一、引用文内の〔 〕は、本書の著者による補足説明である。

はじめに

僕は精神が好きだ。しかしその精神が理論化されるとたいがいはいやになる。理論化という行程のあいだに、多くは社会的現実との調和、事大的妥協があるからだ。まやかしがあるからだ。

精神そのままの思想は稀れだ。精神そのままの行為はなおさら稀れだ。生まれたままの精神そのものすら稀れだ。

この意味から僕は文壇諸君のぼんやりした民本主義や人道主義が好きだ。すくなくとも可愛い。しかし法律学者や政治学者の民本呼ばわりや人道呼ばわりは大嫌いだ。聞いただけでも虫ずが走る。

社会主義も大嫌いだ。無政府主義もどうかすると少々いやになる。

僕の一番好きなのは人間の盲目的行為だ。精神そのままの爆発だ。

思想に自由あれ。しかしまた行為にも自由あれ。そしてさらにはまた動機にも自由あれ。

（大杉栄「僕は精神が好きだ」『文明批評』一九一八年二月、『全集』第一四巻）

これは大杉栄、三三歳のときの文章である。よくもまあ、こんなストレートないいかたができたものだとおもってしまう。ふつう三〇歳も越えれば、ひとはなんらかのかげりをもっている。ひどい目にあって、あれをいっちゃいけない、これをいっちゃいけないとおもわされ、自分を律してひとに話しかける。あたかも、それが自分の深みであるかのようによそおいながら。自分を大きくみせて、大人であるあかしを立てる。だが、大杉はそういうことをいっさいしない。いつだってありのままであり、好きなことを好きなように表現してしまう。子どもである。それは大杉がなんのつらい目にもあってこなかったということを意味するのではない。大杉は、人生で四回も死にかけ、そのつどもう立ちなおれないんじゃないかというくらい、へこまされている。

まず、一九〇一年、一六歳のとき、大杉は名古屋陸軍地方幼年学校に進学していたが、同級生と乱闘騒ぎをおこし、あげくのはてに後頭部をナイフでめった刺しにされてしまった。瀕死の重傷をおい、学校もやめさせられている。人生の挫折。つぎに一九一〇年、二五歳のとき、すでに社会主義者になっていた大杉は、逮捕されて刑務所にいれられていたが、そのあいだに大逆（たいぎゃく）事件がおこっている。仲のよい友人が、いっせいに処刑されてしまった。権力側は、事件をでっちあげて、いきのいい社会主義者を皆殺しにしようとしていたわけだから、大杉は別件で捕まっていて、九死に一生をえたのであるが、それにしても、そうとうな恐怖といいようのないほどのくやしさをおぼえたにちがいない。そして、一九一六年、三一歳のときには、葉山日蔭茶屋事件で女性に刺されている。四角関係におちいったあげく、痴情のもつれで首もとをナイフで刺されてしまった。大杉は危篤状態。なにをやっているんだといわんばかりに、社会主義の同志たちが大杉のもとをさってしまった。そして一九二一年、三六歳のときには、肺炎をこじらせて死にかけている。意識をうしない、医師からはチフスを併発させていると診断された。そのころ、大杉は思想的にはことなるけれども、ボルシェビキとの協同戦線をくんでいたが、病気でたおれているあいだに、おもむろに排除されてしまった。信じていた友人にうらぎられる。とてもつらいことだ。

なかでも、大杉にとっていちばんつらかったのが、葉山日蔭茶屋事件であった。自分がバッシングされるだけだったらまだしも、スキャンダルのせいで、かわいがっていた妹が自殺してしまった。縁談がはだんになり、悲嘆にくれての自殺であった。これはもうだめだ。なにをやってもうまくはいかない。ちょうど、そんなふうにおもっていたころである。大杉は『文明批評』という雑誌をたちあげ、そしてこう書いた。「僕は精神が好きだ」。どうかしている。いったいなにを考えていたのだろうか。

死ぬって存外つまらんものだ。そしてまたその死に悩むということも存外あっけないものさ。

が、生きるということは実におもしろいね。僕は葉山のときにはじめて、ほんとうにこのおもしろみをあじわった。そして今度また、再び味を貪りなめた。

ことに葉山のときなぞは、ほとんど刻一刻と言ってもいいほどに、生の回復してくるのが目に見えて進んだ。時々三十分か一時間うつらうつらと眠って目がさめたときにはまるで別人のように自分が変わっていた。

こんども意識がすっかり目ざめたときには、もうこの生の力がからだ中に充ち充ちていた。毎日何かの能力が一つずつ目ざめてくる。動けなかった手足が動いてくる。寝返りができるようになる。きのうはまだ一人で立つことができなかったのに、きょうはもうそれができる。あすはひと足ふた足歩ける。そしてあさってはもう室の中をあちこちとよちよちしながら歩く。

ふだんこのいろんな能力を十分に働かしていったら、できるだけ自分の思う通りの、我がままな生活をしていったら、生の快楽を貪っていったら、いつ、どこにどうして死んだって、大して不足もあるまいじゃないか。

(大杉栄「死にそこないの記」『漫文漫画』一九二二年、アルス、『全集』第一四巻)

これは、肺炎で死にかけた直後に書かれた文章だ。ひさびさに、葉山日蔭茶屋事件をおもいだしている。死をまぢかにして、大杉がおもったのは、もっとわがままに生きようということであった。生の快楽をあじわいつくす。ケガを負ったり、病気になったりして、いちどからだの自由がきかなくなったが、徐々に回復して手足が動くようになってくる。うれしい、楽しい、気持ちいい。自分の力が高まってくるのを感じる。たぶん生の快楽とはそういうものなのだろう。とても単純でありふれたこと。まわりの評価がどうこうとか、そういうことではない。自分はあんなこともできる、こんなこともできるとおもえればそれでいい。おもしろいことがどんどんできるようになってくる。あれも欲しい、これも欲しい、ぜんぶ欲しい。徹頭徹尾、子どもである。生死をさまよい、精神的に打ちのめされるたびに、大杉はいつもあたまを空っぽにしていた。もはや自分にはなんにもない。だが、そのなんにもなくなった白紙の状態から、自分がなにをしたいのか、その嗅覚がとぎすまされてくる。もっとわがままになれ、精神そのままを爆発させろ。大杉にとって、それが自由であり、アナキズムの神髄であった。

しかし、資本主義が自由にさせてくれない。すべてがカネではかられる。いくらもうけることができるのか。それだけが有用性の基準とされる。会社で働いているときばかりではない。明日も明後日も、五年後も一〇年後も、働きつづけることができるのかどうか。学生のときから、あるいは失業したときも、そうする意志があるのかどうか。家庭でも学校でも、およそ社会と呼ばれるところでは、ひとはまわりの評価にさらされて、こいつはつかえるとか、つかえないとかいわれている。資本主義に反対していたっておなじである。どんなにラジカルな社会主義団体だったとしても、ひとを動員するというのであれば変わらない。ストライキを打つにしても、デモを打つにしても、なんらかの目標が設定されていて、あれをやってはいけない、これをやってはいけないとはじめから決められている。団体の命令なんてきかずに、勝手に会社に殴りこみをしかけたり、警官にケンカでもふっかければ、もうひどいあつかいだ。みんなの足をひっぱるな、この役立たずめとののしられる。たとえアナキズムを標榜する団体であったとしても、やはり理想社会の実現のために、ひとの生きかたを強制するというのであれば変わらない。いかなる主義主張であれ、善悪、優劣の基準を決めて、ひとの生きかたをしばりつけるのはよくないことだ。「社会主義も大嫌いだ。無政府主義もどうかすると少々いやになる」。あらゆる社会は、人間を交換可能なものにする装置にほかならない。ひとは生きれば生きるほど、みずからの生をすり減らしていく。いきぐるしい。社会は解体しなくてはならない。

大杉は、思想と行動ばかりでなく、動機にも自由がなくてはならないと述べていた。意図していることはあきらかである。そのふるまいや考えかたが、いくら自分のものだとおもっていても、とんでもない他人のものであるということは多々あることだ。知らずしらずのうちに、全体の雰囲気を読んでしまって、みんなに気にいられるようなことばかりを語っていたり、そのとおりに考えてしまうことだってあるだろう。あるいは毎日、自分磨きに専念して、これが個性だとアピールしても、結局はまわりに評価されてなんぼのスキルでしかなかったりするのである。カネで買える自由がほしいのか、とりかえ可能な自由がほしいのか。大杉は、そんな自由は自由ではないという。自由とは、精神そのままの爆発である。あとさき考えずに、とにかくおもしろいことに夢中になる。もっとおもしろいことができるようになりたいから、友人の知恵を借りてみる。もっとおもしろいことを知ってもらいたいから、やってもらいたいから、友人に手を差しのべてみる。自律と相互扶助の力がどんどん高まっていく。物的成果とか、社会的承認とか、なにか見返りが欲しいわけではない。誰だって自分の力のたかまりをたのしみたい。とても単純でありふれたこと。「思想に自由あれ、しかしまた行為にも自由あれ、そしてさらにはまた動機にも自由あれ」。身を益なきものにおもいなす。自由だ。

　だが、やはり社会はひとをつかんではなさない。生きようとすればするほど、大人になろうとすればするほど、ひとは知らず知らずのうちに社会に捕捉されてしまう。どうしたらいいか。ストライキ。大杉は、社会をうがつ行為をストライキと呼んだ。社会に駆りたてられる時間を一瞬でもいいからとめて、子どものようにやりたいことしかやらない状態をつくりだす。子どもが遊びに夢中になっているその一瞬は、まるで永遠のようである。時間の感覚なんて忘れてしまって、ただ快楽をみたすことだけにのめりこんでしまう。まわりから、もう遊びの時間は終わったよといわれても、ぜんぜんおかまいなしだ。まだつづいている、まだつづいていると、遊ぶことをやめやしないし、かりにやめさせられたとしても、ふとした瞬間におもいだして、またおなじことを繰りかえしてしまう。ストライキにつぐストライキ。大杉の場合、幼少年期からの生きかたとして、それを実践していた。社会主義者としての道をあゆみはじめてからは、おなじようなことをやっている友人にたくさん出会った。そして一九一八年、米騒動だ。一〇〇〇万もの人びとが、子どもになってばか騒ぎをしている。「請願するものにはあたえられず、強請するものにはすこしくあたえられ、強奪するものにはすべてをあたえられる」[1]。ひとは社会に背負わされているものを投げ捨てると、ほんとうに望んでいるものだけにひたむきになる。

本書は、米騒動から議論をはじめている。それは、大杉が米騒動のなかに、社会動員の解除をみいだしていたからだ。一〇〇〇万もの人びとが、社会によって植えつけられたアイデンティティをかなぐり捨てた。あれがしたい、これもしたい、もっとしたい、もっともっとしたい。むきだしの欲望の直接的行使。ストライキ。大杉は米騒動をみて、それまで自分がやってきたこと、自分が理論化してきたことがまちがっていないと確信した。そして、そのイメージをもって、労働運動の実践に乗りだしていった。では具体的に、大杉は米騒動をどのようにみていたのだろうか。そして、それをどのような思想や行動とむすびつけ、どのような労働運動として展開していったのだろうか。これから米騒動を出発点として、大杉の生の軌跡を追っていく。きっと社会に亀裂が走り、自由があふれだす瞬間をみいだすことになるはずだ。自由を口にしておきながら、むきだしの欲望を否定するのは、口のなかに屍をくわえているようなものだ。子どもが遊んでいないのは、生きていないのとおなじことだ。貪欲な子どもは生をむさぼる。「僕は精神が好きだ」。

第一章　蜂起の思想

一九一八年、一〇〇〇万人暴動

一九一八年八月九日、大杉栄は大阪にやってきた。八月九日といえば、七月に富山県でおこった米騒動が、全国各地に波及しはじめた日である。大阪にも異様な雰囲気がただよっていた。なにかおこりそうだ。大杉はしばらく大阪に滞在することを決めた。ちなみに、大杉が大阪にやってきたのは、なかば偶然であった。ふだん、大杉は東京を拠点に活動している。しかしパートナーであった伊藤野枝が帰省することになり、七月半ばからいっしょに福岡県今宿を訪れていた。大阪によったのは、その帰り道である。むろん、わざわざ今宿まで大杉も同行したのは、たんに実家に顔をみせるためではない。大杉は、野枝の親類にカネの無心をしたり、友人の画家である林倭衛(しずえ)も同行させて、絵の販売をしたり、あわよくば個展でもひらかせてもらおうとしたのであった。

昔から、およそアナキストにはカネがない。働かないからだ。借金に借金をかさね、そのうちに首がまわらなくなってしまう。大杉は売れっ子の文筆家であったから、出版社から前借りすることもあったが、そんなにたくさん働きたくはない。書きたいのは、カネにならないビラみたいな文章ばかりだ。どうしたらいいか。簡単だ、他人のほどこしをうけるか、奪いとるしかない。今回は友人の絵を売って、そのカネをもらおうとしていた。しかし、計画はかんぜんに失敗。絵は売れず、個展もひらけなかった。カネがない。林はすぐに今宿をたったが、大杉と野枝には帰りの汽車賃もなかった。やってしまった。しかたがないので、野枝の実家にとまり、のんびり海水浴を楽しむことにした。ようやく帰途のめどがたったのは、八月にはいってからのことである。東京の同志がカネを送ってくれた。おなじころ野枝も親類からカネを借りることができ、二人は八月六日に今宿をあとにした。途中、下関を経由して、九日、大阪に到着する。

八月一〇日、大杉は、宿泊先の旅館に大阪のアナキストをまねいた。岩出金次郎、武田伝次郎、逸見直造、松浦忠造らがやってきて、野枝もまじえて交流した。武田と逸見の二人は、自分たちがやっていた労働者無料法律相談所について話し、大杉は「ウン、それはいい」といったらしい。実際、二人がとりくんできた運動はおもしろい。一九一五年から、逸見は南区水崎町に家をかまえ、そこを無料相談所として開放していた。日々の不満から仕事のグチ、賃金不払い、解雇、労働災害にいたるまで、はばひろく貧乏人のはなしを聞き、問題解決にあたる。しかし、とりわけ力をいれていたのは、家賃不払いであった。逸見は、みずからの自宅で家賃不払いを実践し、おなじことを他人にもすすめていた。家主が裁判所に訴えたら、法廷でねばれるだけねばり、負けたら負けたで表札を他人名義に変えてまたねばる。執行人がやってきても、あけ渡し状と名義がちがうといって追いかえす。あとはその繰りかえしだ。のちに逸見たちはこの無料相談所を借家人同盟と改称し、大規模な家賃不払い運動をおこすことになる。

さて、翌日の八月一一日である。大杉は野枝を東京に帰すと、ひとり岩出の家を訪ねた。前日の交流のさいに、騒動がおこりそうな場所につれていってもらう約束をしたのだろう。午後一一時、武田とも合流し、難波河原から南区日本橋筋三丁目をまわることにした。この日、午後七時から天王寺公園公会堂で、国民党大阪倶楽部主催の米価調節市民大会がひらかれていた。聴衆は約三〇〇〇人。内容は、米価の急騰をまねいた寺内内閣を批判したものであったが、しかし茶番のような弁士の演説を聴いただけでは、聴衆は満足しない。それはそうだ。大阪では、八月一日に一升三九銭であった米の値段が、一一日になると五五銭になっていた。高すぎる。会場では怒号のような野次が飛び、その場で代表団をくんで府知事に請願にいくことになった。午後一〇時半、集会を終えて代表団が府庁にむかうと、数百名がそのあとにつづいた。この一団がいくさきざきで米屋を襲うことになる。

日本橋五丁目にいたるや、二〇〇名あまりの群衆は水谷米店に殺到し、「米をだせ、安く売れ」と絶叫するにぞ、機転利きたる同家の主人はさっそくとんで出て応対し、「よろしい。承知しました。今晩来た人にかぎり、明日二五銭で屹度売ります。わたしは他の米屋とちがい売るというたら嘘はいわぬ」と答えたるより、群衆は納得して立ち去れるが、これに勢いをえてさらに北にむかい、盛んに喊声をあげて同四丁目宇野米店をおそい、丸太・石塊などにて戸締りを破りにかかれり。このとき群中より、嬰児を背に負える三〇過ぎの女現れ、「因業な米屋や、おやじがでるまでやりなはれ」と自ら掻きわけて先にいで、歯の折れたる下駄を右手にとりて、鬼女のごとくに猛り狂いて宇野を襲撃したれば、群衆はますます煽られて、ついに同家の戸を開かせたれば、怖れをなして主人は二五銭廉売を誓えり。

(『大阪毎日新聞』八月一三日)

大杉が日本橋方面を歩いていたのは、ちょうどこのときであった。わっしょい、わっしょい。目のまえで米屋が襲撃され、主人がおもてにつれだされている。群集に罵倒され、無理やり米をやすく売らされている。一店や二店ではない。日本橋中の米屋がつぎつぎとおそわれ、そのつど廉売所ができあがっていく。やばい、楽しすぎる。大杉はかんぜんにまいあがっていた。「廉売所はあそこですよ」。騒ぎを聞きつけ、外に出てきた婦人たちをみつけては、指をさして場所をおしえていた。「窮民が米を奪取するのは当然のことなり」。道すがら、岩出や武田にそんなはなしをしたという。午前二時ころ、警官がちかよってきて、「おまえは誰だ」とどなってきた。きょうは負ける気がしない。大杉は「なにものだとはなにごとだ」とどなりかえし、その後、警官を挑発するような言葉を連発した。すると警官は仲間を呼びはじめ、気づけば、警官隊にとりかこまれていた。最後は、警察署長までやってきて口論になり、結局、帰宅することでことなきをえた。この日、大杉は岩出の家にとめてもらっている。

ところで、そもそも米騒動とはいったいなんだったのだろうか。名前こそ知られているものの、実のところ、その内容についてはあまり知られていない。文献をひもといてみるとあきらかなのは、米騒動は、誰がどうみても日本最大の暴動であったということだ。原因は、米価の急騰。さきほどもすこしふれたが、一九一八年一月、一升あたり一五銭ほどであった米価は、六月、七月になると、二〇銭、三〇銭へと急騰し、八月半ばになると、五五銭にまではねあがっていた。なぜ、ここまで米価があがってしまったのか。考えられる理由は二つある。ひとつは米の生産量が減ったことであり、もうひとつは米の消費量が増えたことである。

第一次大戦をきっかけとして、日本は急速な工業化をとげていた。とうぜんながら農村の人口が減り、都市で働く人口が増えることになる。それでは米の生産量が減ってしまうのも無理ないことだ。また、都市で働く人口が増えるにつれて、都市型の食生活がひろまることになった。もともと明治以前、日本の主食は米ではなかった。米は年貢として支配階級におさめるものであり、人口の八割、九割をしめる農民は、アワやヒエなどの雑穀を主食としていた。米はぜいたく品であり、庶民のものではない。だから、実のところ江戸時代の一揆では米倉を襲うことはあったが、それは自分たちの食糧をとりもどすための行為ではなく、むしろ富裕層のぜいたく品をぶち壊してやるという意味のほうが強かったといわれている。しかし明治以降、事情が変わってくる。政府は米中心の食生活をひろめようとし、まず軍隊や女工の寄宿舎の給食に導入されることになった。いまでこそアワやヒエは健康食として再評価されているが、当時は貧相なイメージしかなかった。それにくらべて、白米は栄養豊富であり、それだけでおいしくいただけると考えられていた。副食としても、漬物や焼き魚などすこしのおかずですむ。そう考えると、いがいにカネもかからない。やすくてうまい。米中心の食生活は軍隊や女工にはじまり、しだいに都市で働く人びとのあいだにひろまっていった。

大正時代にはいると、米と洋食文化がむすびつき、栄養面のことばかりでなく、よりおいしいごはんを食べることができるようになった。トンカツ、オムライス、カレーライス。こうした和風洋食が食生活を抜本的に変えた。まだぜいたく品であったかもしれないが、カネさえ払えば、いくらでも白米にあったおいしい料理を選択することができた。外食はもちろんのこと、一般家庭でも食肉や乳卵がもちいられるようになり、それが米の消費量をさらに拡大させた。都市生活者ばかりではない。都市の食文化はメディアや口伝えでひろまっていき、農村でも米中心の食生活がとられるようになった。別章で詳述するが、こうした都市の消費文化はアメリカのライフスタイルにちなんでアメリカニズムと呼ばれる。ひねくれたいいかたになってしまうかもしれないが、米中心の食生活は日本の伝統文化だったわけではなく、ほんとうはアメリカニズムとして普及したのである。一九一八年。そんななかでの米価急騰である。

おいしい白米を食べましょう。そういわれてカネを払い、米を食べるのがあたりまえになったのに、やっと味をおぼえたとおもったら、こんどは米の値段をつりあげられて、おまえたち貧乏人に食わせるメシはない、白米を食べられるのは富裕層だけだとかいわれてしまう。ふざけやがって。大半の人間がそうおもったにちがいない。七月二三日、富山県魚津町の主婦たちが声をあげると、つづけざまに暴動がまきおこった。七月中は、ほとんど富山県内で発生しており、暴動とはいえ、まだ官公庁や有力代議士への陳情というレベルであった。米価急騰の責任は政府にある。政府はただでさえ米不足なのに、シベリア出兵のために米を移出している。せめてそれだけでもやめてもらえないだろうか。そんな陳情を繰りかえしていた。だが、八月にはいっても、米価はあがりつづけた。ここから米騒動は本番にはいる。富山県の農民、漁民、主婦たちが集団で米屋をおそいはじめた。直接、米屋と交渉し、ときには暴力でおどして、その場で米をやすく売らせた。いちど味をしめてしまったら、もうとまらない。そうか、その手があったのかといわんばかりに、米屋に直接おしかける行動スタイルは、富山全域、全国各地へといっきに伝播していった。

七月一八日―八月九日　富山
八月九日　愛知、広島、和歌山
八月一〇日　京都、和歌山、岡山

八月一一日　大阪、広島、岡山
八月一二日　京都、大阪、東京、和歌山、愛知、広島、岡山、兵庫、奈良、三重、静岡、石川
八月一三日　京都、大阪、東京、和歌山、岡山、滋賀、岐阜、福島、福井、山口
八月一四日　大阪、東京、和歌山、愛知、広島、岡山、兵庫、奈良、三重、静岡、岐阜、福島、愛媛、香川
八月一五日　京都、和歌山、三重、静岡、岐阜、福島、大分、愛媛、山梨、宮城、高知、神奈川
八月一六日　福島、山口、福岡、神奈川
八月一七日　東京、和歌山、福島、山口、福岡、新潟、長野、宮崎
八月一八日　大阪、岐阜、福島
八月一九日　京都

米騒動は八月九日から全国にひろがり、二〇日前後までにほとんど沈静化された。騒動の発生地域は、すこし長めにとって、八月一一日から九月一一日までの一ヵ月間でみてみると、一道三府三七県、三八市一五三町一七八村の計三六九ヶ所であり、当時は一道三府四三県であったから、およそ九割の都道府県で騒動がおこっていたことになる(2)。当時の日本の人口は、六〇〇〇万人ほどであったから、参加者総数は、およそ一〇〇〇万人。

そ六人に一人が暴動に加わっていたことになる。鎮圧にあたっては、警察だけではどうにもならず、軍隊が派遣された。派遣された地域は、おなじく八月一一日からの一ヵ月間で、三府二三県、三四市四九町二四村の計一〇七ヶ所であった。兵力の規模は、ピーク時で二万二〇〇〇人、総数でいうと五万七〇〇〇人であったといわれている。かつて秩父事件や日比谷焼打ち事件のさいにも出兵はなされたが、それはあくまで一地域の騒動であった。西南戦争などの戦争をのぞけば、国内で生じた暴動で、ここまで全国規模の出兵がなされたことはなかった。逮捕者の数も尋常ではない。検挙された人数が、二万五〇〇〇人。そのうち、刑事処分に付されたのは八二〇〇人であった。米騒動は、まぎれもなく日本最大の暴動だったのである。

さて、大杉が大阪にやってきたのは、このまっただなかであった。八月一一日に火がついた米騒動は、やがて一三日にピークをむかえることになる。全国的にみても、大阪は規模が大きく、かんぜんに騒乱状態であった。一三日だけでも、参加人数は六〇万人から八〇万人にもおよんでいたといわれており、これを鎮圧するために、投入された軍隊の数は九八〇〇人。憲兵隊をふくめると、一万人を越えていた。軍隊との衝突によって、民衆二人が刺殺され、軍隊の側も四六人が負傷したという。東京の仲間たちは、その多くがなにかしら理由をつけられ、事前拘束にあっていたが、たまたま旅行に出ていた大杉は、捕まることもなく、大阪でこの騒動を目の当たりにすることができたのであった。

デマを流せ！

八月一二日、官憲側の資料によれば、大杉栄は夜九時ころ、逸見直造や岩出金次郎とともにでかけ、米騒動の見物がてら釜ヶ崎周辺をまわったという。この事実はまちがいないのだが、しかし前日、あれだけの暴動をみて、夜までなにもしていなかったわけがない。逸見直造の息子である吉三によれば、この日は、朝から大杉が家を訪ねてきたという。そして、大杉と直造は、米騒動のはなしでもりあがり、いてもたってもいられなくなって、外に飛びだしていったそうだ。あとで父親からはなしを聞いたのだろうか、このときの大杉については、吉三の描写がとてもいきいきとしているので、すこし長くなるが引用してみたい。

逸見直造の家につくやいなや、はなしはすぐに米騒動のことになった。「こらあー大阪でも一騒ぎおこりまっせ。毎日あちこちで演説会やなんかやってますさかい」。「ウン、おもしろい。どこらへんで騒いでいる？」。「やっぱし釜ヶ崎あたりから、はじまりまっしゃろ」。「よし、いまから見にいこう」。直造、大杉は、尾行にはまだ家のなかではなしをしているように思わせておいて、旅装をとく間もなく飛び出した。釜ヶ崎の町を歩いてみたが、いつものとおり、あまり変化はない。米屋の前を通ってみたが、人だかりの様子はない。

裏長屋の方へはいっていくと、二、三人の女が井戸端会議の最中で、その一人が直造を知っていてあいさつをした。「あんたらどう思う。富山のおかみさんたちが米屋をやっつけたこと……」。とたんにかの女たちはしゃべり出した。「一升二〇銭の米が、釜ヶ崎では五〇銭になっていまんねん。そいで二五銭で売れいうて談判したろ。みんなでおしかけよ、いうてまんねん。もうガマンでけへんわ」。うでぐみをして聞いていた大杉は、とつぜん直造をうながすと、街通りへ出て人力車をつかまえた。「一体、どないしますのや」。「まあ、ついて来い。これから面白くなるぜ」。うれしいときのクセの、ウッヒヒヒッと声を出して、いたずらっ子のように笑った。

人力車をまたせておいて、大杉と直造はつぎつぎに大阪の新聞社を歴訪した。「いま釜ヶ崎では、米売れ騒動がはじまっている。売り惜しみしていた米屋に二五銭で、ありったけをみんなに売れ、と騒ぎ出している。オレはいまこの逸見君といっしょに、それをみてきた。富山県の火は、大阪にも飛んできているゾ」。

大杉一流のハッタリをまじえた煽動で、新聞社をけむにまくと、すぐつぎへと訪ねていく。その歴訪が終わるか終らぬかのうちに、もう夕刊の赤新聞は大見出しで、〈カマガサキの米屋、二五銭に値下げさせられて売りだす〉とデカデカ書きたて、街道で販売しはじめていた。そして、その日の夕方四時ごろには、数万の人間が、さきをいそいでその安い米を買おうと釜ヶ崎へあつまり、片っぱしから米屋へおしかけはじめた。

（逸見吉三『墓標なきアナキスト像』三一書房、一九七六年）

この日、午前五時ごろから釜ヶ崎は騒がしかった。前日の深夜、廉売することを約束した米屋のもとに、貧民たちが群がったのである。前日の約束では、一升あたり二五銭で売ることになっていたが、いざいってみると三五銭で売るという。大阪の米商人たちはあいはかり、役所とも相談のうえ、この値段で統一したのであった。まだまだ高い。貧民たちは不満を述べたが、きょうは店のまえで警官隊が身構えている。みんなグチをもらしながらも、しぶしぶひきあげていった。大杉たちがやってきたのは、このあと昼すぎぐらいだろう。

主婦たちが米屋にたいして怒りをあらわにしている。しかも口約束とはいえ、いちどは二五銭で廉売するといったわけである。こんな材料、つかわない手はない。大杉は新聞社をまわり、デマを流しまくった。釜ヶ崎で騒ぎがおこっているぞ、米が一升二五銭で売られているぞと。なかばウソではなかったから、信憑性があったのだろう。新聞の夕刊に載り、ますます騒動をあおることになった。どれだけ効果があったのかはわからない。しかし午後八時ごろになると、釜ヶ崎周辺には二万人以上の群集があつまっていた。わっしょい、わっしょい。米屋という米屋を襲撃し、二五銭で廉売させた。カネなんて払わずに、米をもっていってしまうものもあらわれた。大杉がこの場に居合わせていたら、ふたたびこういったことだろう。「窮民が米を奪取するのは当然のことなり」。カネがない、米がない、腹がへった。米は米屋から奪いとるものだ。うん、これはいい。

大杉たちは、新聞社をまわりおえると、逸見の家にもどってきた。すると家には、大杉がきているのを聞きつけて、武田伝次郎や岩出金次郎、金咲道明、吉村於兎也、山崎正二郎らがあつまっていた。大杉は、かれらとともに夜の釜ヶ崎をみにいくことにした。官憲側の資料にある午後九時からの外出とは、このことだろう。一行には尾行が二〇人ちかくついてきた。「こりゃ、ありがたい。こんなにたくさんで守ってくれるなら、おおいに安心だ。諸君、しっかりと見学をしよう」。大杉は、終始、上機嫌であった。これはいい、うん、おもしろい。そんなことをつぶやきながら、釜ヶ崎周辺を歩いていたという。よほど面倒くさいとおもわれたのだろう。しばらくして、警察署長のほうから「先生、もういいかげんにして、このぐらいでおひきとりください。なにかがおこっても困りますし、本部に知れるとわたしの責任になります」といってきた。大杉たちは、シンパがやっている河内屋という旅館で休憩をとり、それから山崎の家に移動して、米騒動の感想を話しあうことにした。

八月一三日、大杉は京都にでかけた。山鹿泰治（たいじ）や上田蟻善（ありよし）、続木斉（つづきひとし）、吉見二郎ら、京都の同志たちに会いにいったのである。山鹿は、米騒動の見物に出ていて留守であったが、上田が大杉をもてなした。新京極で喜劇をみせたあと、先斗町（ぽんとちょう）の待合茶屋につれていっている。山鹿もあとから駆けつけた。山鹿の回想によれば、大杉は大勢の芸者にかこまれて、うれしそうにしていたそうだ[3]。大杉と京都のアナキストたちは、そこで夜どおし米騒動や今後の運動についてかたりあった。大杉は「地方の同志は、ぼくなんかがきたときにこんなに優待してくれるが、運動上にはほとんど援助しないのは不思議だ」と嘆いていたという。ちょっとえらそうだ。おまえは地方の同志になにかしてやったのかといってやりたくもなるが、大杉なりに同志たちにはっぱをかけようとしたのだろう。むろん、大杉にいわれなくても、米騒動をみて、心わきたたないものなどいない。とりわけ、米騒動以降の山鹿の動きはすごい。上田とともに秘密出版を繰りかえし、手痛く弾圧されたとおもったら、その後、上海、北京、台湾、フィリピン、インドなどを飛びまわり、とくいのエスペラント語をいかして、ひとりで海外のアナキストとのネットワークを築きあげていった。のちに大杉がフランスへ渡航するさい、中国で偽造パスポートを手配したのも、この山鹿である。

さてこの日、大杉は京都で宴を楽しんでいた。有意義でもあったはずだ。運動のはなしができたばかりでなく、上田から旅費として六円五〇銭ももらうことができたのだから。ありがたい。しかし実のところ、この日の夜、大阪では米騒動がピークにたっしていた。前日、大杉がふいたデマが、爆風となってふきあれた日だといってもいい。大杉は、おそらく自身がもっとも待ち望んでいた瞬間を見逃してしまったのである。さきほどもふれたが、一三日の騒動参加者は、大阪だけでも六〇万人から八〇万人であった。騒動の発生地点は五〇〇ヶ所ともいわれ、鎮圧には一万人以上の軍隊が投入された。死者二人、重傷者九人、軽傷者三七〇人、逮捕者二三〇〇人。かんぜんな騒乱状態であった。暴動の質も前日とはぜんぜんちがっていた。なかでも、とくに激しかったといわれているのが、日本橋筋の長谷米店焼打ち事件である。

この事件のきっかけは、一二日夜のことである。長谷米店の主人は、おしかけた群集にたいして、翌日になったら米をやすく売ると約束した。しかしいざ一三日になり、群集が米を買いにいくと、長谷米店は廉売をしぶりはじめた。午後六時ころには、もう売り切れだといって店を閉めてしまった。群集のなかには「売り惜しみをしていると焼打ちにしてしまうぞ」とおどすものもいたが、店の主人は「うちは火災保険にはいっているから大丈夫だ」と毒づいている。よし、焼こう。どこからともなく、群集が長谷米店のまえに群りはじめた。午後七時ころには、長谷米店まえの電車道がうめつくされ、その数は何万人なのか、もはやかぞえきれないほどであった。とうぜん電車もとまっている。というよりも、線路に丸太棒がおかれ、無理やりとめられている。「打ちこわせ！　焼いてしまえ！」という叫び声があがり、後方からはばんばん石が飛んでくる。だが、軍隊が待ちかまえていて、一時間たっても、二時間たっても米店にはおしいれない。これはだめか。群集のあいだに、あきらめが芽ばえはじめたころであった。日本橋四丁目のほうで、異様などよめきがおこった。みてみると、ハチマキ姿で竹槍を手にした二〇、三〇人ほどの一団が、もうれつな勢いで長谷米店にせまってくる。軍隊が威嚇射撃をしてとめようとするが、竹槍組の勢いはとまらない。むしろ、群集とともに逆上しておそいかかってきた。

軍隊の発砲は、群衆を逆上せしめた。就中、竹槍組をして憤激その極に達せしめた。肉迫した竹槍隊の一団は、兵隊のもつ銃に手をかけて、これを掠奪した。サアー、もうこうなると乱闘である。あちらでもこちらでも、組討ちがはじまる。上になるもの、下になるもの、逃げるもの、追うもの、悲鳴をあげるもの、号泣するもの、怒号、叫喊、言語に絶する惨状が展開された。このときだ、一人の壮漢がドンゴロスに、石油でもしみこませてあるのだろう、炎々ともえあがるやつを、その長い竹槍の尖端にひっかけて、長谷米穀店のくぐり戸をあけるが早いか、家の中に放りこんだ。（中略）かくてまもなく、黒い煙が戸の隙間、庇の裏から気味わるく、はいだしてきた、とみるまに赤い焔が、チラチラ動きだした。「ソーラ焼けだしたぞ」「ザマァみやがれ」。これをみた群衆は、拍手して喊声をあげた。喊声はそれからそれへと伝わって、いつやむべしとも思われなかった。竹槍組の一隊は、火の手が充分にまわるまで、同家の表入口に立ちふさがり、よらば斬らんの形相すさまじく、槍ぶすまをつくって睨みつけていた。

（堀卯三郎談「日本橋三丁目焼打事件」『犠牲者回顧録』）

はやく火を消そうと消防隊が駆けよってきたが、群集がこばんで近づけない。消防隊が

「こらっ、のかんか」とどなっても、群集は「なに、バカ野郎！　こんな家の火事を消すやつがあるか」といってどこうとしない。ものすごい形相をした中年男が、日本刀をかついできて、黙々と消防隊のホースを切断している。結局、消防隊に水をぶっかけられ、みんな追い払われてしまうのだが、長谷米店焼打ちはこの日のたたかいの狼煙となった。おなじころ、道頓堀の住吉倉庫の米をねらっていた群集は、日本橋方面からあがっている炎をみて、おおいに勢いづけられた。

「焼打ちだ、焼打ちにちがいない」「そら行け！」と若干の人たちは、その方さして走りだした。（中略）この火をみた群集は、もうぜんぜん狂暴となっていた。「やれやれ」「うわっうわっ」と喊声があがると、「ヨイショヨイショ」とかけ声をかけながら、深里橋めがけて進撃を開始した。「住吉倉庫を破れ！米がウンとあるのじゃ」「住吉倉庫を占領しろ」「住吉倉庫へ」、群集はこんなことを口にしながらしゃにむに、いっきに深里橋をおしきろうとした。これをみた官憲は深里橋の東詰に主力を集中して、必死となってくいとめようとした。がついにこの第一の警戒線は破れかかった。否、ついに破れてしまった。群集は深里橋の中央までおしよせたのである。もう、そこに「住吉倉庫」の黒い屋根がみえている。

（前掲、堀卯三郎談『犠牲者回顧録』）

もちろん、ここまできたら軍隊も本気である。午後一〇時ころ、騎兵隊がおよそ二万人の群集めがけて突っこんできた。白兵戦である。群集はこん棒やがれき、小石で応戦するが、さすがにかなわない。馬のひづめでふっとばされ、サーベルで突き刺される。怒号と悲鳴がなりやまない。群集はちりぢりになって逃げはじめた。逃げようとしておしあいへしあいになり、あやまって道頓堀川に転落し、悲鳴をあげているものもいたという。まさに地獄絵図だ。しかし、群集もこのままではおさまらない。午後一一時ころ、住吉倉庫から群集の波が心斎橋方面におしよせてきた。あたりはひっそりとしずまりかえっていて、交番にもひとがいない。みんな出払っているのだ。これはやるしかない。誰かが「さあ、これからみんなで、心斎橋通りで贅沢品を売っている店は、かたっぱしから叩き潰せ」と叫ぶと、群集は小石や棍棒を手にとりはじめた。電燈や洋品店の窓ガラスをつぎからつぎへとたたき割っていく。ひとのいない交番でもあれば、なかにおしいって、そのいっさいがっさいを川に投げこんでいった。やれるとおもえば、みんなで体重をかけ、建物ごと横倒しにしていった。そうしてうさをはらすと、群集は四方八方に消えていった。日本橋から心斎橋方面のみを例にとったが、八月一三日夜、こうした暴動が大阪中でまきおこっていたのである。

八月一四日、大杉は大阪にもどり、岩出の家にとまった。岩出の雑誌の手伝いをしたといわれているが、前日の米騒動の様子を聞いて、さぞかし残念がったことだろう。見学したかったはずだ。翌日、京都から山鹿がやってきた。その後、逸見もやってきて談話する。

そして、山鹿からは三円、岩出と逸見からはそれぞれ五円のカンパをもらうことができた。そろそろ長い旅行を終えるときである。夕方、岩出、武田、逸見、山鹿に見送られて、大阪駅にむかった。駅のホームにいると、三年間文通をしていた安谷寛一が会いにきた。のちに安谷は東京に出てきて、大杉と行動をともにするのだが、会うのはこのときがはじめてだ。安谷の回想によれば、大阪駅までいったものの、顔を知らないのでどうしたものかとこまっていると、浴衣姿で腰にタオルをぶらさげ、ヘルメットをかぶった男が、身体をゆさぶりながら「安谷くんはいないか、安谷くんは来てないか」と大声で叫びながらやってきた。はずかしい、でもわかりやすい。せっかくあえたので、みんなで食事をとることにした。夜、大杉は東京に帰っていった。

八月一六日、大杉は東京に帰着したが、そのまま板橋署につれていかれた。予防拘禁である。理由は、米騒動を煽動するおそれがあるということであった。法的には無理があるのだが、官憲側にいわせれば、銃剣をもった警官と軍隊が社会主義者を殺してしまわないように保護してやっているのだという。この時点では社会主義者を拘束する方便くらいにしかおもわれなかったかもしれないが、実際、五年後の関東大震災で虐殺されたことを考えると、すでに警察や軍隊にそういう雰囲気があったのだろう。八月二一日、米騒動が沈静化すると、大杉の予防拘禁は解除された。こうして、楽しい長期旅行が終わった。

蜂起のイメージ

大杉栄は、米騒動で見聞きしたことについてあまり語らなかったといわれている。大阪でともに行動していた逸見直造が米騒動のときのはなしをしても、大杉は知らん顔をしてなにもしゃべらなかったという。逸見によれば、それは大杉なりのやさしさであった。新聞社にデマを流したことがわかれば、大杉ばかりでなく、大阪の同志もまきこまれて捕まりかねない。実際、九月にはいってから、東京の検事が大杉の旅行先をまわり、京都の上田や山鹿、続木が取り調べをうけているし、大阪の逸見や岩出の自宅にはガサがはいっている。さすがの大杉もわるいとおもったのだろう。慎重には慎重をかさね、東京の同志には、新聞社をまわったことは話していない。しかし、自分がやったことは別として、東京でも大阪でも米騒動の意義や印象については、熱弁をふるっている。

自分は今回の暴動事件を目撃して、社会状態はますます吾人の理想に近づきつつあるを信ず。しかして今日の勢いをもって進めば、後幾年を経ずして意外の好結果を来たらすかも計り難し。政府も今度ばかりは少々目を醒ましたるらん。貧者の叫び、労働者の狂い、団結の力、民衆の声、嗚呼愉快なり。
自分の考えにては幾年という期間を待たずして、このまま革命し得らるやも知れず。

されど現今の叫びはたんに労働者階級の人のみなるをもって、何人かこれが率先者として決起するにあらざれば、せっかくの蜂起も水泡に帰するの感あり。もっとも今後どれほどの犠牲を払うとも、決して本運動を中止するは不可なり。あくまでも運動を継続して邁進せば、必ず何人か傑出することあるべし。露国今日の状態は面白からずや。日本も同様の結果を見るまでは、吾人互に相戒めて軽率なる行動を為さざる様心掛けざるべからず。

（内務省警保局「大杉栄の経歴及言動調査報告書」[4]）

これは八月一五日、大杉が大阪から帰るまえに、山鹿や逸見、岩出に語ったとされる言葉である。官憲側の資料なので、文語体で読みにくいかもしれないが、大杉の米騒動観は「貧者の叫び、労働者の狂い、団結の力、民衆の声、嗚呼愉快なり」につきるだろう。貧者が狂ったように雄叫びをあげている。いちどあがった叫び声は、ひとりまたひとりと伝染し、どこからともなく声があがってくる。こだまする共鳴のひびき。それはただひろがるばかりであり、けっして鳴りやむことはない。革命状態だ。大杉は、そうおもったにちがいない。誰に命じられることもなく、群集が自発的に立ちあがり、なりふりかまわず米屋を襲撃している。警察や軍隊に邪魔をされて、うまくいかないこともあるが、そういうときは居合わせた者同士で力をあわせ、知恵をふり絞り、あの手この手で米屋に襲いかかる。群集知性とでもいうべきだろうか。大杉にとって、こうした知性がふるわれるのはアナキズムの理想状態とよぶべきであり、愉快で、愉快でしかたなかった。もっとあおりたい。もっと大声で叫んでやりたい。共鳴につぐ共鳴。せめてロシア革命くらいまではこの叫び声を増幅させていきたい。数年後、大杉は強権をふるうロシアのボルシェビキをはげしく批判することになるが、このときはまだ、ロシア革命の原動力は民衆の自発的力であると考えて評価していたのである。

また、九月二四日、大杉は東京で米騒動記念茶話会をひらき、そこで一五分ほど大阪の米騒動についてはなしをしている。

大阪においては米屋の襲撃焼打、警察・軍隊と群衆との衝突状況等をも見物せり。群衆中に混じりて彼等の談話せるところを聞くに、中にはほとんど余等同志の所懐と同じきもの少なからず、真に愉快を感じたり。とにかく、今回の騒擾(そうじょう)に徴すれば、群衆が集合せば必ず何事をか為しうること疑いなく、かかる際には警察力はあえて恐るるに足らず。しかも軍隊の出動により、軍隊に対して人民の反感を誘致したるは面白き事実なり。しばらく軍隊が出動せる状況を見るに、将来かかる出来事の起こりたる際には、爆弾等の必要あるを覚えたり。しかれども米騒動よりも山口・福岡等における炭坑坑夫の暴動はさらに一層重大なる意味ある現象として同志の注意を要するところなり。

（前掲、内務省警保局「大杉栄の経歴及言動調査報告書」）

最後の一文で言及されているのは、米騒動のあおりをうけておこった山口県の沖ノ山炭鉱や福岡県の諸炭鉱のストライキのことである。山本作兵衛の記録画でも有名であるが、米騒動のとき、坑夫たちは仕事を放棄したばかりではなく、酒を飲みまくり、酔った勢いにまかせて販売店を襲撃した。物品を外に放り投げ、建物をたたき壊したらしい。[5] 他の地域の例にもれず、もはや警察ではどうにもならない。政府は軍隊を派兵して鎮圧をこころみた。しかし坑夫たちも必死にねばった。一説によると、沖ノ山炭鉱では坑夫がダイナマイトを投げて応戦し、七名が死亡したといわれている。大杉は、あらためて認識させられたことだろう。ここまでふくめて、ストライキというのだと。

もうひとつ、大杉の米騒動観で重要なのは、警察や軍隊と対比するかたちで、群集を論じていたことである。米屋を襲撃しているとき、群集は一〇〇人でも二〇〇人でもいちど群れあつまれば、警察なんてものともしなかった。むろん、軍隊はそうはいかない。しかし、このプロの武装集団にたいして、群集は素人なりのたたかいかたをして、互角ではりあい、ときには勝利することもできた。もとより、警察と軍隊は命じられたことしかやろうとしない。やることができないといったほうがいいかもしれない。どちらも組織の論理に生きており、上司の、上官の命令はぜったいである。指揮系統がはっきりしていて統率がとれていればいるほど、その動きかたは単調で画一的になる。それにたいして、群集に決まりきった動きは存在しない。その場で、機転をきかせながら動いていく。居合わせたものの特性によって、動きかたも千差万別である。

もしかしたら緊張していて、群集が力を発揮できないこともあるかもしれない。だが、そんなときは金持ちの家でも燃やしてやればいい。火をみた群集はぜんぜん狂暴である。大杉は、そこに爆弾でも投じれば、共鳴しあう群集の感情をさらに高ぶらせ、その力を最大限にひきだすことができるのではないかと考えた。爆弾をつかうといっても、軍隊をつくろうとしていたわけではないし、物理的な殺傷能力に重きをおいていたわけではない。もえあがる炎が群集の雄叫びを表現していたように、飛び散っていく爆弾の粒子によって、定型的な思考を突きやぶり、四方八方へとひろがっていく群集の力を表現できると考えたのであった。大逆事件からまだ一〇年もたっていなかったころであるから、実際に大杉が爆弾闘争に乗りだしていくことは考えがたいが、米騒動をみて、爆弾という言葉が脳裏をよぎったのはたしかだろう。

残された記録としては、大杉が米騒動について語ったとされるのはこのくらいしかない。大杉自身が書いたものも、全集をひもといてみるとわかるのだが、米騒動についての記述はとてもすくない。唯一といっていいほど、長めに論じられているのが、以下の「労働運動の転機」である。

米騒動は日本の権力階級にとってのひじょうな脅威、ひじょうな恐怖であった。この恐怖とこの脅威がなかったら、あるいは、権力階級は、労働階級の生活と不安に目もくれず、また世界にみなぎる民主思想にも耳もかさなかったかもしれない。かれらはあわてふためいて労働問題を議論しだした。その弥縫的解決の方法を講じだした。昨年来の労働運動の勃興は、心理的にみて、その権力階級にたいする脅威の味をおぼえ、この権力階級の狼狽に乗じたものである。すきのないところに、むやみやたらに、打っていけるものではない。

（大杉栄「労働運動の転機」『労働運動』一九二〇年四月、『全集』第六巻）

おどろくほど普通である。こんなことわざわざ大杉が書かなくてもよかったのではないかとおもえてしまうくらいだ。米騒動をうけて、政府が社会政策にとり組みはじめたというだけのことである。しかし、大杉の米騒動論がこんなものであったはずがない。直接的な記述からは離れるが、そのころ書かれた「泥棒と町奴」を皮切りとして、大杉の思想には、米騒動に着想をえたある大きなイメージがほとばしりはじめていた。大杉の思想をあつかった研究書では、あまり注目されていないのだが、大杉の思想形成にとって、米騒動体験はあきらかに重要なものであったようにおもわれるので、ここですこし丁寧に検討してみたい。

「泥棒と町奴」。平岡正明も注目しているように、米騒動直後に匿名で発表されたこの評論には、大杉の蜂起のイメージがあらわれている(6)。表面的には、当時流行っていた小説や芝居にたいして、簡単なコメントが付されているだけなのだが、よく読んでみると、たしかに米騒動が意識されていることがわかる。

　黙阿弥はなんといっても面白い芝居をみせてくれる。わたしは黙阿弥ものの、筋には一向感心しない。馬鹿馬鹿しいものがある。しかし、かれの描くものにはきっと、本当に民衆そのものの本当の生活が如実に滲み出ている。かれの世話物のなかに出てくる人間は、たった一人の仕出しにでも、虐げられ、いじけきったいわゆるその日暮らしの長屋者がそっくり描きだされている。ことにわたしの一番気に入っていることは、そういう暗いみじめな多勢の姿が影のように動いていて陰惨な気持ちに息づまるかと思うような場面を描くかと思うと、大名の玄関で尻をまくるというような痛快なところをみせたり、鼠小僧や鋳掛屋松などという泥棒に観客の心をしっかりと結びつける、というような点だ。そしてよし鋳掛松がどんな不法を働こうと惨虐無道しようと、われわれはけっして鋳掛松を悪(にく)みはすまい。道具箱をかなぐり捨てる瞬間の気持ちはわれわれの心の奥底まで滲み徹さずにはおかない。

　泥棒に町奴、芝居でみても講談本で読んでもいつでも面白い。痛快だ。かれらのモラルのあるものはあまりに馬鹿馬鹿しい。くだらない、ときには腹立たしいほど失望させることがある。しかしかれらが虐げられるものを庇ってたつその意気は、いつでもわれわれを喜ばす。ことにその虐げるものにむかって昂げる反抗の気勢はさらに痛快だ。

（大杉栄「泥棒と町奴」『民衆の芸術』一九一八年九月、『全集』第五巻）

大杉にとって、蜂起とは、町奴が泥棒になるということであった。ねずみ小僧次郎吉、いかけ屋松五郎。ふだん、町奴はいくら働いてもカネがなく、みじめなおもいをしいられている。しかし、つらいつらいとグチをもらしていたり、すこしばかり境遇をよくしようとしても状況はわるくなるばかりだ。苦痛のはけ口のために、家庭で暴力をふるってしまったり、自分だけ得をするために、仲間をだしぬいてしまったりする。暗い、陰惨だ。そんなことをしても、楽しいことをする時間はなくなるばかりだし、ただカネを稼ぐために生かされていることに変わりはない。カネ、カネ、カネ。やってられない。大工や鳶職をなりわいとしていた次郎吉。いかけ屋であった松五郎。かれらは仕事道具をかなぐり捨てて、泥棒へと転身をとげた。「嗚呼、あれも人生、これも人生」。カネは金持ちから奪いとるものだ。みじめなおもいをしてきた町奴が、身分、立場、仕事、アイデンティティ、そのすべてを投げ捨てた。大杉は、こうした江戸っ子のような意気こそが、蜂起の核心であると考えたのであった。

むろん、泥棒にも捨てていないものはあった。ねずみ小僧次郎吉にしても、いかけ屋松五郎にしても、どちらも仕事こそ放り投げたものの、身体にしみこんだ職人的感性は手ばなしていなかった。高いところによじのぼり、家々を渡りあるく身のこなし、カギをこじあける腕のよさ、火をあつかうその技量、重い荷を背負ってあるく辛抱づよさ。日常的につちかってきた生きる力こそが、金持ちを襲うための最大の武器であった。おそらく、このことは職人にだけあてはまることではない。主婦でも学生でも、サラリーマンでも農民でも漁民でも、不良少年でもやくざものでも、誰でもなにかしらの武器はもっている。しかし問題なのは、たいていの武器がカネを稼ぐための、仕事のための道具にさせられていることだ。いちど道具をかなぐり捨てて、みずからの武器を手にしてみよう。そのとき、民衆の武器は無数に存在し、その種類も使用方法も千差万別であることがわかるはずだ。一九一八年の米騒動。それはまさに、一〇〇〇万人の町奴が泥棒になった瞬間であった。もはや米は買うものではない。米は米屋から奪いとるものだ。

民衆芸術としてのストライキ

米騒動後、大杉栄は本格的に労働運動に乗りだしていった。もとより、大杉は二〇代のころから、海外のサンディカリズム（あえて訳せば労働組合主義。一三七ページ参照）の理論書を読みふけり、そこから独自の思想を練りあげていた。定期的に研究会をひらき、のちにアナキズム系労働運動の担い手となる青年たちとも交流を深めていたし、一九一七年の年末には、住居を亀戸の労働者街にうつし、労働運動にとりくむ心がまえをみせていた。和田久太郎や久板卯之助などのアナキストがとりまきとなり、『文明批評』や『労働新聞』のような労働者むけの雑誌をだしはじめたのもこのころである。しかし、大杉が労働運動をはっきりとイメージできるようになったのは米騒動以降である。年齢的には三三歳、もういいおじさんだ。大杉にとって、労働運動の核心はストライキであった。そして、このころから米騒動、とりわけその蜂起の瞬間がストライキであると考えるようになった。町奴が続々と泥棒になっていく。みじめなおもいをさせられてきた労働者が、生活の糧であった仕事道具を放り投げ、労働者であることさえもかなぐり捨ててしまう。このストライキは、労働者としては自殺行為だろうか。もうすこし、大杉の理論をほりさげてみよう。

さきに引用した「泥棒と町奴」は、『民衆の芸術』という雑誌に掲載されていた。この雑誌は、一九一八年七月に大杉や西村陽吉、大石七分、生田春月らが創刊した雑誌である。前年に、大杉はロマン・ロラン『民衆芸術論』（阿蘭陀書房、一九一七年）を翻訳していたが、この内容に共鳴した人びとが、民衆文学や民衆詩、あるいはその理論を発表する場をつくったのであった(7)。別章にて詳述するが、大杉は米騒動をはさんだ数年間、いくつもの雑誌で、ロマン・ロランを援用しながら民衆芸術の意義を説いていた。「泥棒と町奴」は、その一環として書かれたものである。そう考えると、大杉の蜂起のイメージは、民衆芸術論として説かれていたといっても過言ではない。

わたしは劇が好きだ。劇は多くの人びとをおなじ情緒のもとにおいて友愛的に結合させる。劇は、みんながその詩人の想像のなかに活動と熱情とを飲みに来ることのできる、大きな食卓のようなものだ。しかしわたしは劇を迷信してはいない。劇は、貧しいそして不安な生活が、その思想にたいする避難所を夢想のなかに求める、ということを前提とするものである。もしわれわれがもっと幸福でもっと自由であったら、劇の必要はないはずである。生活そのものがわれわれの光栄ある観物になるはずである。理想の幸福はわれわれがそれに進むにしたがってますます遠ざかるものだからついにはわれわれがそれに達するということはできないのであるが、人間の努力が芸術の範囲をますます狭めて生活の範囲をますます広めていくということは、もしくは芸術をもって閉ざされた世界すなわち想像の世界としないで生活そのものの装飾とするようになるということは、あえて言える。幸福なそして自由な民衆には、もう劇などの必要がなくなって、お祭りが必要になる。生活そのものが観物になる。民衆のためにこの民衆祭を来させる準備をしなければならない。（前掲、ロマン・ロラン『民衆芸術論』、『全集』第一一巻）

これはロマン・ロラン『民衆芸術論』の一節である。大杉によれば、民衆芸術論の肝はここにあった。いわんとしていることは単純明快だ。あらゆる芸術の作品化を拒否しよう、作品という枠をこえて、あふれでる民衆の生を表現しようということだ。一般的に、芸術は作者がつくる作品であると考えられている。文学であれ、音楽であれ、演劇であれ、すぐれた才能をもち、知識と技量にも秀でたものが、専門家として芸術作品をつくる。かれらはしだいに、なにが専門的でなにがそうでないのか、なにがすぐれた作品でなにがそうでないのかを審査するようになり、それをシステムとして形成していく。こうなるともう、芸術は支配のための道具でしかない。作り手からすれば、はじめから正しい芸術のありかたが決められており、それにあわせて、みずからの有能さをアピールすることしかできないし、受け手からすれば、作り手のメッセージをありがたがってうけとめるしかない。受け手はなんの専門性もない未熟な人間であり、なにも考えずに専門家のいうことを聞いていればいい。大杉が壊そうとしていたのは、こうした作品化のプロセスであった。そもそも、美的なものに基準なんて存在しないのではないか。だとしたら、ありふれた日常のなかにあふれている美的な感情を芸術といってもいいのではないか。芸術を作品として考えるのをやめて、民衆の生の表現として考えること、そのために芸術の審査基準をたたき壊すこと。それが民衆芸術の課題であった。

また、この時代、民衆の日常生活自体が作品化のプロセスにとりこまれようとしていた。さきほども、米中心の食生活を例にあげたが、第一次大戦前後から消費文化がひろまりはじめていた。ひと昔まえであれば、ごちそうを食べるということは、訪ねてくる親類や友人の顔でもおもいうかべながら、自分の家でとれた野菜や穀物、それから近所でとってきた川魚や山菜、キノコでも、なんでも工夫してもてなしたのかもしれない。だが、都市の消費文化がひろまるにつれて、カネをかけて有名店にいったり、高級な食材や加工品を買ってきたりするのがごちそうする、ということになった。もはや具体的に誰をもてなすのかは関係ない。どれだけカネをかけられたか、どれだけよい商品を選べたか、それがもてなしの基準になっている。近所でとってきたものでもてなしでもしたら、もしかしたら貧乏人とバカにされかねない。

時代はくだるが、一九六〇年代、フランスの思想家、ギー・ドゥボールは、こうした消費社会のことをスペクタクルの社会と呼んだ(8)。消費社会では、人間の欲望は抽象化され、カネで交換可能なものになっている。商品ははじめから値段でよしあしが決められており、消費者はそれを選択するだけである。このメカニズムは、芸術の作品化とまったくおなじである。たとえば演劇では、観客は舞台の主体ではなく、客体であり、スペクタクル、すなわち見世物を受動的にうけとめるだけである。おもてむきは積極的に楽しんでいても、ほんとうは逆らいようのない奴隷状態である。おなじように、消費者は商品というスペクタクルのとりこになっている。かれらはよりよく生きようとしているが、その実、ものを多く買うことしかできはしない。人間は生きれば生きるほど、消費すればするほど、商品の奴隷になりさがっていく。

しかし、だからこそ民衆芸術が必要である、と大杉は考えたのだろう。日常生活が作品化されはじめている。だが、人間のありふれた生が、作品化されつくすということはありえない。そもそも、人間が楽しいとおもうことや、おいしいとおもうこと、美しいとおもうことに基準なんて存在しないのだから。ほんとうは、ひごろ無尽蔵にわきあがっているその美的感覚をただふくらませていけばいい。それを素人といって否定したり、貧乏人といってバカにしたりするのは、金持ちと専門家の横暴にすぎない。いちどわからせてやらなくてはならない。消費社会のスペクタクルをいかにしてたたき壊せばいいか。大杉にとって、それをみごとにやってのけたのが、米騒動であった。もはや、民衆は米の値段になんてしたがわない。米より人間のほうがえらいからだ。民衆は自分たちで勝手に値段を設定し、米屋にそれで売らせるか、そうでなければタダでもっていく。米屋がいうことを聞かなければ、即、焼打ちである。民衆が自分たちの欲望を自分たちで満たし、それを表現しはじめた。ロマン・ロランであれば、民衆祭とでもいうだろうか。民衆が見世物の観客であることをやめて、勝手に踊りはじめた。これからは民衆の実生活が見世物である。そこにはきまった台本など存在せず、群れあつまった者たちが、自由奔放に踊るだけである。一九一八年、米騒動はまさに民衆芸術そのものだったのであり、日常生活の作品化を突きやぶろうとしていたのであった。その後、大杉はこの民衆芸術論から、ストライキのイメージをふくらませていく。

僕はたいがいの資本家および労働者とともに、ストライキは喧嘩だと感じている。資本家の人格を損なおうとする労働者と、労働者の人格を圧えようとする資本家との喧嘩だと感じている。資本家の人格とは専制人である。労働者の人格とは自主自治人である。

僕はまたたいがいの労働者とともに、この喧嘩が物質上の利益を得させると同時に、人格上の満足をもあたえる最後の手段だと感じている。ときどきは、物質上の利害はともかくとして、一種の人格上の満足、すなわち意地のための喧嘩だと感じている。負けることはよく負ける。しかし幾度負けてもその喧嘩のあいだに感じた愉快さは忘れることができない。意地をはってみた愉快さだ。自分の力を試してみた愉快さだ。仲間のあいだの本当の仲間らしい感情の発露をみた愉快さだ。いろんな世間の奴らの敵と味方とがはっきりして世間がみえてくる愉快さだ。そしてまた、そういったいろんな愉快さの上に、自分等の将来、社会の将来がだんだんとほのみえてくる愉快さだ。自分等の人格の向上するのをみる愉快さだ。

(大杉栄「労働運動理論家　賀川豊彦論・続」『労働運動』一九二〇年一月、『全集』第六巻)

これは米騒動後にかかれた大杉のストライキ論である。大杉にとって、ストライキとは工場生活の作品化を打ち壊すことであった。工場ではどんな働きかたが有益なのか、その知識を資本家がにぎっている。資本家が基準をさだめ、それに照らして賃金が支払われる。労働者はまるで見世物でもみせられているかのように、工場生活のありかたを決められてしまう。逆らえば、賃金をさげられるかも、クビにされるかもわからない。奴隷状態だ。しかし、工場生活にも作品化されないところはいくらでもある。そもそも、工場であれどこであれ、それが有用であるかどうかにかかわりなく、好き勝手に感情のやりとりがなされるようでなければ、生活なんてなりたたないだろう。どんなに作業がマニュアル化されても、くだらないおしゃべりでもしていなければ、かったるい仕事なんてやっていられないし、そのくらいの人間関係がなければ助けあうことも、ミスをかばいあうこともできはしない。資本家の目をかいくぐって、ダラダラとサボっているのはいがいと楽しいし、どんなにダメだといわれても、たまには自分の職人技でも披露したくなる。こちらのリズムで働いて、とにかくカネだけたくさん欲しい。それで資本家につかえないやつだとかいわれたり、クビにされたりするのだったら理不尽だ。もうまわりの評価ばかり気にして、せせこましく自分をアピールさせられるなんてまっぴらだ。いちど仕事を放棄して、おもい知らせてやらなくてはならない。おまえなんかにはしたがわない。自分の生活の主人は自分だけであり、ひとはみな自主自治人であると。本気でサボる。それでもわからなければ、もうケンカである。資本家をつかまえてゲンコツをくれる。工場の機械を打ち壊す。ひとりでは無理かもしれない。だが、ひとは群れあつまればあつまるほど、あの手この手と知恵をひねりだすことができる。日中の警備がきびしければ、夜陰にしのびこんでそっと機械に砂でもまきいれればいいし、それでも機械がとまらないなら工場に火をつけたっていい。ケンカになって警察を呼ばれるのであれば、あらかじめ待ちぶせをしておいて進路妨害をしたり、留守になった交番を横倒しにしたっていい。ふだんのくだらないおしゃべりが資本家を攻撃するための武器になる。ありふれた生の直接的表現。愉快で、愉快でしかたがない。群れをなした労働者が、おしゃべりをしながら踊りだす。これをやったことでクビにされ、労働者であることさえも捨てさせられるかもしれない。世間的には負けといわれるだろう。しかし、その負けには江戸っ子的な意地が賭けられている。町奴が泥棒になる。泥棒はなにをしでかすかわからない。なにをするのも泥棒の自由だ。大杉にとって、ストライキとは民衆芸術だったのであり、その具体的なイメージは米騒動によってかたちづくられたのであった。

さてここまで、一九一八年、年齢的にいえば三三歳の大杉をとりあげてきた。あえて、この時期からはじめたのは、米騒動が大杉の思想形成にとって、もっとも重要な出来事であると考えたからだ。大杉にとって、大阪の米騒動は蜂起のイメージそのものであった。日常生活のスペクタクル化を突きやぶって、ありふれた生を表現すること。つぎからつぎへとわきあがってくる群集たちの怒りの声を、さらに活性化させようとあおること。デマを流してもいい、火を放ってもいい、爆弾を投げつけてもいい、それぞれ自分たちが先陣をきって民衆芸術になりきること。そしてこの民衆芸術を、スペクタクル化の最先端である工場で実践すること。それが労働運動であり、ストライキであった。大杉は、若いころからストライキの理論化に心血をそそいできたが、米騒動はまさにそのストライキ論に決定的な影響をおよぼしたのであった。

しかし、このことは米騒動以前の大杉の思想が重要ではなかったということを意味するのではない。むしろ米騒動は、大杉が二〇代のころからみずからの血となし、骨となしてきたアナキズム、サンディカリズムの理論をより鮮明なかたちにした瞬間であったといってもいい。あらゆる支配を拒むこと。徹頭徹尾、自由であろうとすること。どんなに役に立たないといわれても、ありふれた生の無償性に賭けること。国家や資本というものが、自由に覆いをかぶせるならば、無数の穴をうがつこと。若いころから身につけてきたこれらの思想が、米騒動の蜂起のイメージとして結晶化したのである。だとしたら、いちど時間の流れをもどしてみて、米騒動までの大杉の思想形成を追うことにも意味がありそうだ。きっと蜂起のイメージをさらにふくらませてくれる。まずは、幼少年時代から青年時代にかけての大杉の思想を追いかけてみよう。そのうえで、米騒動後、大杉やその仲間たちがどのような労働運動を実践していったのかをみていくことにしたい。

第二章　アナキズム小児病

子どもという病

　この故郷のことが、自分の幼少年時代のことが、しきりに思い出される。ことに刑期の長かった千葉〔千葉監獄。赤旗事件で服役〕ではそうだった。

　僕は出たが、どうせ当分は政治運動や労働運動は許されもすまいから、せめて文学にかこつけて、平民文学とか社会文学とかの名のつく文芸運動をやってみようと思った。そしてその手始めに、自分の幼少年時代の自叙伝的小説を書いてみようかと思った。軍人の家に生まれて、軍人の周囲に育って、そして自分の未来の陸軍元帥といったような抱負で陸軍の学校にはいった、ちょっと手におえなかった一腕白少年が、その軍人生活のおかげで、社会革命の一戦士になる。というほどのはっきりしたものでなくても、とにかくこの経路をその少年の生活のなかに暗示したい。少なくとも、自分の幼少年時代のいっさいの腕白が、あらゆる権威にたいする叛逆、本当の生の本能的生長のしるしであったことを、書き表してみたいと。

（大杉栄「続獄中記」『新小説』一九一九年四月、『全集』第一三巻）

大杉栄は、三六歳で『自叙伝』を執筆した。[9] この若さで執筆にいたったのは、端的にカネが欲しかったからであるが、もちろんそればかりではない。右の引用文には、その趣旨がはっきりと語られている。これにしたがえば、大杉はみずからの成長の軌跡をえがくことによって、「あらゆる権威にたいする叛逆」のありかたを示そうとした。たんに、子どもから大人になったということではない。大杉は、幼少年時代の自分の腕白は叛逆のしるしであり、アナキズムそのものであると考えていた。どんなに年をとっても、どんなにまわりから大人になれといわれても、子どもでありつづけようとすること、みずからの幼児性を守りきること、その力を飛躍的に成長させること。それはなんの努力もしないことのようにおもわれるかもしれないが、しかし実践するのはいがいとむずかしい。むしろ、そんなことほんとうに可能だったのかとおもってしまう。これから『自叙伝』をひもといて、大杉の生の軌跡を追ってみよう。

一八八五年一月一七日、大杉は香川県丸亀町で生まれた。父の東（あずま）は、一八八三年に陸軍士官学校を卒業した職業軍人であり、大杉が生まれたときは丸亀一二連隊に所属する陸軍少尉であった。それからすぐに、近衛第三連隊に転属となり、東京の麹町に住むことになった。一八八九年五月、大杉が四歳のころ、父が歩兵一六連隊に異動となり、新潟県新発（しば）

田本村にひっこすことになった。大杉は、ここで尋常小学校、高等小学校、尋常中学校へと進学し、一四歳まで自由奔放な日々をすごしている。尋常小学校にあがったころ、いちばんの遊び場は練兵所。兵隊が訓練しているあいだは、それについて走ってまわり、夕方、兵隊が帰ると射的場にしのびこみ、弾丸をひろいあつめて遊んだ。ときおり閲兵がみまわりにくるから、ちょっとしたスリルをあじわうこともできた。この弾丸ひろいには、しだいに貧民窟の少年たちも加わるようになり、大勢で遊ぶようになった。少年たちは、ある程度弾丸がたまると街に売りにいった。

また、大杉は新発田本村にすんでいたのだが、隣町にあたる新発田町の子どもたちとはしょっちゅうケンカをしていた。本気のケンカである。たがいに一〇、二〇人くらいでやりあって、ときには竹やぶから竹を切ってきて、相手をバシバシとたたきのめし、石合戦にでもなれば、おもいきり小石を投げつけてやった。逃げおくれたものがいれば、みんなでボコボコに蹴りとばし、しまいにはお濠に放り投げた。このころ大杉のなかでは、暴力への衝動が異様に高まっていたようであり、なにもしない犬や猫を殴り殺していた。だが、やりすぎたのだろう。ある日、いつものように猫を殺して帰ったところ、気持ちがわるくなり、高熱をだして寝こんでしまった。母親が看病していると、とつぜんぬっと起きあがり、妙な手つきをして「ニャア」と叫んだという。このとき以来、大杉は犬、猫を殺さなくなった。むしろ猫好きになっている。

性のめざめもはやかった。すでに一〇歳のころには、近所の女の子と大人のような遊びにふけっていた。大杉の性表現は直接的である。伏せ字をみてみると、性器の名称をそのまま描写したのではないかとおもえる部分が多い。ちょっとバカなんじゃないかともおもってしまうが、とにかく一〇歳のころの記述から、そうした描写がはじまっている。そして、このころ別の女の子にも手をだそうとし、拒まれたあげく、母親にも報告され、こっぴどくしかられている。ちなみに『自叙伝』によれば、母親の折檻はとても厳しかったようである。よほど強烈な印象として残っていたのだろう。なんども母親にたたかれたはなしが出てくる。

母の声は大きかった。そしてその大きな声で始終なにか言っていた。母を訪ねてくる客は、たいがい門前までにくるまでに、母がいるかいないか分かるというほどだった。その大きな声をいっそう大きくしてどなりつけるのだ。そしてそのしかりかたも実に無茶だった。「また吃る。」生来の吃りの僕をつかまえて、吃るたびにこう言ってしかりつけるのだ。せっかちの母は、僕がぱちぱち瞬きしながら口をもぐもぐさせているのを、黙って見ているのができなかったのだ。そして「たたたた……」とでも吃りだそうものなら、もうどうしても辛抱ができなかったのだ。そしてこの「また吃った」ばかりで、横っ面をぴしゃんとされたことが幾度あったかもしれない。

「栄」と大きな声で呼ばれると、僕はきっとまたなにかのいたずらが知れたんだろうと思って、おずおずしながら出ていった。「箒を持っておいで。」母は重ねてまたどなった。僕はしかたなしに台所から長い竹の柄のついた箒を持っていった。

「ほんとうにこの子は馬鹿なんですよ。箒を持ってこいと言うと、いつも打たれることが分かっていながら、ちゃんと持ってくるんですもの。そして早く逃げればいいのに、その箒を振りあげてもぼんやりして突っ立っているんでしょう。なお癪にさわって打たないわけにはいかないじゃないですか。」

（大杉栄「自叙伝（一）」『改造』一九二一年九月、『全集』第一二巻）

大杉は、生まれながらの吃音もちであった。うまくしゃべれずに、口をもぐもぐさせていると、母親にいらつかれて、横っ面をはたかれる。いたずらがばれたときは、もっとひどい。竹ぼうきでなんども打たれる。年齢をかさねるにつれて、折檻の強度もあがっていったようであり、荒縄でぐるぐるまきにされて、さんざんにたたかれた。だが、大杉も大杉であった。なんどたたかれても、いわれたことなんて聞きやしない。吃音はなおさない、なおせないし、いたずらの強度はどんどん増していく。

一八九七年、一二歳のとき、大杉は尋常中学校にあがった。このころ熱心に打ちこんでいたのは、柔道であった。中学校の先生でもあった坂本謹吾が、講武館という道場をひらいており、毎日、そこにかよっていた。新潟なので冬は雪がつもるが、その雪のなかで乱どりをやらされていた。よほど強くなっていたらしく、二〇歳前後の若い衆と組みあっても、ころころと転がしていた。この道場では、縄や棒術も習っており、とくに棒術は得意であった。免許皆伝というのかなんなのか、坂本の師匠にあたるおじいさんから、棒技の秘儀のようなものも授けられたようだ。『自叙伝』を執筆していた三六歳の時点でも、「今でもまだ棒が一本あれば二人や三人の巡査が抜剣してきても、あえて恐れないくらいの自信はある」と述べている。余談になるが、道場の先生であった坂本は、のちに東京で道場をひらいており、大杉とは生涯、交流をもちつづけた。著書に『坂本屈伸道　弾力性健康法』があり、大杉は屈伸法をおしえられて、獄中生活をおおいに助けられた。大杉が殺されたときには、「あの大杉が、むざむざ一人や二人の手で殺されるわけはなかったと思う」と語ったという。

小学校時代から、読書はかなり好きだった。いきつけの本屋にいっては、ちょくちょく本をもち帰った。カネは後払いになるが、これについては母親もまったく怒らなかった。愛読書は『少年世界』。この雑誌は、一八九五年一月に博文館から創刊された少年むけの総合誌で、当時、爆発的な人気があった。ある日、投書欄に載っていた「臥薪嘗胆（がしんしょうたん）」という文章に心を打たれ、そのまま学校で演説をぶった。はなしを聞いていた少年たちは感激のあまりすすり泣いていたという。ごくふつうの軍国少年のはなしであるが、このころから、文章を読んでひとにきかせるのが好きだったのだろう。数人の友人で感想文をもちより、冊子にしたりもしていた。尋常中学校にはいると、こんどは西郷隆盛の伝記にはまった。国語の教師には、天皇に弓をひいた謀反人だぞとけなされたらしいが、そういわれるとよけい好きになってしまう。その後も、吉田松陰や平野国臣などの、幕末の志士の伝記を読みふけっていた。

一八九九年九月、一四歳のとき、大杉は中学校を中退し、名古屋陸軍地方幼年学校に第三期生として入学した。新入生はドイツ語かフランス語かで、クラスが二分される。大杉はドイツ語を希望したが、かなわずにフランス語になった。大杉は、のちに語学の天才としても知られ、本人は「一〇ヶ国語で吃る」と豪語していたが、なかでもいちばん得意なのがフランス語であった。そのきっかけとなったのは、幼年学校のクラス分けであった。やりはじめたら語学がおもしろくてしかたがない。大杉は、フランス語の勉強に全力をそそいだ。ほとんど独学に近く、仏和辞典と仏仏辞典をあたえられて、ひたすら原文を読んでいたようである。

さて、入学してからの大杉は、子ども時代からの腕白ぶりをさらにエスカレートさせていった。とりわけ、夢中になっていたのは男色である。大杉は第三期生だったのだが、第一期生の仲間に加わり、夜になると同期生や第二期生の寝室をおそいにいった。きっと乱暴なこともしたのだろう。とうぜん目をつけられて制裁をくらう。同期生であれば、ぐずぐずいわれても殴ってだまらせることができたが、先輩にあたる第二期生になるとそうはいかない。集団でとりかこまれて、もくもくと殴られつづけた。

目をつけられたのは、第二期生からばかりではない。大杉は、その非行ぶりから士官や下士官からも厳しいあつかいをうけた。ある日、大杉はタバコをきらして、下士官の部屋にしのびこんだ。盗むためだ。しかし、ちょうど机のひきだしに手をかけたところで、運わるくみつかってしまった。たかだかタバコとはいえ、盗んだとわかれば退学である。「わたしはなにもやっていません」。シラをきりとおすが、しつこく詰問される。おまえはカネも盗っただろうとか、やってもいない罪までなすりつけられそうになる。その場は乗りきったのだが、以後、いじめをうけるようになり、大杉が吃音であることを知っていて、それをからかわれたりもした。

ある日大尉は夕飯のときに、きょうの月は上弦か下弦かという質問を出した。「大杉！」僕は自分の名を呼ばれて立った。それが下弦だということはもちろん僕は知っていた。けれども僕には、そのかという音が、どうしても出てこなかった。吃りにはか行とた行、ことにか行が一番禁物なのだ。いわんや、その下にもう一つか行のげが続くのだ。「上弦ではありません。」しかたなしに僕はそう答えた。「それではなんだ？」「上弦ではありません。」「だからなんだというんだ？」「上弦ではありません。」「だからなんだ。」「上弦ではありません。」「なに？」「上弦ではありません。」問い返されればますます言葉の出てこない僕は、軍人らしく即答するためには、どうしてもそう答えるよりほかにしかたがなかった。それを知っているみんなはくすくす笑った。「よろしい。あしたは外出止めだ。」大尉はそう言いすてて、「直れ！」の号令でみんなが直立不動の姿勢をとっている間を、さっさと出ていってしまった。

（大杉栄「自叙伝（四）」『改造』一九二一年一二月、『全集』第一二巻）

さきほどもとりあげたように、大杉は小さいころから吃音もちで、いつまでたってもなおらないことから、母親にひっぱたかれたりしていた。日本語をはっきりと発音しなくてはならない軍隊では、なおさらである。吃音は、まるで恥ずかしい病気であるかのようだ。この点について、アナキズム研究者の梅森直之は、ひじょうに興味ぶかい考察をしている⑩。梅森によれば、当時、明治政府は国語改良から言文一致をへて、標準語を制定しつつあった。国民の言葉、国語の誕生である。それまで方言でも吃音でも、地域やひとによって発声がちがうのはあたりまえであり、なんら疑問をもたれることはなかった。しかし、国語という基準がもうけられるとはなしは変わってくる。ただしい日本語に照らして、方言はなまっているとか、吃音は音声的におかしいとかいわれてしまう。それらはまちがった発声法であり、矯正されるべき悪しき対象なのであった。

とりわけ、軍隊は国民の象徴である。誰よりも、ただしい日本語を話せなくてはならず、だからこそ吃音ははずかしい病であり、ぜったいに矯正しなくてはならないと考えられた。梅森によれば、母親が大杉の吃音にきびしくあたり、しつようなくらい折檻をしたのも、大杉が軍人の家に生まれ、軍人になる運命を背負っていたからである。母親の折檻は、軍人になるための予備訓練であった。しかし、大杉がすごいのは、いくらたたかれても、いくらバカにされても性根をなおさなかったところである。意識的にはなおそうとしていたのかもしれないが身体がうけつけない。おそらく、発話の問題ばかりではない。上官の命令には絶対服従しろとか、命令されたらきびきび動けとか、軍隊の標準にしたがって、身体を矯正しようとすればするほど、大杉は拒否反応をおこし、腕白ぶりをますますエスカレートさせていった。

一九〇一年、一六歳のとき、二年生に進級した大杉は、修学旅行中の吉野でちょっとした事件をおこした。いつものように夜遊びで、後輩の寝室にしのびこみ、行為におよんでいたときである。下士官にみつかってしまい、処分をうけた。禁足三〇日。動けない。どうやら、この処分が大杉を打ちのめしたようである。タバコもやめ、植物園を散歩して毎日をすごす。だが、下士官たちの監視は、きびしくなる一方だ。キュウクツで、キュウクツでたまらない。日々、内省するなかで、大杉はこうおもうようになっていた。

下士どもの僕にたいする犬のような嗅ぎまわりは、僕の改心になんの頓着もなく続いた。そして時々やはり、なにかの落ち度をみつけた。僕はまず、はたしてこの下士どもの下に辛抱ができるかと思った。かれらを上官として、その下に服従していくことができるかと思った。尊敬も親愛もなんにも感じていないかれらの、その命令に従うのは、服従ではなくして盲従だと思った。

そしてこの盲従ということに気がつくと、ほかの将校や古参にたいする今までの不平不満が続々と出てきた。僕ははじめて新発田の自由な空を思った。まだほんの子どものとき、学校の先生からも逃れ、母の目からも逃れて、終日練兵場で遊び暮らしたことを思った。

僕は自由を欲しだしたのだ。

（前掲、大杉栄「自叙伝（四）」）


下士官は犬である。憎たらしい。だが、よく考えてみると、犬なのは下士官ばかりではなく、なんのうたがいももたずに、上官の命令にしたがっている自分たちもそうである。軍人はみな犬だ。国民の象徴だかなんだか知らないが、標準的な発話や動作があるようにおもわされ、それができるようになるとほめられる。できないものは病気といわれ、腫れものにでもふれるようなあつかいをうける。おまえは病気だ、なおせ、なおせと。そんなことをいわれていると、ほんとうに病気になってしまう。大杉は授業をサボり、一日中、校舎を徘徊するようになった。医者の診断によれば、脳神経衰弱。大杉の身体が、軍隊にたいして拒否反応を示したともいえる。しばらくして、大杉は同期生とケンカになり、後頭部をナイフでめった刺しにされた。かなりの重傷である。ケンカ両成敗。一九〇一年一二月一四日、大杉は幼年学校を退学になった。

花の都大東京

さて、幼年学校を退学になり、実家にもどってきた大杉栄は、かんぜんにひきこもりになってしまった。なにぶん、せまい田舎である。大杉と同郷であった松下芳男によれば、大杉が退学になったことは、街中のうわさばなしになっていた。「あの、大杉のお坊ちゃまがねぇ……」と、嘲笑のまとになっていた。家でもおなじことだ。母親は、弟や妹にたいして「うちのお兄ちゃんはあたまがおかしくなりました」と話していた。空気がおもすぎる。大杉は、東京にいって文学でもやりたいとおもうようになっていた。花の都大東京。東京にいきたい。しかし、父親は文学のようなちゃらちゃらしたものではいけないという。それなら語学ではどうかというと、いいという。一九〇二年一月、大杉は語学を学ぶために、東京にやってきた。

最初の下宿先は、牛込矢来町の若松屋であった。そこから昼は神田猿楽町の東京学院にかよい、夜は四谷箪笥町のフランス語学校にかよった。大杉は、陸軍地方幼年学校にはいるために中学を中退していたから、大学に進学するためには、もういちど中学にはいらなくてはならなかった。そのための予備校通いである。東京学院の授業は、まったくやる気がなかったが、そのぶん大杉は自分の好きなことを好きなだけ学ぶことができた。社会主義にふれたのもこのころである。とりわけ、『万朝報（よろずちょうほう）』の幸徳秋水の文章には衝撃をうけた。もちろん、内容にもひかれていたのだろうが、そればかりでなく、ひとはこんなに自由奔放に表現をしてもいいのかとおどろいてしまったのだ。本人はそう述べてはいないが、大杉が幸徳にあこがれはじめたのは、このころからだったろう。

またこの時期、大杉の身近にいて、もっとも影響をあたえたのが、おなじ下宿先の佐々木喜善（きぜん）であった。大杉によれば、佐々木は三〇歳前後の早稲田の卒業生で、官僚になるための試験勉強をしていた。かなりの議論好きだったらしく、大杉はかじったばかりの社会主義をつかって、佐々木やその友人たちと議論をたたかわせたりしていた。社会学や心理学の本を読んだのも、かれらのすすめであった。とりわけ、原著で読んだル・ボン『群衆心理』には夢中になったようだ。(11) のちに別の著作である『物質非不滅論』を訳したほどである。(12) もはや大杉には軍隊のことなど眼中になかった。自由に学んでいい、自由に表現していい、自由に語っていい。大杉は、その楽しさを存分に味わっていたのである。

余談になるが、この佐々木喜善という人物は、なかなかおもしろい。後藤彰信の研究によれば、当時、佐々木は三〇歳前後の早稲田の卒業生ではなく、大杉よりひとつ下の早稲田の学生であった。(13) 岩手県遠野の出身。官僚になろうとしていたというのもまちがいであり、岩手医学校をやめて、文学をやるために東京に出てきていた。大杉ができとうに脚色したのか、それともかなりの年月がたっていたので、記憶ちがいだったのかはわからないが、手紙のやりとりからも二人が親しかったのはたしかだ。大杉は社会主義者として活動するようになってからも、佐々木に『家庭雑誌』や『平民新聞』などを送っていた。交信がとだえたのは、一九〇八年、大杉が赤旗事件で長期入獄してからである。

おなじころ、佐々木はなにをしていたかというと、前田夕暮や水野葉舟、北原白秋らとつきあいながら、ちょくちょく小説を発表したりしていた。一九〇八年には柳田国男と知りあいになり、故郷である遠野のはなしをした。それがかたちになったのが『遠野物語』である。佐々木は、二〇歳前後にして、大杉と柳田の二人に影響をあたえたことになる。よほどの早熟で、しかもはなしがおもしろかったのだろう。しかし一九一〇年、佐々木はからだを壊し、岩手にもどってしまう。その後は、故郷で村会議員や村長をつとめるかたわら、作家活動や民話の収集をおこなっていたようだ。一九二九年には大本教の出口王仁三郎に帰依している。一九三三年、四八歳で没した。ちなみに、死の直前には神棚のまえで「うっうっ」と叫んだといわれている。変わったひとだ。

大杉のはなしにもどろう。一九〇二年六月二二日、母親が死んだ。卵巣腫瘍であった。九人目の子どもを流産して、身体をわるくしたのである。大杉は危篤と聞いてかけつけたが、まにあわなかった。母親が「栄は受験勉強でいそがしいから」といって気をつかい、知らせがおそくなってしまったのである。しかし死がまぢかにせまってくると、母親は大杉に会いたいといい、あまりの痛みに悶絶しながら「栄はまだか」と叫んでいたという。大杉はそのはなしを聞いて号泣した。家族や親類、近所のひとたちと山にのぼり、母親の遺体を茶毘にふすと、大杉はすぐに東京にもどった。受験勉強のためである。一〇月、大杉は中学校五年生の入学試験をうけた。母親のおもいにこたえるためにも、なんとしても合格しなくてはならない。幸運なことに、下宿先には早稲田中学を卒業したばかりのあたまのいい友人がいた。替玉だ、替玉しかない。正確にいうと、おなじ日にふたつの試験があったため、ひとつは自分で、もうひとつはその友人にたのんだ。結果、替玉のほうだけうかり、大杉は順天中学校五年に編入学することができた。

翌年三月、大杉は無事に中学校を卒業し、九月から東京外国語学校（現在の東京外国語大学）の仏語科に入学した。陸軍地方幼年学校のころからフランス語をやっていたから、授業はかんたんでしかたなかった。そのぶん、好きなことをやる時間がある。外国語学校にはいるまえから、大杉はキリスト教にはまっていた。母親の死をきっかけに、死とむかいあっていたのかもしれない。本郷にあった海老名弾正の教会にいき、はなしを聞いて感銘をうけた。一九〇三年一〇月、大杉は外国語学校に入学すると、すぐに海老名のもとで洗礼をうけている。

また、この時期、もうひとつはまっていたのが進化論である。貸本屋から丘浅次郎『進化論講話』を借りてきて、夢中になって読みふけった。「読んでいる間に、自分の背がだんだん高くなって、四方の眼界がぐんぐん広くなっていく気がした」という。そして、この進化論が大杉をさらに社会主義へと近づけていくことになった。

なんでも変わらないものはないのだ。旧いものは倒れて新しいものが起こるのだ。いま威張っているものがなんだ。すぐにそれは墓場の中へ葬られてしまうものじゃないか。

（大杉栄「自叙伝（六）」『改造』一九二二年一二月、一九二三年一月、『全集』第一二巻）

当時、帝国主義者から社会主義者にいたるまで、多くの思想家が進化論にもとづいて、持論を展開していた。生物の進化とおなじように、社会もまた進化する。進化とは他国を侵略して植民地をひろげることだというものもいれば、革命をおこして共産主義にいたることだというものもいたが、そのどちらも自然科学という科学によって、みずからの主張を正当化したのである。大杉は後者であった。進化論を経由して、幸徳秋水『社会主義神髄』を読みこんでいたのかもしれない。

一九〇三年、日本中が来たるべきロシアとの戦争にむけてわいていた。それまで、『万朝報』だけは非戦論を維持していたが、一〇月八日にはとうとう開戦論に転じてしまった。これをうけて、幸徳秋水と堺利彦は記者を辞職し、自力で平民社をたちあげ、週刊『平民新聞』を創刊した。大杉は、平民社たちあげの演説会に参加していたようであり、はなしを聞いているうちに、これからはもう一聴衆としてではなく、「一兵卒として参加したい」とおもうようになった。翌年、日露戦争がはじまると、大杉は熱烈な開戦支持者であった海老名と縁をきり、三月、平民社の社会主義研究会に出席した。

軍人の家に生まれ、軍人の間に育ち、軍人の学校に教えられて、軍人生活の虚偽と愚劣とを最も深く感じているところから、この社会主義のために一生を捧げたい。

（前掲、大杉栄「自叙伝（六）」）

これが平民社で放った大杉の第一声であった。あながちウソではなかったのだろう。軍隊のように標準的な国民になるために、身体を矯正されるなんてまっぴらだ。もっと腕白でありたい、もっと奔放でありたい。もしそれが拒まれるのなら、目のまえの障害物なんてぶち壊して、もっともっとさきへと伸びあがっていきたい。その進化を社会主義というのなら、社会主義に一生をささげよう。そうおもっていた。六月、日露戦争に従軍する父を上野駅で見送ったが、やっと出番がきたとばかりに意気揚々としている父が、ハナクソみたいにみえた。なんだか、やりきれない。その気持ちをふりきるかのように、七月、名古屋ではじめてのビラまきをした。『平民新聞』の宣伝ビラにくわえて、反戦の檄文のようなものをまいてまわった。その後、東京にもどった大杉は、毎日のように平民社にかようようになった。このころ、大杉と出あった荒畑寒村は当時の印象についてつぎのように述べている。

いつも金ボタンの制服を着て、髪をきれいに分けて油でかためている。みんなが「オオハイ、オオハイ」って呼んでいましたが、「大杉ハイカラ」っていう意味なんですね。もうそのころから相当なおしゃれでしたよ。

そのころの大杉は、無口でおとなしいもんでした。もともと吃りでしたけれど、普通の吃りとは少しちがって、最初の言葉が出るまでが大変なのです。いったん出ちまうとあとはいいんです。

（荒畑寒村『寒村茶話』朝日新聞社、一九七六年）

荒畑の回想によれば、大杉はハイカラだったようである。もしかしたら、まわりの社会主義者が貧相だっただけかもしれない。貧乏人として、貧乏人のためにたたかうのだから、そういう身なりでいなくてはいけないと。しかし、大杉は気にしなかった。金ボタンの制服をきて、油で髪をかためる。いまからするとそんなにおしゃれだとはおもえないが、とにかく、大杉は自分がカッコイイとおもう格好でいたのだろう。こうあるべきだという社会主義者のアイデンティティはもちあわせていなかった。それはそうだ、みずからの身体を標準にあわせるのがいやだったからこそ社会主義者になったのだから。この点については、死ぬまで変わらなかったといえる。

しかし、大杉と比べてみても、荒畑の社会主義者っぷりは逆におもしろい。荒畑は、大杉よりも二歳年下の一八八七年生まれ。もとは横浜の海軍造船工廠で見習工として働いていた。一九〇三年、幸徳と堺が『万朝報』を退社したことに感銘して、平民社にやってきた。社会主義のためになにかしたい。一九〇五年四月から、荒畑がはじめたのは社会主義伝道商人であった。それよりまえに山口孤剣や小田頼造が九州をまわっていたのだが、それならといって、荒畑は一人で東北をまわることにした。黒いつめえりの洋服の両面に「社会主義伝道商人」と白字でぬき、裏面にはおなじく白字で「東京市麴町区有楽町平民社」とぬいていた。そしてわらじをはき、真っ赤な箱車をひいて歩いていた。箱車には、平民社でだした本がはいっており、それを売りながら東北をまわった。本が売れなければ、ちゃんとした宿にはとまらない。雨風だけをしのぎ、貧乏をたえしのびながら、貧乏人に社会主義を宣伝してまわった。これが荒畑なりの社会主義者のイメージだったのだろう。おそらくまちがってはいないのだが、ここまで過剰に社会主義者になると、なんだか滑稽でほほえましい。

さて、一九〇五年、二〇歳になった大杉は、荒畑とはちがってふつうに就職活動をしていた。そろそろ東京外国語学校を卒業になるため、職探しをしていたのだろう。四谷のフランス語学校時代の恩師であった安藤忠義に、就職の世話をしてほしいとの手紙をだしている。また、この年の一月、『平民新聞』が終刊となり、その継続誌として『直言』が創刊されているのだが、この雑誌には、三月二六日付けで、大杉が自宅でフランス語をおしえますよという広告がのっている。なんとかフランス語の教員として食いつないでいきたいとおもっていたのだろう。同年七月、仕事は決まっていないが、ひとまず無事に東京外国語学校を卒業した。

監獄大学への入学

ここまでで、『自叙伝』は終わっている。しかし年代的には、『獄中記』をつづきとして読むことができる。[14] 一九〇六年、二一歳。ここから大杉栄は、著作のタイトルのとおり、立てつづけに逮捕され、二七歳まで監獄をでたりはいったりしている。だが、監獄生活をむだにはしなかった。「続獄中記」のなかで、大杉は「僕は監獄で出来上がった人間だ」と述べているように、その多くを学習の時間につかっていた。ふだん外にいたら、仕事や活動で忙殺されて、ゆっくり本を読むひまなんてない。だから、大杉は自分のなかで一犯一語という原則をたて、監獄にはいるたびに語学をひとつ身につけて帰ってきた。語学ばかりではない。読みたいとおもっていた本をひたすら読んでいった。大杉は、監獄のなかで、ほんのすこしばかりではあったが、学生時代に味わっていたまなぶ自由を実践したのであった。

まず、大杉が最初に捕まったのは、一九〇六年三月の電車事件である。この年の二月、日本最初の社会主義政党である日本社会党が結成された。堺利彦と西川光二郎が中心で、幸徳秋水は渡米中のため不参加、また堺らと思想的にあいいれなかった木下尚江、石川三四郎も不参加であった。この時点では、堺や西川らの科学的社会主義者と、木下や石川らのキリスト教社会主義者との対立があったのである。大杉が党員になっていたかどうかはわからない。しかし第一回党員名簿には、雑誌記者の肩書で載っている。そして結成直後に、日本社会党がとりくんだのは東京市の電車料金値上げ問題であった。当時、均一で三銭であった電車料金が、五銭にまでひきあげられる。ひどい。そこで日本社会党は、山路愛山がやっていた国家社会党と合同で、三月一一日に日比谷公園で市民集会をひらくことにした。三〇〇、四〇〇名くらいの聴衆があつまり、堺が「諸君、これから示威運動をやろう」とあおりはじめると、山路の制止もきかずに、その半数近くが街頭へとくりだした。鉄道会社におしかけ、大声でがなりたてた。会社の戸を閉めきられると、こんどは新聞社をまわり、不平不満を叫びまくった。示威運動としては、大成功だろう。

これに味をしめた日本社会党は、できるかぎりの宣伝をして、一五日にもういちど日比谷公園の芝山で市民集会をひらくことにした。すると当日、はげしい風のなかにもかかわらず、公園には黒山のように群集があつまっていた。大会では、東京市議会の電車料金値上げ決議に反対するという趣旨のスピーチがあり、この機を逃してはいけないと、そのあとすぐに西川が示威運動をうながしはじめた。

「諸君、われわれは市会の決議を認めません。幸い本日は市会が開会中だそうです。これから市会へ出かけようじゃありませんか」と叫ぶ。岡が両手を挙げて、「諸君、市会！市会！」とどなる。群集は飛び上がって拍手喝采する。これを合図に、山口、大杉、深尾らが旗をかついで疾風のごとく山を下った。群集はわっと喊声をあげながらついてくる。公園の正門を飛び出したとき、「先頭早いぞ早いぞ」と後ろから叫ぶので、再び電車会社の前へ行き、太鼓をたたいて人を寄せ集め、しばらく立ちどまって勢揃いをしていると、やがて誰れ云うとなく「ヤレヤレ」、「ヤッツケロ!」の掛声がおこって、会社の窓ガラスを目がけて投石を始めた者が多数あったが、会社は依然と固く扉を閉じたままで物音一つせぬ。それで群集は山下門に出て電車線路を占領した。来る電車も来る電車も、みな運転手が真っ先に飛び降りて一目散に逃げ去った。

この線路は外濠線新聞社裏の河ぶちを通っていたので、やがて線路伝いに数寄屋橋に進み、そこで二た組に分かれた。一と組は鍛冶橋を左へ折れて市会に殺到し、一と組は今の東京日日新聞と報知新聞のまえに出て、報知の板塀と会社の変電所を焼いた。この二た組は市会前で合流してまた一団となった。焼打ち事件直後のこととて当局はすっかり脅えきっているらしい。山口と筆者とは旗をかついで構内に入り、そこらあたりを大声をあげてどなり回ったが誰も出てこない。構内を入って左に、三階建て木造の建物があったが、戸が閉まっているので、戸を壊して中にはいったが誰もいなかった。この時、馬場先門付近に線路工事をしていた三十ばかりの土工が、ツルハシなどの物騒なものを持って合流し、庁舎に投石してさんざん暴れまわった。このため神田橋から日比谷行きの電車は全部立ち往生した。

(吉川守圀『荊逆星霜史』不二屋書房、一九三六年)

これは当時、党員でもあった吉川守圀の回想である。示威運動の様子がいきいきと描かれている。大杉や吉川、山口孤剣が先陣をきって旗をふり、太鼓をたたいて群集をあおった。あおられた群集は電車会社に投石し、それでもたりないと線路を占拠した。新聞社におもむいては発電所を焼き、戸を壊して市役所に侵入しては、なかから投石しまくった。かなりの荒れっぷりである。日本社会党は、一七日にも市民集会を呼びかけようとしていたが、さすがに権力も許さない。一五日夜から、党関係者が続々とつかまっていった。罪状は兇徒聚衆罪(きょうとしゅうしゅうざい)。大杉は、名前ちがいで拘束がおくれたのだが、結局、二〇日に捕まることになった。警視庁で二日半、食事もあたえられずに取り調べをうけたあと、二二日に市ヶ谷の東京監獄に送られた。党関係者としては、西川光二郎、岡千代彦、山口孤剣、深尾韶(ふかおしょう)、吉川守圀、斎藤兼次郎、樋口伝、大杉栄、半田一郎、竹内余所次郎(よそじろう)ら一〇名が拘束された。その後、この件については長期間、裁判で争うこととなり、結審がでるのは二年近くあとである。大杉は、六月に保釈されるまで、しばらく東京監獄ですごすことになる。

このころから、一犯一語がはじまっている。前年から、大杉は堺とともにエスペラント語の通信教育をうけていたが、みっちり勉強したのは、この監獄時代であった。宛先不明であるが、『光』（一九〇六年五月二〇日）に掲載された大杉の手紙には、「午後はエスペラント語を専門にやる。先月は読むことばかりであったが、こんどは、それと書くことを半々にやる。つまらない文法の練習問題をいちいち真面目にやっていくなどは、監獄にでもはいっていなければとうていできぬ業だとおもう(15)」と記されている。

また、語学以外にも、フォイエルバッハの宗教論やアルベール『自由恋愛論』[16]、『バクーニン全集』[17]、トルストイの小説などを読んでいた。とりわけ、『バクーニン全集』は渡米中の幸徳秋水から送られてきたもので、大切にしていた。どうもこのころ、大杉のもとにはサンフランシスコ大地震で、幸徳が死んだとの誤報がはいったらしい。『社会主義研究』(一九〇六年五月二〇日)によせられた手紙には、「米国から送ってきた、バクーニン全集を抱いて、一夜を泣き明かした」と書かれている。そして、幸徳が渡米したのは日本のブルジョアをやっつけるためであり、わるいのはブルジョアだとしたうえで、つぎのように述べている。

僕はモー軽罪もいや、重罪もいや、ただ望むのは無罪放免ばかりだ。しかしてわが幸徳君を殺したる日本のブルジョアジーにたいして、狂気のごとくになって復讐をはかるのみだ。来月になれば保釈か無罪か、いずれかでともかく出獄はできるだろう。出獄しても僕の身体は休養を要しない。否々、いままですでに十分に休養したのだ。モーただちに戦闘にかかる。ああ復讐の戦闘！思ってさえも腕がブルブル振るう。

(大杉栄研究会編『大杉栄書簡集』海燕書房、一九七四年)

ちょっとおどろきの文章だが、大杉がどれだけ幸徳を慕っていたのかがよくわかる。六月二一日、大杉は保釈され、その翌々日、幸徳も帰国している。帰国した幸徳は、かんぜんにアナキズム、サンディカリズムの理論家になっていた。もともと渡米前、幸徳は新聞紙条例違反で禁固五ヵ月をくらい、その獄中でクロポトキンに傾斜していた。一九〇五年一二月に渡米すると、サンフランシスコ、オークランドに滞在し、アナキストや日本の社会主義者と交流をもった。大杉もふれていたサンフランシスコ大地震のさいには、被災者がなんの見返りも求めずに、助けあっている姿をみた。相互扶助だ。こうした経験が、幸徳のアナキズムへのおもいを確信に変えた。

一九〇六年六月二八日、幸徳は帰国するとさっそく、日本社会党の講演会で演説をぶった。題目は、「世界革命運動の潮流」。世界の革命運動の潮流は、直接行動にある。労働者の解放は労働者自身の手によらなくてはならない。議会政策のような間接的な手段はもういらない。いくら社会主義政党が議席をのばしても、ごまかしのような懐柔政策がとられるだけである。そんなバカバカしいことはやめてしまって、ストライキという直接的な手段をもちいることにしよう。労働者は、ただ資本家に奪いとられたパンを奪いかえせばいい。こうして、幸徳は日本社会党のなかで直接行動派の立場を明確にした。片山潜や田添鉄二ら議会政策派とは対立したが、大杉をふくめて、電車事件であばれた連中が幸徳のとりまきになった。ここから、大杉もかんぜんにアナキストになっていく。

ところで、それからすぐの八月二四日、大杉は結婚した。相手は、堺利彦の義理の妹にあたる堀保子であった。兄は、読売新聞の記者であった堀紫山である。保子は、いちど堺にすすめられて、『家庭雑誌』の共同経営者であった小林助市と結婚したのだが、うまくはいかず、五年ほどで離婚してしまった。その後、やはり『家庭雑誌』を手伝っていた深尾韶と婚約している。大杉と結婚したのは、それからすぐのことだったので、まわりはびっくりしたようだ。どうやら大杉が入獄していたときに、着物や書籍、弁当のさしいれをしてくれたり、猫の絵のはがきを送ってくれたらしい。それで大杉のほうが好きになってしまい、荒畑寒村の回想によれば、「結婚してくれなければ、自分の着物に火をつけて死ぬぞ」といってくどいたらしい。ちょっとこわい気もするが、いわゆる略奪婚である。なにはともあれ、新生活がはじまった。

まず大杉は、生計をたてるために、獄中で学んだエスペラント語をいかすことにした。大杉が出獄するすこしまえから、東京帝大の教授であった黒板勝美らが発起人となって、日本エスペラント協会が設立されていて、大杉は、第二回例会からこの協会に加わった。会員になると、すぐにもちまえの行動力を発揮しはじめた。協会の付属校として、エスペラント語学校をひらかせてもらう。九月一七日、本郷の習性小学校をまがりして、日本初のエスペラント語学校を開校した。授業は月曜日から金曜日の一八時から一九時半まで、三ヵ月で卒業するコースをつくり、授業料はぜんぶで三円であった。最初の受講生は四〇名ほどで、講師はもっぱら大杉ひとり。受講生の回想によれば、大杉はひじょうに丁寧なおしえかたをしていたという。もともと、語学の教員になりたがっていたくらいだから、おしえるのは好きだったのだろう。その後、エスペラント語学校は第三期まで開講したが、大杉の入獄で廃校になっている。ちなみに、いまでこそエスペラント語はあまり有名ではないが、当時は、新しい世界言語としてマスコミで大々的にとりあげられ、ホテルの表示にもつかわれていたほどであった。大杉は、まちがいなくその立役者の一人だったのである。

しかし、このあとの大杉を待っていたのは、長い監獄生活であった。まず一九〇六年一一月には、『光』に訳出した「新兵諸君に与う」が起訴される。罪状は、新聞紙条例違反。裁判でねばったが、禁固四ヵ月、罰金五〇円とひじょうに厳しいものであった。そして、その結審がでるまえに、一九〇七年四月、日刊『平民新聞』に訳出したクロポトキン「青年に訴う」が起訴された。これも新聞紙条例違反。禁固一ヵ月一五日。大杉は、五月二六日に東京監獄に出頭し、二九日から巣鴨監獄に送られた。おなじとき、『平民新聞』の編集人兼発行人であった石川三四郎も、禁固一三ヵ月で巣鴨監獄に服役していた。となりの房だったので、壁に針でちいさな穴をあけ、おしゃべりを楽しんだ。

この四ヵ月の監獄生活も、大杉にとっては勉強の時間であった。こんどはイタリア語をやりはじめた。書籍としては、クロポトキンの著作をむさぼり読んだようである。手紙のやりとりをみると、『相互扶助論』[18]、『パンの略取』[19]、『一革命家の思い出』[20]、『無政府主義の倫理』[21]、『無政府主義概論』[22]、『共産主義と無政府』[23]、『裁判と称する復讐制度』[24]などの名前があがっている。また、ルクリュ『進化と革命とアナキズムの理想』[25]、グラーヴ『アナキズムの目的とその実行方法』[26]、マラテスタ『無政府』[27]、マラトウ『無政府主義の哲学』[28]、ローレル『社会的総同盟罷工論』[29]、『老子』、『荘子』などを読んでいた。最後の老荘思想についてはあきらかに幸徳の影響だろう。大杉の場合、それほど影響はうけていないのだが、幸徳宛の手紙をみると、老荘思想のなかにアナキズムの理想をみいだすことができた、これもなかなかいいものだねという趣旨のことがかかれている。とにかく、この時期、大杉はクロポトキンを中心としながら、アナキズムの重要文献をまとめて読んでいたのである。

一九〇七年一一月一〇日、大杉は出獄した。ここから翌年まで、アジアの活動家と交流し、ネットワークづくりにはげんでいる。まず出獄当日、在日中国人が主催する社会主義講習会がひらかれることを知ると、大杉も登壇し、「バクーニンと連邦主義」という題目ではなしをした。講演会をきりもりしていたのは、劉師培(りゅうしばい)、張継(ちょうけい)の二人の中国人アナキストで、大杉が入獄していたころから幸徳とまじわり、八月から日本人アナキストを講師にまねいてアナキズムの宣伝につとめていた。とりわけ、大杉は中国人アナキストむけにエスペラント語の講習会もたのまれており、かなり親密に交流していたようだ。のちに日本をぬけだして中国に渡ったとき、張継と再会している。また、フランスに渡ったときも、中国人アナキストの世話になるのだが、そのつてはだいたいこのころからつちかわれたものだろう。

さらに、同年の夏ころから、講習会のメンバーが発起人となって、亜洲和親会が組織されていた。亜洲和親会では、アジアにひろがっている帝国主義に反対し、各国の独立自由を獲得することや、たがいの革命を助長しあうこと、最終的にはそれぞれの革命をつなげて、アジア連邦を結成することが目標としてかかげられていた。当時は、日本がまさに韓国を侵略していた時期であったから、感情的な問題もあり、韓国からは不参加。しかしインドやベトナム、フィリピンの活動家は参加していた。大杉も、第二回会合から参加している。中国からは、のちに日本の傀儡政権のトップにかつがれた汪兆銘も参加していた。いまからすると、とても可能性のある会合であったようにおもわれるが、翌年から日本の活動家が弾圧され、多くが長期間投獄されたことで、自然消滅のようなかたちになってしまった。

また、この年の九月から、日本の直接行動派も毎週金曜日の夜に講演会をひらきはじめていた。毎回、五〇名近くの聴衆があつまっていたといわれている。出獄後、大杉も登壇するようになり、一二月には「現代思想の二大傾向」と題して、クロポトキンの思想を体系的に紹介してみせた。山川均の回想によれば、まとまったかたちでクロポトキンのはなしを聞いたのは、それがはじめてであったという。長い獄中生活をつうじて、大杉はいっぱしのアナキズムの理論家になっていた。幼少年時代からのいっさいの腕白が、アナキズムとして理解される。しかも身のまわりには、おなじくアナキズムにひかれた人びとが続々とあつまってくる。これはいけるんじゃないのか。弱冠、二二歳であった大杉は、心を躍らせていたにちがいない。

必然のコミュニズム

僕がクロポトキン大明神でおさまっていたのはもう十年も十五年も昔のことだ。はたち前から、クロポトキンのものを読みだして、十年近い間クロポトキンかぶれしていた。少なくとも書物のかたちで出たクロポトキンのものは片っぱしから買い集めて読みふけった。二度も三度も、四度も五度も、どうかすると六度も七度も、繰りかえし繰りかえし読んだ。どんなことが、どの本の、どの辺りに書いてあるか、ということまでもたいがいは知っていた。クロポトキンの著書全部のよほど詳しい索引が自然に、僕の頭のなかにできあがっていた。

(大杉栄「クロポトキン総序」『改造』一九二〇年五月—七月、『全集』第四巻)

これはもう三五歳になってからの大杉の文章である。この記述によれば、二〇代前半の大杉はかんぜんにクロポトキンにはまりきっていた。どんな思想を身につけていたのか、当時はまだ『青年に訴う』や、『パンの略取』の部分訳をしていただけなので、大杉がなにを考えていたのか、正確に把握することはできない。大杉が、クロポトキンについてまとめて書くことになったのは、森戸事件などもあって、クロポトキンがブームになった一九二〇年前後である。だが、そのころの文章を読むだけでも、若いころの大杉がクロポトキンをどのように理解していたのかはだいたいわかる。このクロポトキンが大杉の思想の軸であったことはたしかなので、じっくりと検討してみることにしよう。

さきにも述べたように、大杉にとって社会主義の入口になったのは、ダーウィンの進化論であった[30]。丘浅次郎『進化論講話』を読んで、世の中に変わらないものなんてないとおもった。資本主義がたおれる。それは必然であり、生物学という科学によってうらづけられている。この考えかたには、社会主義者がひきつけられた。だが、進化論をよりどころとしていたのは社会主義ばかりではなかった。資本主義や帝国主義はもちろんのこと、近代国家の原理も進化論にもとづいていた。弱肉強食の生存競争。もともと、ダーウィンは適者生存という言葉をひじょうにひろい意味でつかっていた。生きるためにはまわりと助けあうこともあれば、競いあうこともある。しかし、ダーウィンの熱烈な支持者であったハクスリーが意味をゆがめてしまった。適者生存とは、生存をかけた競争のことであり、ただ強い者だけが弱い者をおしのけて生き残ることができる。その繰りかえしが進化をもたらすのであると。

よく考えてみると、そもそも資本主義では自分の利益のために他人をけおとすことはあたりまえであったし、すでに一七世紀のころから、ホッブスは人間の利己心を前提として、近代国家の原理を打ちたてていた。人間は、自分の利益を追い求めるものであり、それは自然な権利として認められるべきものである。しかしほうっておくと、たがいの権利をぶつけあい、殺しあいにでもなりかねないから、もっとも強い者に権利をゆだねましょうと。

強者にルールを決めてもらって、それにしたがう。もはやかってに相手の権利を奪いとることはできない。そんなことをしたら、強者にきびしく罰せられる。誰もが安心して、おもいきり自分の利益をおい求められるようにする。近代国家の役割は、生存競争を促進することにあったのである。

ダーウィンの進化論は、資本主義や近代国家を正当化するものとしてうけいれられた。一九世紀後半、二〇世紀にはいると、こうした傾向はますます高まり、社会ダーウィニズムという言葉ももちいられるようになっていた。国家がひとつの有機体としてみなされ、他国を侵略することも弱肉強食として肯定される。ドイツの歴史家であるトライチュケなどは、文字どおり軍国主義化していくドイツをダーウィニズムの立場から評価していた。実のところ、これは日本でもおなじである。

日本でも、加藤弘之博士、丘浅次郎博士などは、このハクスレー流の好代表者である。そしてついに人類社会の日常生活にまでも、一々この生存競争という言葉があてはめられて、友人を売って勢力を得るのも、節を屈して富をなすのも、他人を殺すのも、みずからくるのも、ありとあらゆる人間生活はことごとく生存競争の一語に約められるようになった。自分さえよければ他人はどうでもいい、むしろ他人を殺しつつ自分を生かす、という賤劣な利己主義が科学的祝聖をうけるような観を呈してきた。

（大杉栄「動物界の相互扶助」『新小説』一九一五年一〇月号、『全集』第四巻）

明治政府がとりくんできたことが、すべて進化の名のもとに正当化されている。富国強兵によって軍事力を高めることも、殖産興業によって資本主義を促進していくことも、みんな適者生存のためである。戦争でひとを殺してもかまわない、貧富の格差が生じてもかまわない。目のまえでおこっていることのすべてが、科学的にうらづけられる。大杉によれば、クロポトキンがやろうとしていたのは、ダーウィンの進化という発想をうけいれながらも、それを利己主義や競争原理に還元してしまうような科学的方法を、根底からつきくずすということであった。

クロポトキンによれば、近代の科学的方法には二つの潮流が存在している。ひとつは、科学派と呼ばれるもので、合理主義や実証主義がこれにあたる。一般的には、これだけが科学といわれており、自然科学でも社会科学でも、数学的に計算可能であることが科学といわれてきた。はじめから研究対象の全体を設定しておいて、そこに客観的な指標をいれて計測していく。人間や生物をたんなる物とみなし、優劣をさだめて有用性の度合いをはかっていく。政治でも経済でも、いちど指標が示されれば、ひとは誰もが他人よりも有用でありたいとおもってしまう。自分の利益だけを追求し、そのために他人をけ落とすこともいとわない。実のところ生物学にかぎらず、科学の誕生こそが利己主義や競争原理をうみだしたのであった。

しかし、科学にはもうひとつの潮流がある。プラグマティズムである。大杉によれば、このプラグマティズムは一八七七年、アメリカの科学者であるパースによって提唱され、哲学者であるジェームズによって発展させられた。実際主義ともいわれている。フランスの哲学者であるベルクソンも、この科学的潮流のなかにあったという。

　この実際主義とは行為の哲学、結果の哲学、利益の哲学である。ある思想の真偽を判断するのに、ただちに理性や理論に走ることなく、まず行為におもむいてみる。すなわちその思想を実際問題とぶつからせてみる。そしてその行為のもたらす結果により、利害によって、その思想の真偽を決定する、かくあらゆる思想を夢みながらではなく生かして、抽象から具体にうつして、試してみるという方法には、第一の条件として意志を要求する。精力を要求する。教えられたいっさいの理屈を排斥しもしくは忘却して、ただ本能の奔るがままにあらゆる事実にぶつかって行く、意志と精力とを要求する。

（前掲、大杉栄「クロポトキン総序」）

プラグマティズムは、人間の思想や行動を客観的な基準にてらして評価したりはしない。いちどあたまを空っぽにして、具体的になにがおこっているのかを分析し、その意味をくみとろうとする。科学的方法として必要なばかりでない。人間は日常的にそうやって生きている。ふつうに考えてみても、自分が客観的に有益かどうかを気にして生きていることなんてめったにない。基本的に、人間のあたまは空っぽであり、好きなことを考えたり、好きなことを話したり、好きなものを食べたり、好きなときに寝るだけだ。それがどういう結果をもたらすのかは、やってみなければわからない。毎日、そうやってすごしているだけなのに、いまでは資本主義の世界観がひろまりすぎて、そのあたりまえのことがいえなくなっている。他人と競争するのはいやだとでもいおうものなら、おまえは子どもだとか、わがままだとかいわれて全否定されてしまう。好きなことしかやろうとしないのは、子どもがダダをこねているようなものだと。プラグマティズムがくみとろうとしていたのは、そうした否定されがちな、しかしとても大切なありふれた日常なのであった。

クロポトキンは、プラグマティズムの立場にたっていた。自然界でも生物界でも、世界の森羅万象にたいして、はじめから客観的法則を想定することはできない。世界には全体的なものがあるわけではなく、ただ無数の極微物質の運動があるだけだ。極微物質が群れあつまると、それはひとつの身体のように動きはじめ、なんらかの法則があるかのようにもおもわれるのだが、しかし極微物質がほんのすこしでも流れを変えると、その身体はまったく別のものへと変形をとげてしまう。大杉は、これを群体と訳している。群体の動きは予測不能である。大杉の場合、これをさらに細胞や遺伝子のレベルにまでひきあげて研究しているのだが、これについては次章にゆずろう。クロポトキンは、生物界でも人間界でもその根底にあって、いつでも客観的法則と呼ばれているものをつきやぶろうとしている群体の動きをとらえようとしていたのである。

しからば、クロポトキンがその社会哲学の基調としたクロポトキン自身の深い感情、深い憧憬というのは何か。それは自由発意と自由合意である。個性の尊重である。自他の個性の尊重である。そして、その各個性の自由なる合意、自由なる団結である。自由と平等と友愛である。

（前掲、大杉栄「クロポトキン総序」）

大杉によれば、クロポトキンがとらえようとしていた群体の動きは、クロポトキン自身の感情や憧憬でもあった。クロポトキンもひとりの人間であり、群体であったからだ。人間はこうやって生きるべきだとかいわれても、クロポトキンにはわからない。それが有益であるかどうかは関係なく、好きなことだけをやっていたい。徹頭徹尾、自由である。それが拒まれるのなら反抗するだけだ。

クロポトキンがまだ十四、五のときであった。かれは近侍学校にはいっていた。学校には古木の茂った美しい庭園があった。第五級の生徒はそこへはいって遊ぶことができなかった。第一級の生徒等がその中で寝ころんだりおしゃべりしているあいだに、新入生等はその周囲を駆足させられたり、また古参生等が六柱戯をやっているあいだにその球拾いをさせられたりしていた。クロポトキンは学校にはいった数日間、庭園のそうした事情をみて、そこへは行かずに自分の室に籠っていた。すると、人参のような髪に雀斑だらけの顔の一人の近侍がやってきて、すぐ庭園へ下りて、駆足をするようにと命じた。「いやです、僕はいま本を読んでいるんじゃありませんか」とクロポトキンは言った。近侍は怒った。ただでさえ面白くない顔をいっそう不恰好にして、いまにもクロポトキンに飛びかかろうとした。クロポトキンも防御の身構えをした。近侍はその帽子でクロポトキンの顔を打とうとした。クロポトキンはうまくそれをはねのけた。近侍は帽子を床板の上に投げつけた。「拾え」。「自分で拾うがいい」。こんな不従順な振舞は学校では未曾有のことであった。翌日も、またその次の数日も、クロポトキンは同じような命令をうけた。がかれは頑固に二階のその室に籠っていた。

（前掲、大杉栄「クロポトキン総序」）

　これは、大杉がクロポトキンの自叙伝『革命家の思出』（大杉栄訳、春陽堂、一九二〇年）を紹介した一節である。もしかしたら、大杉はこう書きながら、みずからの幼年学校時代をおもいだしていたのかもしれない。大杉とおなじように、クロポトキンもまた命令ばかりしてくる貴族幼年学校の教官に腹を立てていた。いくらいじめられても、いくら命令されてもしたがわない。本は読みたいときに読むものだ。むしろやめろといわれればいわれるほど、読みたくなってしまう。あとは読みたいという感情がふくらんでいくだけだ。子どもという病。文章にしたり、ひとに話したりすれば、この病は予期せぬところにまで伝播していく。そして、この病をなおすのではなく、助長していこうとするのがクロポトキンの科学であった。そう考えると、大杉の『自叙伝』はクロポトキンから着想をえたものだといっても過言ではないだろう。

しかし、ことさらに自由をとなえ、反抗心をむきだしにするのは、抑圧してくる敵あってのことである。意識していなくても、自由を享受しているときは多くある。自分の利益のことなど忘れてしまって、あたまが空っぽになっているときがそれである。ほんとうになにも考えていなかったりすることもあれば、夢中になって遊んでいるだけのこともあるし、気づいたら他人に手をさしのべていたりすることもある。この状態をなんとよべばいいのだろうか。利己的ではなくなっているという点では、利他的といってもいいのかもしれない。後年、大杉は、なにも考えていなかったり、夢中になって遊んでいることを理論化したりするのだが、クロポトキンは、なによりも他人に手を差しのべることに注目して、これを相互扶助と呼んだ。かれは『相互扶助論』(大杉栄訳、春陽堂、一九一七年)のなかで、動物界にはじまり、人間界の原始、古代、中世、近代にいたるまで、多岐にわたる相互扶助の事例を紹介している。なかでも、大杉が動物界を代表しているとして考えていたのが、アリである。

おなじ巣またはおなじ植民団体の蟻が道で出あえば、たがいに相近づいて、しばらくその触髭を揺れ動かして挨拶をする。そしてそのいずれかが飢えていて他の一方が満腹していれば、飢えているほうの蟻はただちに食物を要求する。そのときに食物を要求されたほうの蟻はけっしてこの要求を拒むようなことをしない。すぐ口をあけて身構えをする。やがて透き通った一滴の液体を吐きだす。そしてそれをその仲間の蟻に舐めさせる。これはフォーレルがはじめて発見した事実であるが、この消化した食物を吐き出して仲間にあたえるということは、蟻の社会のもっとも重要な一現象で、しかも稀におこる珍奇な事実ではなく、餓え渇えた仲間を救済しまた幼虫を養育するのに常に行われているのである。そして十分満腹していながら仲間の救済を拒むような、利己的な奴があるときには、仲間はその蟻を敵としてもしくは敵以上の敵として取り扱う。

（前掲、大杉栄「動物界の相互扶助」）

これは一〇〇〇種類もいるといわれているブラジルのアリのはなしである。ブラジルのアリはもうれつに強い。群れあつまってくるアリをみれば、どんな昆虫も動物も、おそれをなして逃げだしてしまうほどだ。その秘訣は、状況におうじて、各自の判断ですばやく動きながらも、連携がとれているその力である。なぜ、そんなことができるのか。相互扶助のおかげである。飢えた仲間をみれば、自分の胃袋からはきだしてでも食物を提供してあげる。それがふつうのことであり、とうぜんながら意識していなくても信頼関係が築かれている。まわりを信頼していれば、誰かが命令をくだす必要なんてない。それぞれの判断で、やるべきことをただやればいい。アリたちがすばやく連携のとれた動きをすることができるのは、このためであった。

こうした相互扶助の事例は、人間界にもみうけられる。たとえば、漁民の目のまえで船が難破したとする。ものすごい暴風で、助けにいけば、自分たちも難破するかもわからない。だが、それでも漁民たちはとっさに飛びだしていってしまう。また、炭鉱で地くずれがあり、坑内に仲間がうもれたとする。ふたたび地くずれがあるかもしれないし、いつガス爆発があるかもわからない。しかし、坑内から仲間が壁をたたいている音をきけば、どんな坑夫も身を賭して助けにいってしまう。火事のときもおなじである。脱獄したばかりの囚人が、たまたま火事に遭遇したとする。目のまえで火が燃えあがっていて、部屋には子どもがとりのこされている。助けにいけば自分も死ぬかもしれないし、いま逃げなければ警察に捕まってしまうかもしれない。それでも火のなかに飛びこんでいってしまうのが世の常だろう。クロポトキンによれば、「人間は他人が救いを叫ぶのを聞いて、それに応じないでいることには、とてもたえられない」のである。そして、クロポトキンがおもしろいのは、こうした人間の心理を、愛や同情ときりはなして考えている点である。

社会が人類のあいだによってもってたつ基礎は、愛や同情ではなく、人類共同の意識である。相互扶助の実行によってえられる力の無意識的承認である。各人の幸福が総人の幸福と密接な関係にあることの無意識的承認である。また、各個人をして他の個人の権利と自己の権利とを等しく尊重せしめる、正義もしくは平衡の精神の無意識的承認である。この広大なかつ必然的な基礎のうえにさらに高尚な幾多の道徳的感情が発達する。

（大杉栄「人類史上の伝統主義」『新小説』一九一七年一〇月、『全集』第四巻）

クロポトキンは、ここで愛や同情を否定しているわけではない。そうではなくて、愛や同情は、意識して他人に投げかけられるものだといっているのである。例にあげられている漁民や坑夫、囚人はもっと空っぽであった。意識して、他人を助けたわけではない。無意識的に、そうするものであっただけである。必然だ。しかも、生命の危険があるときでさえそうしていたのだから、日常生活はもっと相互扶助だらけだとおもったほうがいい。他人が知らないことでもあればおしえてあげるし、物でも落とせばひろってあげる。友人がつかれた顔でもしていれば声をかけるし、恋人がイライラしていれば、とりあえずあやまってみせる。もしかしたら、それを国家や社会にとって都合のよい、道徳なるものにしたてあげることもできるのかもしれない。ひとは国家や社会のために一致団結して助けあうべきだと。しかし、相互扶助はそんなに面倒くさいものではない。役にたつかどうかとか、つかいものになるかどうかとか、そんなことはどうでもいい。ありふれた生の無償性。ひとは日々、無償なものをつむぎあげ、その濃度を増しつづけている。アナルコ・コミュニズム（無政府共産主義）。実現すべきだとか、実現されうるとか、そういうことでもない。

何も考えなくていい、なにもしなくていい。群体のコミュニズムは必然である。

黒い子どもはよく踊る

さて、一九〇八年一月一七日、大杉栄はふたたび逮捕された。この日は、金曜講演会がひらかれていたが、いつものように監視役の警官に制止され、とちゅうで講演をとめられてしまった。あたまにきた堺利彦は、茶話会をやろうといって屋上に駆けあがり、そこで演説をはじめた。建物の下にいた群集たちは、なにごとかとおもって足をとめ、はなしに聞きいっている。労働者のみなさん、狂暴な政府と資本家をやっつけましょう、みなさんにはストライキという武器があります、という趣旨のことをいったらしい。警官が解散を命じるが、堺はきかない。とめどもない拍手のなか、大杉と山川均も演説をぶった。三〇名ほどの警官隊が応援にかけつけ、堺、大杉、山川、坂本清馬、竹内善朔（ぜんさく）、森岡栄治らの六名がひっぱられた。罪状は、治安警察法違反。大杉は、堺や山川とともに、禁固一ヵ月半となった。巣鴨監獄におくられ、三月二六日に出所している。これが屋上演説事件のあらましである。

権力の弾圧は、さらにエスカレートしていく。六月一九日、一年二ヵ月の刑期をおえて、同志の山口孤剣が出所してきた。議会政策派から直接行動派まで、三〇名ほどで上野駅まで出むき、赤旗をたてて出むかえた。本郷にあった西川光二郎宅でお祝いをしようと、みんなで本郷のほうにむかうと、とちゅう赤旗をめぐって警官隊ともみあいになり、赤旗とともに荒畑寒村がもっていかれてしまった。これに怒った大杉は、百瀬晋や村木源次郎とともに交番に殴りこみをしかけ、それにつづいて他の仲間たちもなだれこんだ。結果として、荒畑と赤旗の奪還に成功。意気揚々と西川宅にむかった。もしかしたら、これですこしばかり調子にのったのかもしれない。

その三日後、神田の錦輝館で、すこし大きめの山口出獄歓迎会がひらかれると、大杉は荒畑や百瀬、村木、宇都宮卓爾、佐藤悟らを誘い、「無政府共産」「無政府」「革命」とかかれた赤旗をもって、会場を練り歩いた。大杉の提案で、歓迎会にきていた議会政策派へのいやがらせをしたものだともいわれているが、なにより三日まえの勝利でテンションがあがっていたのだろう。大杉と荒畑は、勢いにのって外にでようとしたが、そのとき数名の警官がおそいかかってきた。旗を渡すまいとケンカになるが、今回は警察側が圧勝。旗はうばわれ、大杉も「ムムム、無政府万歳」とさけびながら、もっていかれてしまった。このときの逮捕のしかたは尋常ではなく、もみあいに加わったものだけでなく、仲介にはいった堺や山川、面会にいった女性たち、旗をしまって帰ろうとしていたものまでつかまってしまった。逮捕されたのは、堺、山川、大杉、荒畑、村木、宇都宮、百瀬、佐藤、森岡栄治、徳永保之助、管野すが、大須賀里子、神川松子、小暮れい子の一四名。罪状は、治安警察法違反と官吏抗拒罪であった。

これが赤旗事件である。日本史の教科書にも載っている有名な事件だが、事件自体はたいしたことはない。若者が赤旗をふりまわしたというだけである。しかし、弾圧のレベルはひじょうに高く、まさに事件というにあたいするものであった。大杉たちは神田警察署で取り調べをうけたのだが、このときの取り調べは取り調べではなかった。拷問である。大杉と荒畑は裸にされたあげく、左わきばらを革靴でなんどもけとばされ、悶絶してうなり声をあげていた。とりわけ、大杉への暴力はひどかったようであり、両足をもちあげられ、床をひきずられたり、長い髪をつかまれて、壁にあたまをガンガン打ちつけられた。荒畑の回想によれば、いつもはつよがりの大杉が、涙をポロポロと流して泣いていたという。くやしい。神田警察署では、女性たちにも暴力がふるわれたようであり、管野、大須賀、神川の三人は生傷をおっていた。

翌月の二九日、赤旗事件にたいする判決がくだった。あまりの重刑にみんなおどろいた。一四名中、一二名が有罪。大杉がいちばんきびしくて禁固二年半、罰金二五円。堺、山川、森岡が二年、荒畑、宇都宮が一年半、佐藤、村木、百瀬、大須賀、小暮が一年であった。管野と神川は無罪。大須賀、小暮、徳永は執行猶予がついて釈放された。社会主義者を弾圧するために、権力が本気をだしはじめたのである。だが、大杉にとってはよいこともあった。このころ、大杉は二年前におこした電車事件の判決もくだっていて、禁固一年半をいい渡されていたのだが、どういうわけか赤旗事件の刑期のなかにふくまれることになった。一年半分、得をしたのである。九月九日、千葉監獄に送られ、そこから一九一〇年一一月二九日に出所するまで、長い監獄生活を送ることになる。

この千葉監獄で、大杉はさらなる学習をしている。語学は、ドイツ語、スペイン語、ロシア語に手をのばし、書籍は、社会学から人類学、文学、思想にいたるまで、はばひろい文献を読みといていった。このときの学習が、『近代思想』誌上での評論につながっていくのだが、具体的にどんな文献を読んでいたのか、それがどのような思想として展開されたのかについては、次章で検討したい。ここでは、大杉が獄中にいたときにおこった出来事についてふれておこう。ひとつは、父親の死である。この間、父親との仲はかんばしくなかった。一九〇八年一一月一一日には、獄中から手紙をだして、大杉のほうから自分のような親不孝は廃嫡してほしいと願い出ている。この手紙は、表面的にはていねいなのだが、最後まで読んでみるとびっくりさせられてしまう。廃嫡する代わりにといってはなんだが、三〇〇円ほどカネを貸してほしいと書いてある。理由は、本が読みたいということだ。獄中で本を読み、かならず研究成果をだす、そうすれば大学をだしてもらった恩義にむくいることになるし、よいでしょうと。

この手紙をうけとって、父親がどうおもったのかは知るよしもない。「このドラ息子が」くらいにおもっていたのだろう。廃嫡は認めなかったし、カネもださなかった。しかし翌年の一一月二日、その父がとつぜん死んでしまった。弟の伸が面会にやってきて、父親の死後のいっさいのことは自分がやるからといってきたが、大杉は獄中から手紙をだして指示をだすことにする。といっても、指示をだしていただけで、実際に動いたのは妻の保子である。財産上の諸問題から弟妹の面倒まで、すべて保子がとりしきった。よほど忙しかったのだろう。その後、保子はちょくちょく体調をくずしている。大杉は、手紙でさみしいからはやく面会にこいとか、まだ本がとどかないぞとか、小うるさいことばかりいってくる。えらそうに。ともあれ、父親の死でいろいろとおもうことはあったはずだ。

もうひとつは、大逆事件である。一九〇七年八月から、幸徳秋水は体調をくずし、故郷の高知県中村にもどっていた。静養をとりながら、一九〇八年八月までにクロポトキン『麵麭(パン)の略取』の翻訳などを完成させた。そして、ちょうどこのころ東京の同志が赤旗事件でやられたとの一報をうけて上京し、事件の公判を傍聴したりしている。東京に出てくるまでのあいだに地方をまわり、和歌山県新宮の大石誠之助や神奈川県箱根の内山愚堂らとも交流を深めてきた。東京では新宿に住居をかまえ、そこを平民社と名のることにした。幸徳がきたと知ると、続々と同志たちがかけつけてくる。平民社には坂本清馬がすみこみ、森近運平、管野すが、戸垣保三、新美卯一郎、守田有秋らがではいりするようになった。その後、場所は、巣鴨、千駄ヶ谷にうつるのだが、その間に宮下太吉、奥宮健之、古河力作なども加わるようになった。力をいれていたのは秘密出版。幸徳が翻訳したクロポトキンの『麵麭の略取』やドイツのアナキストであったローレルの『社会的総同盟罷工論』、それ以外にも内山愚堂『無政府共産』などが刷られていた。

すべてがうまくいっていたわけではない。このころ幸徳は、恋愛問題で仲間うちからは批判をあびていた。幸徳は、東京に出てきたころから管野と恋仲になっていた。幸徳には長年つれそった妻がいて、管野も荒畑とつきあっていたため、若干のスキャンダルでもあった。幸徳の女性にたいする考えかたに批判が出ていたようで、大杉も保子宛に幸徳を心配する手紙をだしている。また、恋人をうばわれた荒畑は、出獄後、なんともいえない気持ちになり、ピストルをもって幸徳を殺そうとフラフラしていたようだ。おそろしい。しかし、幸徳の動きはとまらない。一九〇九年五月には、管野とともに『自由思想』を発刊し、言論活動を展開しようとしている。だが、これもやはり発禁となり、なかなかうまくいかない。そんななか、宮下太吉が訪ねてきて、爆弾で天皇を殺そうともちかけてくる。幸徳は消極的ながらも、その準備会合に参加していた。とくに反対する理由もなかったのだろう。しかし、一九一〇年三月には体調をくずし、湯治がてら湯河原で執筆活動にいそしんでいた。その間にも、宮下は爆弾づくりに成功し、管野や古河とくじ引きで爆弾を投げる順番を決めている。

一九一〇年五月、爆弾計画が発覚してしまい、宮下と新村忠雄が逮捕。事件は、幸徳を首謀者とする爆弾事件にでっちあげられ、管野も起訴、六月一日には幸徳も湯河原で逮捕されている。その後も、事件とはまったく関係のない内山や大石、坂本までふくめて、二六名が捕えられた。もはや具体的に爆弾事件がどうこうではなく、いきのいい社会主義者を皆殺しにしてしまおうという感じだったのだろう。おそらく、赤旗事件で獄中にいなかったら大杉や堺もやられていた。実際、どうこじつけても無理があるのに、大杉は一九一〇年九月二日に東京監獄に移送され、検事から取り調べをうけている。「この事件は四、五年前からの計画のものだ。お前らが知らんというはずはない。現にお前らもその計画に加わっていたということは、他の被告の自白によっても明らかだ」とおどされたらしい。さすがの大杉も不安になり、出獄まではかなり緊張していたようだ。監獄では、幸徳の姿もみたようだが、うまく声をかけられずにいる。

ある日幸徳の通るのを見た。「おい、秋水！　秋水！」と二、三度声をかけてみたが、そう大きな声をだすわけにもゆかず（なんという馬鹿な遠慮をしたものだろうと今では後悔している）、それに幸徳は少々つんぼなので、知らん顔をして行ってしまった。

（前掲、大杉栄「続獄中記」）

一九一〇年一一月二九日、大杉は無事に出獄した。六、七名の仲間にむかえられて握手。保子とともに帰宅した。数日、休息をとると翌月の八日、大杉は幸徳の面会にいった。気持ちが高ぶりすぎていたのだろうか、あまりしゃべれなかったようだ。幸徳からは堺宛につぎのような手紙がきていた。

大杉君に申し上げる。先日来てくれて嬉しかった。弟に会ったような気がした。君が吃りで十分のはなしができなかったのが残念だ。手紙をくれたまえ。

一九一一年一月一八日、二六名のうち二四名に死刑判決。翌日、うち一二名は無期懲役へと減刑となった。死刑となったのは、幸徳、森近、奥宮、大石、宮下、新美、古河、新村、内山、管野、松尾卯一太（ういった）である。二一日、大杉は堺や保子、石川三四郎や吉川守圀らと死刑囚の面会にいっている。とくに管野はうれしかったらしく、この夜、大杉と保子宛の手紙に、つぎのように書いている。

大杉さん、保子さんよくおいで下さいました。大杉さんのお顔が思いのほかよかったので嬉しく存じました。どうか二人ともお体を御大切になすって、せいぜい長生きをなすって下さいまし。赤旗事件当時、神田警察署における大杉さんのことを保子さんにお噂しましたっけね。夢ですね。

保子さん、私はあなたのお手を放す事ができませんでしたよ。一時に涙が溢れてね、覚悟は充分しているんですけれど、みなさんのお顔をみるとやはり弱い人間ですから、悲しいというのか懐かしいというのか、そんなまとまった感じでなしに、ただ胸がせまったのです。涙がでたのです。

また来てくださいねと申しましたが、保子さんあれはもう取り消します。どうかいらっしゃらないで下さい。私は此上お顔を見るに堪えません。見たいけれど忍びます。その代わりどうかお二人でお手紙を下さいね。

（塩田庄兵衛、渡辺順三編『秘録大逆事件』下巻、春秋社、一九五九年）

一月二四日、幸徳ら一一名が処刑された。翌日、管野も処刑されている。二四日の夜、知らせをうけた大杉と堺、石川はともにやけ酒をくらった。堺は、そうとう酔っぱらっていたようである。石川はつぎのように回想している。

その晩のこと、一二時頃でありました。堺大杉両君と私と三人でどこかで相談でもしたものか、大分酒気を帯びて信濃町停車場で下車しました。その頃は、実にさびしい停車場でありました。その停車場のそばに交番が寒そうに立っていました。一月末のそれも、もう夜中なのです。停車場を降りると、堺君は交番の横の暗がりでペッペッと唾をしています。交番にツバなど吐きかけて、と気をつけてみると先生の足許から白い煙が揚がっています。小便をやらかしているのです。小便をしながら唾を吐くのは堺君の自然法則でありました。交番の若い巡査は気がついたらしく、眼を光らせていましたが、吾々に尾行していた三人の刑事がなにか耳打ちした結果、彼方をむいて知らぬ顔。

その交番の横から、道路が掘りかえしてでもあったか、警視庁の赤い瓦斯燈が二、三間の間隔をおいて三つ四つ並べてありました。それに沿うて吾々は堺君の家までいくのでありました。なにか三人話しながら歩を進めていましたが、忽ちガチャーンと烈しい音をたてて瓦斯燈のガラスが破れました。堺君のステッキが活動したのです。

堺君の意志を遵奉して突っかかったのです。誰も何とも言いません。宇宙的沈黙が吾々を閉ざしました。三人の刑事はわなわな震えている様子でした。寒かったからでしょうか。「ちえー!」という叫びが堺君の口から迸りました。と同時に二番目の瓦斯燈がガチャンと倒れました。今度は堺君の足が活動したのです。瓦斯燈のランプの石油が流れて火がつきはしないかと心配しましたが、ひっくり返ると同時にランプは消えました。腕白の株を奪われた大杉君はつまらなそうにしていました。刑事は私の側に来て、「どうか堺さんを送ってください」と哀願します。何しろ一方では仲間の首をしめて命を奪っている最中です。刑事達もあまり気持ちがよくなかったのでしょう。

（石川三四郎『自叙伝』理想社、一九五六年）

堺のくやしさが伝わってくる。ちえー。大杉は黙して語らない。よく考えてみると、大杉は東京監獄で幸徳をみたときも、幸徳と面会したときもずいぶんとおとなしかった。幸徳の手紙には、大杉の吃音がひどくてあまりしゃべれなかったとあったが、おそらくふだんよりまして吃音がひどくなっていたのだろう。それはそうだ。あこがれであり、目標でもあった幸徳がとつぜんいなくなってしまうというのだから。これからどうしたらいいのだろう。目のまえが真っ暗だ。なにもみえない、なにも考えられない、なにも言葉が出てこない。しかし、暗闇のなかでじっとしていると、なんだかみえてくるものもある。暗闇のなかでは、すべてが真黒にそまって消えていく。なにをやっても、なにもやらなくても黒くなって散るだけだ。空っぽになった群体は、なにをしでかすかわからない。子どものようになにも考えずに踊ってやろう。堺は交番にツバをはきかけ、気勢をあげながら街灯をたたきわった。大杉はただ黙って黒くそまっていた。幸徳が死んだあと、大杉はこんな詩をうたっている。「春三月縊り残され花に舞ふ」。黒い子どもはよく踊る。

第三章　ストライキの哲学

生は永久の闘いである。自然との闘い、社会との闘い、他の生との闘い、永久に解決のない闘いである。

闘え。闘いは生の花である。みのり多き生の花である。

自然力に屈服した生のあきらめ、社会力に屈服した生のあきらめ、かくして生の闘いを回避したみのりなき生の花は咲いた。宗教がそれだ。芸術がそれだ。

むだ花の蜜をのみあさる虫けらの徒よ。

（大杉栄「むだ花」『近代思想』一九一三年八月、『全集』第五巻）

人間爆弾に点火せよ

幸徳秋水が死んだ。仲間が天皇に爆弾を投げようとしたためだ。天皇は死ななかった。幸徳は死んだ。仲間もみんな死んだ。みずからの身心をふきとばした爆弾闘争。そこにはなんの物的成果も存在しなかった。爆弾もろともにすべてが消えさってしまったのだから。

国家や資本主義から離脱したい。ただ、それだけを目的とした純然たる直接行動。もしかしたら、とても徳の高い行為だったのかもしれない。しかし、あまりにもおもすぎる。いまこの一瞬にすべてを賭ける。そして、その一瞬で、というよりも、その一瞬さえおこせないままに、みんなふきとんでしまった。もっとやりようはないものだろうか。もっと立てつづけに、なんども爆発をひきおこす方法はないものだろうか。大逆事件後、大杉栄は知恵をふりしぼっていた。

クロポトキンは、ありふれた生の無償性を説いていた。必然としての相互扶助。ふだんから資本主義にとらわれない生の営みはどこにでもある。問題なのは、それがカネにならないからといって否定されたり、カネになるように矯正されたりすることだ。資本主義の標準にあわせること。自分は役に立つ人間だとアピールすること。キュウクツで、キュウクツでしかたがない。あたりまえのことができない。あたりまえのことがやりにくい。そうおもっていると、だんだんとむかついてくる。反抗心とか腕白というのだろうか。もうやっていられない。あたりまえのことを、あたりまえのようにやってみること。各人各様に、無数にありうる身心のふるわせかたをためしてみること。資本主義によって凝りかためられた生を爆破すること。その飛び火から爆発の連鎖をまきおこすこと。人間爆弾に点火せよ。人間の生に火をともす。一九一二年以降、大杉が力をいれていたのは、そうした爆弾のイメージをストライキとして理論化することであった。

一九一二年一〇月一日、大杉は荒畑寒村とともに雑誌『近代思想』を発刊した。出獄後、大杉は亡き父のあとをついで、弟妹の面倒をみていたが、ようやくそのくぎりがついたということもあって、荒畑に雑誌のたちあげをもちかけたのであった。創刊号は、菊判三二ページ、三〇銭で三〇〇〇部。製作費をふくめると、利益はほとんどなかったようで、とうぜんながら執筆者に原稿料は払っていなかった。経営は広告料収入でまかなっていたようであり、雑誌をめくってみると、ライオン歯磨きや三越デパート、雑誌『実業之世界』の野依秀市、丸善顧問の内田魯庵、出版店文淵堂の金尾種次郎などの名前があがっている。雑誌の体裁についていえば、黄色い表紙に文字が書いてあるだけで、うすっぺらな、誰がどうみても貧相な雑誌である。だが、執筆陣はとても豪華だ。大杉や荒畑、堺利彦、高畠素之、橋浦時雄、小原慎三、徳永保之助、荒川義英のような社会主義者から、安成貞雄、安成二郎、土岐哀果、若山牧水、佐藤緑葉、相馬御風、山本飼山、生方敏郎のような早稲田大学出身の文学者、そして、慶応大学出身の和気律次郎や、小山内薫、伊庭孝、上山草人、仲木貞一のような近代劇協会に所属するメンバー、さらには当時、著名な評論家であった岩野泡鳴や、上司小剣、久津見蕨村のような社会主義にシンパシーをもった文学者にいたるまで、ひじょうにバリエーションに富んでいた。

　なかでも早稲田の寄稿者が多かったのは、大杉が赤旗事件で服役していたときに、『早稲田文学』を愛読していたということもあったかもしれないが、ほとんどは安成貞雄のおかげである。もともと、早稲田出身の安成は日本社会党に参加していて、電車事件のさいには、大杉や荒畑とともに逮捕された仲であった。その安成が、積極的に友人をさそってくれたのである。安成は、その後も大杉と親しい関係にあり、後述するアナ・ボル論争のさいにはアナキズムを擁護する立場をとっていた。早稲田時代は島村抱月の弟子で、芸術座の命名者として知られており、文学者としても、アルセーヌ・ルパンの最初の紹介者として知られている。しかし、生活的にはボロボロだったようであり、貧乏生活をつづけるなか、アルコール中毒、コカイン中毒になり、あげくのはてには身体を壊して、一九二四年に脳卒中で亡くなっている。三九歳の若さであった。ちなみに安成二郎と四郎は、貞雄の弟であり、ともに大杉とは仲がよかった。二郎は大杉の死の直前に近所に住んでいたこともあって、戦後、『無政府地獄』(新泉社、一九七三年)という回想録をあらわしているし、四郎は大杉とともにファーブル『昆虫記』[31]を翻訳している。

さて、大杉が『近代思想』の構想を練りはじめたのは、赤旗事件で千葉監獄にいたころからである。一九一〇年一月二五日、妻の堀保子に宛てられた手紙には、以下のように述べられている。

僕は前にも言った雑誌をだせるなら、まずこの編集をやりたい。雑誌は『研究』〔『社会主義研究』。三〇頁ほどの雑誌〕くらいの大きさで、科学と文芸とを兼ねた高等雑誌にしたい。世の中はだいぶ真面目になってきた。真の知識、真の趣味の要求が、はなはだ盛んになっている。僕等が、実際の思想よりも数歩引き下がれば、ちょうどこの要求にもっともよく応ずるものになる。文学も多少僕等の時代に近づいてきた。

僕等の思想なり僕等の筆致なりにシックリあうアナトール・フランスなどという連中が、大分もてはやされてきた。もし雑誌がだせぬとしても、僕はこの方面において大いに僕の語学力を発揮して、×××としての以外に旗上げをするつもりだ。（前掲、大杉栄研究会編『大杉栄書簡集』）

大杉は「科学と文芸とを兼ねた高等雑誌」をつくりたいと考えていた。大杉にとって、社会主義とは軍隊や資本主義がしいる標準的な生きかたに抗することであり、自由奔放に自分の心と身体をふるわせることであった。クロポトキンの科学は、はじめから標準を設定してものごとを検証する科学を批判する科学であったわけだし、大杉が幸徳にひかれたのは、時代の風潮などまったく気にせずに、おもいきり自分がおもったことを表現している文芸そのものであった。とりわけ、大逆事件後の数年間は、しばしば「冬の時代」といわれるように言論界はしずまりかえっていた。幸徳のように、ほんとうにいいたいことをいってしまったら、むざんに殺されかねない。あれをいってはいけない、これをいってはいけない。処刑という現実を目の当たりにして、タブーがあるとおもいこまされる。社会道徳の名のもとに、思想が萎縮してしまう。これではいけない。いいたいことがいえないということは、生きていないのとおなじことだ。硬直化した思想に亀裂をいれること。なにものにも縛られずにおもったことをおもったように表現すること。大杉はそのために科学や文学を論じ、あらためて社会主義の魅力をひきだそうとしていた。よく大杉は「冬の時代」を乗り越えるために、文学の仮面をかぶって社会主義を復活させようとしていたといわれている。あたかも文学を政治的に利用していたかのようだ。しかし、そうではない。大杉にとって、幸徳のような筆の力、表現の力こそが社会主義であった。数年後、大杉と行動をともにすることとなる近藤憲二は、『近代思想』を「社会主義運動の復活を告げるラッパ」であったと評しているが、まさに大杉は、この文芸雑誌をたちあげることによって、社会主義を再生させようとしていたのであった(32)。

獄中のアナキズム

大杉栄は『近代思想』誌上で、どのような議論を展開していたのか。この点をほりさげてみていくためにも、まずは大杉が千葉監獄で学んだことを検討してみよう。前章でも述べたように、赤旗事件で服役していた二年半で、大杉はとにかくたくさんの本を読んだ。このときの読書が、大杉の思想形成にとって決定的に重要なものになる。きっと差し入れをしなくてはならなかった妻の堀保子は、そうとうわずらわしかったことだろう。保子宛の手紙には、はやく本を差し入れてくれとか、この本が規制をうけていれられないのなら、おなじ著者のあの本にしてくれとか、そんなはなしがことこまかに出てくる。しかし、いまからすると、その手紙のおかげで、大杉がなにを読んでいたのかがはっきりとわかる。百数十冊にもおよぶ本をすべてとりあげることはできないので、ひとまず社会学、人類学、生物学の文献に絞って、リストアップしてみよう。

ウォード『ソシオロジー』(Ward, L.F., *Pure Sociology*)
ウォード『サイキカル・ファクターズ』(Ward, L.F., *Psychic Factors of Civilization*)
ヘッケル『人類史』(Haechek, E.H., *History of Creation*)
モルガン『古代史』(Morgan, L.H., *Ancient Society*)
ルイス『個人の進歩と社会の進歩』(Lewis, A.M., *Evolution: Social and Organic*)
ノビコー『人種論』
ギディングズ『プリンシプル・オブ・ソシオロジー』(Giddings, F.H., *The Principles of Sociology*)
ルクリュ『プリミチフ』(Reclus, E., *Primitive Folk*)
鳥居竜蔵『人種学』
早稲田の講義録中の生物学
ダーウィン『ビーグル号航海記』(Darwin, C., *Voyage of Beagle*)

梅森直之は、これらの著作の原文にあたり、内容を紹介している。[33] 梅森によれば、まず生物学とほかのふたつの学問をつなげているのが、ルイス『個人の進歩と社会の進歩』[34]であった。ルイスは、この著作でダーウィンの自然淘汰説から、ワイスマンの遺伝説、ド・

フリースの突然変異説、クロポトキンの相互扶助説までをとりあげ、それらが社会理論にどのような影響をおよぼしたのかを論じている。もともと、大杉はダーウィンやクロポトキンを動物界のはなしにとどめずに、人間社会にもつうじる科学として考えていたわけだから、このルイスの議論はなんの違和感もなくうけいれられたことだろう。とりわけ、クロポトキンは極微物質の予測不可能な動きをとらえようとしていたが、ド・フリースの突然変異説は、まさにこの点をさらにつきつめて考えようとしたものであった。こののち、大杉はド・フリースの議論をベルクソンの創造的進化とむすびつけて考えるようになる。

また、人類学と社会学をつなげているのが、ギディングズの『プリンシプル・オブ・ソシオロジー[35]』であった。この著作は、社会の起源について人類学的概念をもちいて説明している。ウォードの『ソシオロジー[36]』もおなじく社会秩序がどのように形成されたのかを人類学的に説明している。そして、そのうえでグンプロビッチやラッツェンホーファーの人種闘争説を紹介している。グンプロビッチはオーストリアの社会学者であり、いまでも征服国家論の提唱者として有名である。かれの理論は、ひじょうに単純明快であり、国家や社会というものは征服によってうみだされるというものであった。人種間の闘争の結果として、強い人種が弱い人種を支配する。そして、その支配者のもとでルールがつくられ、それがのちに国家や社会と呼ばれるようになる。グンプロビッチは、社会ダーウィニズム論者でもあり、他の論者とおなじように弱肉強食の世界を肯定しようとしていた。しかし、大杉は、そこに新しい生物学や人類学の視点をもちこむことによって、弱い者が強い者をたおし、征服そのものを終わらせることができるのだと主張したのであった。

また、大杉は千葉監獄で文芸評論の書籍をたくさん読んでいた。規制がきびしく、社会問題をあつかった書籍の差し入れが不許可になっていたということもあったが、それだけではなく、保子宛の手紙を読むと、大杉がかなり文芸評論に熱をいれていたことがわかる。大杉が差し入れを求めた著作をリストアップしてみよう。

「ドイツ文学史」
「英文学史」
「支那文学史」
『早稲田文学』
『帝国文学』
「抱月の近代文芸の研究」（島村抱月『近代文芸之研究』）
『文芸百科全書』
「『早稲田文学』の一月号にあったモダーニズム・アンド・ローマンスの原著」(Scottjames, R.A., *Modernism and Romance*)
「樗牛(ちょぎゅう)全集の一、二、三」（高山樗牛『樗牛全集』）
「梁川の文集」（綱島梁川『梁川文集』）
「クロのロシア文学」(Kropotkin., P.A., *Russian Literature*)

梅森によれば、大杉は文芸評論を学ぶために、『早稲田文学』を手がかりにしていた。たとえば、一九〇九年一月に服部嘉香が *Modernism and Romance* を翻訳すれば、大杉はその原著の差しいれを求めているし、翌年一月に生方敏郎が綱島梁川について論じれば、『梁川文集』を求めている。また、おなじ号で、本間久雄が高山樗牛について論じれば、『樗牛全集』を求めている。どうやら、大杉は獄中で『早稲田文学』を熱心に読みこんでいたようである。当時、『早稲田文学』は自然主義運動の中心であった。もともと、自然主義は一九世紀末にフランスで提唱された文学理論であり、人間の行動を科学的、客観的に描くことをめざすものであったが、日本では真の人間のすがたを描くのが自然主義であると理解され、人間の情緒的な側面も考慮にいれることがめざされていた。たとえば当時、新進気鋭の評論家として注目されていた相馬御風は、自然主義とは写実主義と情緒主義を意識的に統一した運動であると述べていた。写実主義は自我の客観性ばかりを重視し、情緒主義は自我の主観性ばかりを重視している。だが、ほんらい自我とはその両方をふくみこんだものであるはずだ。主観と客観をあわせもった真の自我を求めること。それが相馬にとっての自然主義であった。『近代思想』誌上での大杉は、人間の自我に注目して、みずからの思想を展開するところに特徴があったが、そこにはあきらかに『早稲田文学』の影響が読みとれる。また、こうした自然主義の延長線上に、高山樗牛を読み、ニーチェの思想にふれていたことも、大杉の思想形成にとって決定的に重要であったといえるだろう。[37]

大杉がおもしろいのは、こうした自我の思想、とりわけニーチェの思想を進化論とむすびつけていた点である。ベルクソンならまだわかる。『創造的進化』[38]という著作をあらわしていたのだから。だが、ニーチェはちがう。とくに進化論がどうこうというはなしはしていないし、むしろ、進化論そのものに否定的であったといったほうがいいかもしれない。しかし、そんな思想をあえて進化論の文脈で論じていたところに、大杉の特徴があったといえる。この点は、大杉の思想の肝であったようにおもわれるので、後年に書かれた文章を参照しながら検討してみることにしたい。

「不慮の出来事というようなものは、もう私には起こらない。今私に何か起こるとすれば、それはみんな私自身なのだ」。とニーチェのツァラトゥストラは言った。そして、これによって、その個性の完成を世界に宣言したのであった。

これをもう少し分かりやすく言えば、「俺はすっかりえらくなったんだぞ。俺はもう俺以外の何人もの、また何ものの、支配も世話もお陰もこうむらない。俺は俺だけの、何もかもから独立した人間になったんだ。俺のすることとは、また俺に起こることとは、いっさい万事この俺が承知の上で俺の力だけでやるんだ。俺は全知全能の神様なのだ」とでもいうことになるだろう。

（大杉栄「生物学から観た個性の完成」『新公論』一九一九年四月、『全集』第四巻）

ここでは生物学の立場から、ニーチェの思想が語られている。ニーチェにとって、生きるということは自我の力をひろげるということであり、個性の完成をめざすということであった。まわりにどう評価されるかとかそういうことではなく、ただ自分はすごいとおもうためだけに、あるいは自分がおもしろいとおもうためだけに行動してみる。そこには、不慮の出来事なんて存在しない。なにがおこっても、すべては自分が望んだことだ。あらゆる出来事は必然であり、すべてはかんぜんに自分が好き勝手やったまでのことである。人間はまわりに承認されたり、報酬をもらったり、なにかを所有したりするために生きているのではない。人間はただ自分の力を高めるために生きている。それが喜びであり、誇りであり、個性であった。大杉は、この点をさらにかみくだいて、つぎのように述べている。

もっともこの独立ということは、外界の何ものにも頼らないという消極的のものではなく、かえっていろいろなものを利用して自分の仕事の材料にするという積極的のものだ。たとえば、家を造るには材木に頼らなくちゃならぬ。しかしこうして材木に頼って家を造る方が、材木にも頼らず家も造らずにいるよりも、はるかに多くの独立を得られる。頼るというよりも自分のものにするのだ。ツァラトゥストラが、「もし私に何か起こるとすればそれはみな私自身なのだ」と言ったのも、要するにこの意味に外ならぬ。

（前掲、大杉栄「生物学から観た個性の完成」）

個人がまわりから独立しているといえるのは、まわりをたよらないということではない。人間は材木という道具をもちいれば、家をたてることができるし、それは自分の生きる力を二倍にも三倍にも高まらせたことを意味している。また、他人の協力をえることができれば、その力をさらに四倍にも五倍にもふくらませることができる。人間の自律的な力は、知恵のふり絞りかたによって、まったく別物に変わってくるのである。材木のつかいかたや、他人と協力することをおぼえた人間の手は、それ以前とはまったく別の手である。人間は、自分が変わったとおもう瞬間にこそ、生きる喜びを感じている。わたしはすごい、全知全能の神さまだ。

しかし、大杉はそう述べながらも、ニーチェには限界があるという。なぜなら、ニーチェは人間を個体として考えているからだ。人間はどんなにすぐれた頭脳をもっていたとしても、どんなに複数の人間と力をあわせたとしても、その力には限界がある。一個の有機体としてみると、人間がどんな機能をもち、どんな役割をはたすことができるのか、だいたいきまっているからだ。もうすこし発想を転換してみる必要があるのではないか。ここで、大杉は個体ではなく、生命の最小単位である原形質に注目してみようと述べている。

元来原形質は非常な自己調整力をもっている。その種の特性になっている個体の構造方法は、原形質のある塊の中に現にそして明らかに存在している。またある大きさ以上のこの塊の中には、そのどの部分にも隠にそして潜かに存在している。ベコニア(秋海棠属)の葉を破って、それを切れ切れに引き裂いて見るといい。その一きれ一きれは各々その潜勢力を現わして、下の方には根をだし、上の方には芽をだして、ついにそれだけで立派な一本のベコニアになる。そして生は、原形質のこの調整力のお陰で、前に言ったそのディレンマから救われるのだ。すなわちこの力のお陰で生殖ということができるのだ。

(前掲、大杉栄「生物学から観た個性の完成」)

原形質とは生命の最小単位であり、それらが無数につらなりあうことで、個体をつくりだしている。そして、原形質のなかには、個体とまったくおなじ構造がととのっており、それぞれが外界とぶつかりながら、自力で生きるための力をそなえている。全体から部分にいたるまで、すべてが入れ子状になっており、ともすれば原形質をみるだけで全体がわかる。ちなみに、梅森直之は、大杉が種本にしていたハクスリー『動物学における個性の完成[39]』の原文にあたったうえで、大杉がミクロな物質に言及するとき、遺伝子レベルまで知見を有していたことをあきらかにしている[40]。

しかし、個体が入れ子状になっていることを指摘しただけでは、生命の運動はその限界を越えることができない。生命を個体から考えているかぎり、生命はその死によって断絶してしまうかのようにみえるからだ。いちど、生命を原形質から考えてみよう。ぜんぜんちがうことがみえてくる。原形質は生殖機能をもち、おなじ構造の原形質を生みだしている。同一のものが生みだされるわけではない。まったく新しいものではあるが、しかし同種類の原形質が生みだされている。原形質の死は、その固有の力が断絶するということではない。生命はたえず生まれ代わりながら、個性を高めている。この視点から、もういちど個体についても考えてみると、個体は生殖によって子どもをのこすことができるし、文章でも書いてのこせば、死んだあとになっても、他人に影響をあたえて個性を高めることができるということになる。生命の運動は、個性の完成を求めてやむことはない。

大杉は、こうした考えかたをワイスマンやド・フリース、ベルクソンに依拠して、さらに深めている。ワイスマンは、動物という個体ではなく、植物の芽に注目することで、生物学に新しい視点をもちこんだ。生命の運動は、芽から芽へとうつりゆく流れであり、いわば生殖細胞から生殖細胞への橋わたしのようなものである。ド・フリースは、そこに突然変異がおこりうると主張した。ベルクソンの創造的進化は、この突然変異説をさらにおしすすめたものである。大杉は、ベルクソンにとっても、「生とは、ある発達したる有機体の仲介によって、芽から芽に行く流れのごときものである」と述べたうえで、その主張をつぎのようにまとめている。

　またベルクソンのいわゆる「活躍」とは、一榴弾が爆発して、それがまた粉々の榴弾になるのと同じ意味のものである。「生とは傾向である。そして傾向の本質は、ただその生長という事実のみによって、その跳躍の分かれる種々の方面を創造しつつ、束の形になって発達することである」。「各々の種は、その種の成立せらるる行為そのものによって、その独立を確かめ、そのむら気を追い、多少の脱線をして、時としてはさらに坂を登り、そしてその元の背を向ける」。

（大杉栄「創造的進化」『近代思想』一九一三年四月、『全集』第四巻）

大杉によれば、ベルクソンもまた自我の力の拡張を求めていた。生命は個性の完成を求めており、とどまることを知らない。実のところ、さきほどとりあげた「生物学から観た個性の完成」では、ベルクソンもニーチェとおなじように、個体にとらわれていたと述べられているのだが、この「創造的進化」という論文を読むと、そうとはいえない。自我の力はたえず拡張している。だが、その力は障害にぶつかり、疲弊してしまうことがある。そんなときは爆発をまきおこし、多方面にむかって力を跳躍させればいい。そして、粉々になった力を束にして、ひとつの傾向を生みだしていく。それが創造的進化であった。ベルクソンにとって、芽とは爆弾のようなものであり、新しい力のうねりをまきおこす潜在的な力であった。生命とは、この芽から芽へと流れゆく力のうねりであり、個体とはその流れをかたちにする器にほかならなかった。

こうしてみると、千葉監獄で学んだ生物学や文学は、これまでのクロポトキンの思想をさらに深める役割をはたしていたということができる。もともと、クロポトキンは人間を標準的なものにかこいこみ、その優劣をはかることに反対していた。それでは人間が支配の道具に変えられてしまうからだ。クロポトキンが相互扶助をといたのは、ありふれた生の無償性こそが、そうした資本主義の標準にたいしてあらがうことができると考えたからである。だが、それではたりない。ニーチェは、さらに個性の完成という思想をもちこんだ。まわりの評価なんて気にしない。純粋に自分の力の高まりを喜びたいと。しかし、もしそれをおこなう個体には限界があり、その力量が測定されてしまうのだとしたら、結局は権力によって操作可能な対象にされかねない。カネでも地位でも名誉でも、なんでもあてがわれて満足してしまうだろう。それならば、原形質や創造的進化という概念をいれてみればいい。もはや、個体の力を測定することはできない。それは個体の産物ではなく、ただとめどもなくひろがっていく力の動きであり、いつ爆発をおこし、どんな跳躍をみせるかもわからないからだ。個体というものは、その流れをあらわす器にすぎない。大杉は、相互扶助に加えて、自我の力という視点をいれることで、ありふれた生の無償性をよりひろくとらえようとしたのである。

猿のストライキ

一九一二年一〇月、『近代思想』を発刊してから、大杉栄は千葉監獄での学習をふまえて、みずからの思想を展開しはじめた。おもな内容は、ストライキである。大杉は、獄中で身につけた社会学、人類学、生物学、文学の知識をふり絞って、ストライキの理論化にとりくんだのである。いくつか、代表的な論文を検討してみよう。

切り殺されるか、焼き殺されるか、あるいはまた食い殺されるか、いずれにしても必ず身を失うべきはずの捕虜が、生命だけは助けられて苦役につかせられる。一言にして言えば、これが原始時代における奴隷の起源のもっとも重要なるものである。

（大杉栄「奴隷根性論」『近代思想』一九一三年二月、『全集』第二巻）

『近代思想』誌上で、大杉がとりくんでいたのは、いかにして奴隷根性を克服するのかということであった。種族間の戦争によって、多くの捕虜が生まれる。捕虜はひどい殺されかたをしてもしかたがないが、生命を助けられる代わりに奴隷になる。奴隷たちは、捕虜になった仲間たちが火あぶりにされたり、熱した鉄棒でバシバシたたかれたり、小刀で切りきざまれたりする姿を目のまえでみた。おそろしい。恐怖のあまり、主人になにをされても服従するようになってしまった。朝のあいさつは「わたしはあなた様の犬でありま す」。はじめはあきらめとでもいうのだろうか、主人が怖くてそうしているだけであったが、長らく犬のふりをしているうちに、主人にムチをうたれ、ひどいあつかいをうけることが気持ちよくなってしまった。ご主人さま、ありがとうございます。ご主人さまはかしこくてえらいひとであり、自分はおろかでダメな人間だからしかられているだけなのでありますと。

主人に喜ばれる、主人に盲従する、主人を崇拝する。これが全社会組織の暴力と恐怖とのうえに築かれた、原始時代からホンの近代にいたるまでの、ほとんど唯一の大道徳律であったのである。

そしてこの道徳律が人類の脳髄の中に、容易に消え去ることのできない、深い溝を穿ってしまった。服従を基礎とする今日のいっさいの道徳は、要するにこの奴隷根性のお名残りである。

（前掲、大杉栄「奴隷根性論」）

こんにちでも奴隷根性は、道徳と呼ばれて人類の脳髄にきざみこまれている。これを打ちやぶるためには、政府の形式や法律を変えただけではぜんぜん足りない。道徳だ、道徳そのものをぶち壊さなくてはならない。何万年もかけて植えつけられてきた奴隷根性を克服しよう。支配服従の関係をこえて、真の自由人になることを求めよう。大杉は、この議論をさらに深めていく。

征服だ！僕はこう叫んだ。社会は、少なくとも今日の人の言う社会は、征服に始まったのである。カール・マルクスとフリードリッヒ・エンゲルスとは、その共著『共産党宣言』の初めに言っている。「由来一切社会の歴史は階級闘争の歴史である」と。けれどもこの階級闘争の以前に、またそれと同時に、種族の闘争があった。そしてここに、この征服という事実が現れた。

（大杉栄「征服の事実」『近代思想』一九一三年六月、『全集』第二巻）

大杉は、奴隷根性が植えつけられるプロセスを征服の事実と呼んでいる。これは、グンプロビッチやラッツェンホーファーの征服国家論をうけての議論である。人類史をひもといてみると、社会の起源は征服にある。種族間闘争の結果として、ある種族が別の種族を支配する。どちらが本質的にすぐれているとか、そういうことではない。たまたま、よい武器をもっていたり、戦略でまさっていただけのことである。ひとつの社会が形成される。そこには征服者と被征服者が存在し、両者はたえずいがみあっている。もちろん、被征服者は奴隷のようにあつかわれることがゆるせない。いつも憎悪をいだいていて、反乱の機会をうかがっている。これにたいして、征服者も容赦はしない。はむかうものがいれば、おもむろに武力をもって鎮圧をはかる。人類の社会は、この征服者と被征服者の闘争を繰りかえしてきたのであった。

しかし、いちいち武力をもちいて反乱をおさえていたのでは、費用がかさんでしかたがない。もうすこし楽がしたい。そこで征服者が考案したのが、法律であった。征服者に有利な法律がつくられる。だが、その法律をまもっているかぎりでは、被征服者にも自由が認められる。わずかばかり、被征服者のいらだちがおさえられる。しかし、それでも反乱は繰りかえされる。それならばということで、征服者が講じたのが国民教育であった。一見すると、平等に教育がほどこされているようにおもわれる。だが、標準とみなされているのは征服者の言語であり、文化であった。被征服者は、自分たちの言葉や習俗が劣っているかのようにみなされ、標準にあわせるように求められる。それがあたりまえになってくると、被征服者は、自分たちが奴隷のようなあつかいをうけるのは、自分たちが劣っているからだとおもってしまう。参政権でも認められれば、それはさらに助長される。法律をまもり、征服者の論理にしたがえば、征服者の一員として認められる。もちろん、これは欺瞞である。征服の事実そのものは変わりないのだから。征服者にしたがえばしたがうほど、被征服者の奴隷性は深まっていく。

社会は進歩した。したがって征服の方法も発達した。暴力と瞞着との方法は、ますます巧妙に組織立てられた。

政治！　法律！　宗教！　教育！　道徳！　軍隊！　警察！　裁判！　議会！　科学！　哲学！　文芸！　その他いっさいの社会的諸制度！！

そして両極たる征服階級と被征服階級との中間にある諸階級の人びとは、原始時代のかの知識者と同じく、あるいは意識的にあるいは無意識的に、これらの組織的暴力と瞞着との協力者となり補助者となっている。

この征服の事実は、過去と現在とおよび近き将来との数万あるいは数千年間の、人類社会の根本事実である。この征服のことが明瞭に意識されない間は、社会の出来事の何ものも、正当に理解することは許されない。

（前掲、大杉栄「征服の事実」）

時代がくだるにつれて、征服の方法も発達してくる。ひとたびそれが近代的であるとか、公正であるとかいわれるようになると、被征服者の多くが奴隷であることをよしとするようになってしまう。奴隷は、主人の命令に快楽をおぼえる。ご主人さま、教育をほどこしてくれてありがとう、参政権をあたえてくれてありがとう、軍人さんも、おまわりさんも、わたしたちを守ってくれてありがとうと。だが、これがありがたいとおもえるのは、主人の命令を聞いているかぎりである。奴隷が、奴隷自身の言葉で、奴隷自身の文化をかたりはじめたとき、かれらはすぐにとりしまりの対象になる。征服者によってばかりではない。おなじ被征服者からも、罵声をあびせかけられる。おまえたちのせいで、社会の恩恵をうけられなくなったらどうするのか、責任をとれるのか、この反社会的、反道徳的な賊徒どもがと。だが、それでもなお反逆してやることはできるだろうか。征服の事実にあらがうことはできるのだろうか。大杉は、躊躇せずにこういった。社会も道徳もくそくらえ。

生ということ、生の拡充ということは、言うまでもなく近代思想の基調である。近代思想のアルファでありオメガである。しからば生とは何か、僕はまずここから出立しなければならぬ。

生には広義と狭義とがある。僕は今そのもっとも狭い個人の生の義をとる。この生の神髄はすなわち自我である。そして自我とは要するに一種の力である。力学上の力の法則に従う一種の力である。

力はただちに動作となって現れねばならぬ。何となれば力の存在と動作とは同意義のものである。したがって力の活動は避け得るものではない。活動そのものが力の全部なのである。活動は力の唯一のアスペクトである。

されば我々の生の必然の論理は、われわれに活動を命ずる。また拡張を命ずる。何となれば活動とはある存在物を空間に展開せしめんとするの謂いに外ならぬ。

（大杉栄「生の拡充」『近代思想』一九一三年七月、『全集』第二巻）

社会の起源は征服であった。この征服の事実をつきやぶるためにはどうしたらいいのか。大杉は、ここで生の必然の論理をもちだしてくる。生とは、自我の力のことであり、それはただひろがりゆくものであった。どんな動きかたをするべきなのかとか、どれだけ役にたっているのかとか、そんなことは問題ではない。どれだけ自分の力を増すことができるのか、どれだけ自分のすごさを感じることができるのか、どれだけうれしいのか、どれだけ楽しいのか、それだけが問題である。そんなあたりまえのことが、生の必然の論理であった。しかし、征服の事実がそれを拒んでいる。被征服者は、自我の力を拡張することができない。被征服者は、征服者の命令に絶対服従であり、自分の意志をもつことができないからだ。生きのびるためには奴隷になって働くか、法律でも教育でも、征服者が標準とよぶものをうのみにするしかない。やれることがあるとすれば、征服者のまねをしたり、征服者の役にたってまわりを喜ばせたりするだけだ。いつもまわりの評価が気になって、自分の力を自分で感じることができない。実のところ、征服者にしてもおなじことだ。いつのまにか、自分たちがつくったルールにしばられて、そのなかで優劣を競いあうことしかできなくなっている。ひとはみな社会の奴隷である。

ここにおいてか、生が生きていくためには、かの征服の事実にたいする憎悪が生ぜねばならぬ。憎悪がさらに反逆を生ぜねばならぬ。新生活の要求が起きねばならぬ。人の上に人の権威を戴かない、自我が自我を主宰する、自由生活の要求が起きねばならぬ。はたして少数者の間にことに被征服者中の少数者の間に、この感情と、この思想と、この意志とが起こってきた。

（前掲、大杉栄「生の拡充」）

どんなに社会が強力であったとしても、生命の運動はとどまることを知らない。どんなにダメだといわれても、自分が楽しいとおもうことはやりたいし、自分はすごいとおもうことはやってみたい。それをやらせてくれないならば、喜びの感情は憎悪にかわる。憎悪は反逆の力をうみだし、あの手この手をつかって、社会に亀裂をはしらせる。その多方面にひろがっていくひび割れのなかから、「人の上に人の権威を戴かない、自我が自我を主宰する、自由生活の要求」がわきあがってくる。大杉は、自我の力をぞんぶんに表現し、自由をつかみとることを芸術と呼んだ。大杉にとって、社会主義とは芸術なのである。

そして生の拡充の中に生の至上の美を見る僕は、この反逆とこの破壊との中にのみ、今日生の至上の美を見る。征服の事実がその頂上に達した今日においては、階調はもはや美ではない。美はただ乱調にある。階調は偽りである。真はただ乱調にある。
（前掲、大杉栄「生の拡充」）

しかし、こうした論文を発表するなかで、大杉は仲間の社会主義者から批判をあびた。堺利彦からは、「生の山頂にのぼっても、そこにながくは住めないでしょう」といわれたらしい。社会に反逆して、一瞬だけ興奮をおぼえたとしても、それで終わってしまったのでは意味がない。もっと大人になれ、もっと長期的な展望をもて。時間をかけて、巨大な権力に立ちむかえるような組織をつくろうというのであった。なにをいっているのだろう。大杉は、社会主義者につばをはきかけた。

かの征服の事実に対することばかりではない。僕の生の直接の行動たる実行には、意識的実行の時は勿論、無意識的実行の時にも、その最中かその直後かあるいは程経ての追懐において、僕はこの種の経験を、すでに幾度か味わった。

この経験は僕の正気の狂人論の一基礎である。僕はこの生の法悦を味わわんために、もっとも確実に樹立した自我の充実を得んがために、すなわち生の最高の山頂に攀登らんがために、正気の狂人論を主張したいのだ。そこに永く住めないのは、今の僕にとっての問題ではない。幾度転げ落ちてもいい。要はただ、幾度でもそこへ登って行きたいのだ。そこへ登って行く努力だけでもしたいのだ。

（大杉栄「正気の狂人」『近代思想』一九一四年五月、『全集』第二巻）

大杉にとって、自我の力を高めることは生きる喜びであり、その目的でもあった。それ以上も以下もない。それはなにか特別なことではなく、子ども時代から感じとっていたことであり、大人になってからも日々の生活ではぐくんでいることであった。しめつけでもくらえば、怒りにまかせておもいきりぶつかっていく。電車事件や金曜講演会事件、赤旗事件でのふるまいが、それにあたるのだろう。もちろん、ボコボコにされて泣いてしまうこともあるのだが、子どものように、よろこび跳ねあがっていたときの感覚は、もう忘れられない。その一瞬は永遠のように感じられて、しかもまたなんどでも味わいたい。ひどい目にあっても、そうおもってしまうのは狂気の沙汰なのだろうか。それを本気で正気でやりたいとおもうのも、狂気の沙汰なのだろうか。正気の狂人。大杉は、これを労働運動にもあてはめている。

ここに一ストライキが起こるとする。僕はこのストライキをもって、ベルグソンのいわゆる「われわれがある重大な決心をなすべく選んだわれわれの生涯の一瞬間、その類において唯一なる瞬間」としたいのだ。平凡なストライキではない。安閑としてただ腕組みばかりしているストライキではない。本当に労働者が重大な決心を要するストライキだ。

すなわち、巨額の維持金をかかえて、永い間平穏無事にその腕組みを続けて、これによって一般社会の同情を得て、そして最後に政府者側の干渉をして労働者の利益に終わらしめんとするようなストライキではない。維持金も何もなしに、短い時間の間に、労働者のエナージーをエキステンシフでなくインテンシフに集中した、本当に労働者が重大な決心を要する、正気の狂人的ストライキだ。労働者のエナージーと自信と個人的勇気と発意心とを、その最高潮に到らしめるストライキだ。

（前掲、大杉栄「正気の狂人」）

この身も心もすべてを賭ける。唯一無二のこの一瞬。この一瞬さえあればいい。そのあとがどうなろうと知ったことではない。大杉は、ストライキとはそういうものだと考えた。この社会では、資本家が主人のようにふるまい、労働者は奴隷のようにあつかわれている。おまえたちは奴隷だ、人間として劣っている、ご主人さまをうやまえ、さからうなと。労働者は身も心も自由がきかない。憎たらしい、いちどでいいからぶん殴ってやりたい。そうおもっていたら、えらそうな労働運動家がやってきて、殴ったら負けだとかいってくる。もうすこしまて、人数をあつめて資本家に圧力を加えよう、そうすれば資本家と交渉して賃金をあげてあげますよ、その代わり節度をもって行動してくださいねと。だが、大杉はそういうことをいってくる人間に対して、怒りをかくさない。うるせえ。おまえはいったいなにをいっているのだ。このまま奴隷でいろ、よりよい奴隷になれとでもいうのだろうかと。

　仲間をあつめるのはいいことだ。しかし、あつまったらすぐにでも生産停止である。ストライキ。資本家がうろたえてやってきて、おまえたちは全員クビだとかいおうものなら、もう平手打ちにするしかない。仲間から歓声があがる。おれも、おれもといいながら、ひとりまたひとりと資本家につかみかかったり、仕事道具を壊したりしはじめる。もしかしたら、警察を呼ばれて捕まってしまうかもしれない。そこまでいったら、たいていはクビだろう。だが、それはいたしかたのないことだ。よりよい奴隷になることが目的ではない。奴隷をやめることが目的なのだから。しかし、ただやめるのではない。いちど資本家を平手打ちにした手は、それまでの手とはぜんぜんちがう。いちど仕事道具を壊した手は、それまでの手とはぜんぜんちがう。自分のこの手が、おもいもしなかったような力をもっていることがわかる。自分の力が高まっている。自分の偉大さを感じる。仲間の歓声をおもいだす。うれしい、楽しい、気持ちいい。いちどあじわったらもうとまらない。もういちど、もういちど。もはや他人の評価なんて気にすることなく、自分の力を高めることだけを考えるようになる。わたしはすごい、わたしはえらい。もはや労働者は奴隷ではない、主人である。しかも、これまでのような主人ではない。自分のことしか支配しない、奴隷なき主人である。

ストライキは遊びである。労働者の最高の遊戯である。たとえクビになったとしても、みんながそれに駆りたてられる。大杉は、ストライキを猿の遊びになぞらえている。

　一匹の鰐がからだを水中に埋めて、大きな口をあけて、そのあたりを過ぎる餌食をつかまえようとしている。それを一とむれの猿が見つけて、しばらく何か協議していたようであったが、やがてだんだんと鰐のそばへ近づいて行って、かわるがわる役者になったり見物になったりして、その遊戯を始めた。一番はしっこうそうな、一番大胆らしい奴が、枝から枝を伝って、鰐のとどきそうなところまで行って、手足で枝にぶら下がって、そしてそのお得意のはしっこさで、からだを前へやったり後へひっこめたりして、時としては手を延ばして鰐の頭を打ち、時としてはただ打つまねをしている。

ほかの奴等も、この遊びを面白がって、その仲間入りをしようとしたが、ほかの枝があまり高すぎるので、大勢で手足でつかまり合って、一連の鎖をつくって、そしてぶら下がって、鰐に一番近い奴が、ありたけのわざを尽くして、鰐をからかう。時々あの恐ろしい顎が閉じる。けれども大胆な猿は容易につかまらない。すると猿どもは踊りあがって歓呼する。しかし時には、この軽業師も、螺盤(まんりき)のような大きな顎の中に手足をはさまれて、瞬く間に水の中へ引きこまれてしまう。さすがの猿どもも、恐れ慄いて、泣き叫びながら、散り散りに遁げて行く。しかしこれにも懲りずに、数日後、もしくは数時間の後には、また同じこの遊戯をやりに集まって来る。

（大杉栄「賭博本能論」『近代思想』一九一四年七月、『全集』第二巻）

水中からワニが大きな口をあけている。猿たちが枝をわたって、そのうえを越えていく。怪力自慢のワニがなにもできずに口をパクパクさせている。おれすごい。うれしい、楽しい、気持ちいい。ときどき、仲間がしたにおっこちて、ワニにムシャムシャと食べられてしまう。うぎゃー。おそろしいことだ。しかし、すこし時間がたつと、またワニのうえを飛び越えたくなってしまう。危険が大きいからこそ、成功したときの快楽はまたすごい。自分の偉大さをいっそう感じとってしまう。もういちど、もういちど。猿は、死を賭した遊びになんどでも駆りたてられてしまう。まわりに評価されたいからとか、なにか見返りが欲しいとか、そういうことではない。ただ、自分の力が高まっていくことに喜びをおぼえる。大杉は、これを賭博本能と呼んだ。

ほんとうに、アナトール・フランスの言うように、賭博とは、運命が普通には長時間、または長年月の間でなければ生ぜしめない変化を、一秒時の間にもたらしめる、術なのだ。他の人びとの穏やかな生涯の間に散在しているあらゆる情緒を、ただいっときの中に集中さす術なのだ。数分時の中に、一生涯を生きる秘訣なのだ。

（前掲、大杉栄「賭博本能論」）

賭博の時間は、一瞬である。夢中になって遊んでいたらあっというまに終わってしまう。しかし、その一瞬には人生のすべてがつまっている。身を賭して、一生涯で味わうべきすべての喜びをあじわってしまうのだから。その時間は、永遠のように感じられる。資本主義のもとでは、労働者の時間は計算可能なものに還元されている。働いた時間だけ、それにみあった賃金が支払われるのだから。いつでも時間は均一であり、人間の有用性をはかる基準となっている。それがあたりまえになってくると、働いていないときでも、おなじような時間にしばられる。休みの日に遊びにいくのは、働く英気をやしなうためであり、一分一秒たりともムダにしてはいけない。学校にいくのも、勉学にはげむのも、仕事に就くためであり、出世コースに乗るためである。人生のすべての時間が、よりよい奴隷になるためのものに縛りつけられてしまう。これにたいして、もうひとつの人生のコースをたてるということもできるだろう。例えば社会主義の理想社会にむけて、組合幹部になったり、党官僚になったりする道を設定することもできるかもしれない。しかし、それでははじめから生きかたが決定されてしまうことに変わりはないし、その生きかたのために有用であるように求められることも変わらない。

大杉は、ここに賭博の論理をもちこんだ。ひとたび賭博がはじまれば、時間の流れにゆがみが生じる。大人になれとか、働けとか、ご主人さまの命令には絶対服従とか、楽しいことはその範囲内でやりましょうとか、そういうのはもうどうでもいいことだ。自分がやりたいことは、いまこの場でいっぺんにやってしまえばいい。楽しくて、楽しくてしかたがない。いちどはじめたらもう無我夢中だ。人生の階梯とか、そんなものはすべてふっとんでしまう。なにをするにも、いつもはじめからだ。あらゆる瞬間が、つねに無限の可能性にひらかれている。それは狂人的な行為だといわれるかもしれない。これまでつちかってきた地位や責任を、いっさいがっさい放り投げてしまうのだから。労働者は猿である。猿に我慢は通用しない。おぼえたての遊びにふける。猿のストライキ。いますぐ欲しい、ぜんぶ欲しい。みる、聞く、話す。わがままな猿は自由をむさぼる。

サンディカリズムの思想

以上が、『近代思想』で発表された大杉栄の評論のエッセンスである。大杉は、千葉監獄時代に読んだ本を自分なりに解釈して、それを自由奔放に展開していた。しかし、大杉のストライキ論を考えるうえで、もうひとつ加味しなければならない思想がある。ジョルジュ・ソレルのサンディカリズム思想である。サンディカリズムとは、フランス語のサンディカ（Syndicat）に由来するもので、あえて訳せば労働組合主義である。労働者の解放は、労働者自身によるものでなくてはならない。議会に代表者を派遣して、間接的に社会改良をはかってもらうのではなく、労働組合がストライキやサボタージュ、ボイコットなどをしかけて、直接的に社会変革をはかる。議会がぐずぐずしているなら、全国的なストライキでもおこして、外部から圧力をかけ、社会政策をとらせようとする。それがサンディカリズムであり、一九世紀末から二〇世紀初頭にかけて、ヨーロッパやアメリカの労働運動で大きな影響力をもっていた。なかでも、フランスのＣＧＴ（労働総同盟）やアメリカのＩＷＷ（世界産業労働者組合）は、サンディカリズムをとなえる労働組合のナショナルセンターとしてひじょうに有名である。

ちなみに、ソレルは一八四七年生まれのフランス人であるが、とくにＣＧＴの労働運動家だったわけではない。ふつうにフランス政府の技監として働いていた。しかし、どうしても学問をやりたいという願望をもちつづけていて、四六歳のときに仕事をやめ、自分の研究に没頭しはじめた。いわば在野の研究者である。主著は、一九〇八年に出版された『暴力論』[41]。内容的には、ベルクソンの思想をつかって、ストライキを理論化するというものので、このストライキ論が、当時の知識人やサンディカリストに大きな影響をあたえることになった。大杉もそのひとりである。大杉は、アナキストと名のることもあれば、サンディカリストと名乗ることもあったが、いずれにしても、かれの思想はストライキ論がその肝であった。ここですこし、大杉がソレルをどのように理解していたのかを検討しておこう。

大杉によれば、ソレルのストライキ論はベルクソンの自我論に依拠していた。とりわけ、以下の『意識の直接与件』の一節を重視していたという。

二つのちがったものがある。その一は他の外的投影、またはいわば社会的表現のようなものだ。われわれは深い反省によってこの第一の我に到達する。すなわちこの反省がわれわれの内的状態を攫まえさせる。そしてこの内的状態とは、生物のごとく、たえず形成の途にある、秤にかけることのできない、互に融和しあっている、そしてその持続的継承が同質的空間の中の並置とはなんら共通するところのないものである。けれどもかくしてわれわれはわれわれ自身を攫まえる瞬間がめったになく、そしてまたこのゆえにわれわれはめったに自由ではないのである。われわれは大部分の時間をわれわれ自身とは外的に生活している。われわれは、われわれの自我を、その色あせた幻影のみしか、純粋持続が同質空間の中に投ずる影のみしか、認めることができない。さればわれわれの生存は、時間の中よりもむしろ外的世界のために生活している。われわれ自身が考えるよりも余計に考える。われわれ自身が行動するよりも余計に行動する。自由に行動するとは、自己を所有することである。純粋持続の中に処ることである。

（大杉栄「ベルグソンとソレル」『早稲田文学』一九一六年一月、『全集』第六巻）

ベルクソンは、自我には二つのタイプがあると考えていた。ひとつは、仮我であり、皮相的な自我であった。この自我のもとでは、すべてが均質な空間のなかで計測可能なものとされている。一般的に、科学的知見と呼ばれているものがこれであり、自然科学や社会科学のほとんどがこの知見にもとづいている。あらゆるものごとが共通の尺度のもとで、比較可能、交換可能になり、流れゆく時間でさえも均質な空間の一形式とみなされる。これにたいして、もうひとつの自我が、真我であり、ほんとうの生きた自我であった。真我は、純粋持続のなかに身をおいているもので、そこではすべてが比較することも、交換することも不可能である。あるのはただ生きていきたいという流れだけであり、いつも固定されることなく、新しいものへと変化をとげていく。誰か特定の友人と遊びたいというおもいは、ほかと比較することなんてできないだろうし、目のまえで困っているひとを助けたいというおもいも、ほかと交換することなんてできないだろう。純粋に自分の力を増していきたいという気持ちも、共通の尺度ではかりにかけたり、ほかととりかえたりすることはできない。そんなどこにでもありそうな無償のおもいこそが、真我なのである。

ソレルは、この二つの自我を社会にあてはめた。かれは仮我にあたるものを機械的装置と呼び、真我にあたるものを生きた有機体と呼んだ。憲法や立法、行政、司法などの政治制度はすべて機械的装置であり、人間を均質な空間のもとで操作可能な対象にしてしまう。また経済の領域では、交換のメカニズムがこの機械的装置にあたる。労働力でもなんでも、人間の活動が商品として抽象化され、カネで交換できるようにされてしまう。いくらカネを稼ぐことができたのか、それによって人間の有用性がはかられる。共通の尺度のもと、どういう生きかたをするべきなのか、その将来のありかたがはじめから決定されてしまう。いきぐるしい。これにたいして、ソレルは社会的にあらわれる真我のことを生きた有機体と呼んだ。いかなる尺度にもとらわれない無償の行為のうち、とりわけ政治的、経済的な行為がこれにあたる。労働運動をたちあげて、その意思決定を他人にゆだねるのではなく、いちから自分で、自分たちで考えていく。その結果のよしあしも自分たちしだいだ。なにかを生産するにしても、いくらカネがもうかったとかそういうことではなく、ただ大切なひとをよろこばせたいとおもう、それが生きた有機体だ。

ふつうひとは生きた有機体として生きている。それがあたりまえだからだ。しかし、資本主義のもとではそうはいかない。すべてが交換の論理ではかられ、それになじめないものは、おかしいとか劣っているとかいわれてしまう。格差や貧困が問題視されてもおなじことだ。ほんとうのところ、わるいのは人間をモノあつかいしてきた交換の論理自体であり、それを主導してきた資本家をぶん殴ってやりたいというだけのはなしなのに、そのあたりまえのことがわからなくなってしまう。機械的装置が介入し、数量化された解決方法が講じられる。議会政治をつうじて社会政策がとられるようになったとしても、労資交渉がうまくいったとしても、カネで労働者の待遇改善がはかられるだけだ。そんな数字をいじくっただけの部分的解決では、むしろ資本主義が強化されてしまう。ソレルによれば、社会問題の真の解決は、全的革命でなくてはならない。ただ純粋に資本家にたいして暴力をふるいたい、交換の論理を打ち壊したい。その喜びをかみしめたい、ひろく仲間と共有したい。そうした生きた有機体の力をそのままのかたちで表現しようというのが、全的革命であり、ストライキなのであった。

大杉は、こうした議論をふまえたうえで、自分なりのストライキ論を展開していた。とりわけ、大杉の評論のなかで、ソレルの影響がもっとも鮮明にあらわれているのが「自我の棄脱」である。

われわれが自分の自我――自分の思想、感情、もしくは本能――だと思っている大部分は、実にとんでもない他人の自我である。他人が無意識的にもしくは意識的に、われわれの上に強制した他人の自我である。

百合の皮をむく。むいてもむいても皮がある。ついに最後の皮をむくと百合そのものは何にもなくなる。

われわれもまた、われわれの自我の皮を、棄脱していかなくてはならぬ。ついにわれわれの自我そのものの何にもなくなるまで、その皮を一枚一枚棄脱していかなくてはならぬ。このゼロに達したときに、そしてそこからさらに新しく出発したときに、はじめてわれわれの自我は、皮でない実ばかりの本当の生長を遂げていく。

（大杉栄「自我の棄脱」『新潮』一九一五年五月、『全集』第二巻）

資本主義のもとでは、わたしたちは自分の自我を生きていない。わたしたちは交換の論理を生きており、カネを稼ぐために、資本家の命令にしたがうのがあたりまえだとおもわされている。だが、ほんとうのところ、それはぜんぜんあたりまえではない。わたしたちの社会には、はっきりと征服の事実が存在している。交換の論理にしても、征服者である資本家がつくったルールにほかならないのであり、わたしたちは他人によって強制された自我を生きている。他人の命令に笑顔でおうじる。もううんざりだ。自我を棄脱しよう。他人によっておしつけられた、仮そめの、皮相的な自我を脱ぎ捨てよう。誰とでも交換できるような地位や責任なんて、放り投げてしまえばいい。なにもかも捨ててゼロにたっしたとき、そこから真の自我があらわれる。なにか特別なことをするわけではない。自分が楽しいとおもったことをやるだけだ。既存の評価なんてどうでもいい。いつだってゼロから開始し、いまここで楽しいことをすべて味わいつくす。ほんとうは意識していないだけで、ふだんからひとはこうした自我を生きている。それに気づかないのは、資本主義があるからだ。だからこそ、いちど無理にでも自我を棄脱し、ゼロにならなくてはならない。大杉は、ソレルの議論を参考にしながら、こうした行為をストライキと呼んだのであった。

四苦八苦

大杉栄は、『近代思想』誌上でみずからの思想を開花させた。しかし、一九一四年九月、およそ二年間で『近代思想』を廃刊にしてしまう。売れゆきがわるくなったということもあるが、それより原稿があつまらなくなっていたのだ。荒畑寒村は、編集後記のなかでも原稿がこないと嘆いたりしている。原稿料を払っていないということもあったのかもしれない。みんな生計をたてるのに必死だから、原稿がおくれてしまうのもいたしかたない。しかし、それればかりではない。もうすこし積極的な理由で、原稿があつまらなくなっていた。一九一三年九月、『近代思想』に寄稿していた文芸評論家の土岐哀果が、個人編集で『生活と芸術』という雑誌を創刊したのである。土岐は、『近代思想』に原稿をよせる一方で、もうすこし文芸に特化した雑誌をだしたいとおもうようになった。雑誌のタイトルが示しているように、文学者も自分たちの生活問題から出発しなくてはならないというのが、その趣旨であった。その意味では、大杉たちが『近代思想』で意図していたことがつたわったといってもいいのかもしれない。土岐の雑誌には、大杉や荒畑、堺利彦も寄稿しているし、ほかにも島村抱月、斎藤茂吉、上司小剣、相馬御風、安成貞雄、安成二郎、佐藤緑葉、伊庭孝などが文章をよせている。雑誌の趣旨はいい。だが、問題なのは執筆者が『近代思想』とかぶっていたことだ。結局、おなじようなことをかくのであれば、どちらか一本でもいい。とりわけ、文芸評論家の場合は、土岐の雑誌のほうが気楽でよかったかもしれない。

また、大杉と荒畑にしても、もっと労働問題に直接ふれた文章を書きたいとおもうようになっていた。一九一三年七月から、二人は月二回のペースでサンディカリズム研究会をひらいている。出席者数は、だいたい一〇人前後だったようで、毎回、大杉と荒畑の二人が海外のサンディカリズム運動の文献を読んできて、その紹介をおこなっていた。二人は研究会を繰りかえすなかで、労働運動へのおもいを募らせていった。雑誌も売れなくなってきたし、原稿もあつまらない。もういいんじゃないか。大杉は、つぎのような廃刊の辞を述べている。

僕はもう、この『近代思想』のような、intellectual masturbation（そんな英語はあるかないか知らんが、訳すれば知識的手淫とでも言おう）にあきあきしてしまった。われわれに情欲の、しかもきわめて強烈な情欲のある以上、それは何らかの方法をもって常にもらさねばならぬ。Masturbation も時によっては必須時である。けれども僕等は、僕等にとってのこの不自然事に、つくづく厭気がさしてきた。僕等は僕等の自然事に帰らなければならぬ。

この意味から、僕等はもはや、今のままの『近代思想』の発刊を続けていくことができなくなった。形式も内容もまるで一変させなければ、もう承知できなくなった。

Bourgeois（ブルジョワ）の青年を相手にして、訳の分からぬ抽象論をする代わりに、僕等の友人たる労働者を相手にして、具体論に進みたい。
なつかしき、しかしけがれたるこの『近代思想』は第二巻をもってその最後としたい。そして来たる十月からちがった名の、ちがった性質の、新しき雑誌として再生させたい。

（大杉栄「知識的手淫」『近代思想』一九一四年五月、『全集』第二巻）

一九一四年一〇月一五日、大杉と荒畑は『平民新聞』を創刊した。一面には、幸徳秋水の墓の写真がかかげられ、大杉の「労働者の自覚」という評論が掲載された。執筆者は、大杉と荒畑に加えて、堺、石川三四郎、吉川守圀であり、むかしなじみの社会主義者があつまった感がある。もともと内容としては、労働問題を中心にしようとしていたようであるが、ちょうど第一次世界大戦のまっただなかということもあって、紙面のおよそ半分は反戦論にさかれた。大杉も、おなじ号で「戦争に対する戦争」や「紳士閥の愛国心」などの評論を書いている。海外のアナキズム運動の記事などものっていて、内容的にはいがいに充実している。しかし、ここから大杉と荒畑は、官憲からたてつづけに辛酸をなめさせられることになる。二人はカネがないなか、ようやく創刊号、三〇〇〇部の印刷にこぎつけた。そんな二人にたいして、官憲は新聞の即日発禁という対応をとった。どの記事がダメだとかそういうことではない。全紙面が秩序紊乱（びんらん）にあたるというのであった。新聞が刷てしまった。

りあげられ、大杉の家にとどけられると、すぐに警察がふみこんできて、すべて没収されてしまった。

『平民新聞』は、第二号、第三号もおなじく発禁にされてしまう。しかし、創刊号でまなんだ二人は、たとえ発禁になっても警察にもっていかれないように手をつくした。たとえば、第二号は、五〇〇部ずつにわけて印刷し、複数回にわけてもちだした。仲間にダミーの包みをもっていってもらったり、人力車夫であった野沢重吉の友人にはこんでもらったりした。第三号は、警察が印刷所をとりまいていたので、こんどは刷りあがった新聞を大杉と荒畑、吉川、渡辺政太郎の四人でかかえこみ、発禁命令がくだるまえに、タクシーに乗りつけて逃げるという手をとった。しかし、うまく逃げおおせたものの、新聞をかくしておける場所がない。このとき、渡辺が知人であった伊藤野枝に相談したところ、即決で自宅に隠してくれることになったという。

一九一五年一月、あまりに発禁がつづいたので、第四号はすべての記事を他の新聞や雑誌からの転載にするという手をとった。もちろん、これはとおる。大杉と荒畑なりに、これでも発禁にできるのかと、抗議の意志をこめていた。しかし、第二号、第三号と没収することができず、第四号もまかれてしまったことで、警察の怒りがピークにたっした。二月一五日、大杉たちが第五号を刷ろうとすると、こんどは印刷中に印刷所におしかけ、刷りあがったぶんをすべて没収し、組版も目のまえで解体してしまった。くやしい。大杉は、抗議のデモを呼びかけた。一七日、大杉と荒畑は、野沢やその車夫仲間、そして宮嶋資夫(すけお)、麗子夫妻や、山鹿泰治らとともに、銀座のカフェ・パウリスタに集合し、日比谷から小川町、神保町、水道橋、本郷、湯島、上野広小路、須田町のほうまで、道路を練り歩いた。発禁にならなかった第四号をまいてあるく。みんなサンドイッチマンのように、前と後ろにボール紙をぶらさげ、そこに「平民新聞、一二三号発売禁止、五号印刷中全部没収」と書いていた。ちょっとはずかしい。途中、荒畑が司法相の尾崎行雄を非難する演説をおこなったり、みんなで革命歌をうたったりした。ものすごく寒い日で、呼びかけ人であった大杉が、「ぼくは他人にたのまれたのでは、こんな日にデモなんてできませんよ」といったらしい。呼びかけておいて、ひどい。アルコール依存症であった野沢は、大杉に酒をせびり、みんなもそば屋にはいって、かけそばをすすった。むろん、大杉のおごりである。

しかし、一九一五年三月二三日、『平民新聞』は第六号も発禁にされてしまった。さすがの大杉と荒畑も打つ手なしだ。やるとしたら、もう秘密出版しかない。『平民新聞』は、これで廃刊にすることにした。この間、二人は発禁につぐ発禁で、じゅうぶんに言論活動をおこなうことができなかった。だが、なにもできなかったわけではない。一九一五年二月一五日には、サンディカリズム研究会を発展させて、平民講演会をはじめている。これまではうちわで労働運動についての議論をかさねていただけであったが、もうすこしひろく一般向けの講演会にする。そうして、サンディカリズム思想の普及につとめたのであった。平民講演会には、だいたい三〇名前後の聴衆があつまり、のちに大杉の片腕となる近藤憲二も、この講演会をきっかけにして、顔をみせるようになった。すこしずつではあるが、大杉たちのまわりに学生や労働者があつまりはじめていた。

しかし、やはり言論活動を再開したい。一九一五年一〇月七日、大杉と荒畑は『近代思想』を復刊した。だが、これも発売できたのは第一号、第二号だけで、第三号、第四号とたてつづけに発禁にされてしまう。やりきれない。どうしようもない気持ちのなかで、大杉と荒畑は会計上の問題で大ゲンカをしてしまった。どうも、大杉のどんぶり勘定を荒畑がきびしく追及したらしい。一九一六年一月、第二次『近代思想』は、はやくも廃刊することになった。以後、大杉と荒畑はしだいに疎遠になっていく。とりわけ、この時期におこった大杉の恋愛事件が、二人の仲を決定的にひきさいた。かつて、恋人の管野すがを奪われたからといって、幸徳をピストルで打ち殺そうとした経験のある荒畑である。しかも、大杉の妻であった堀保子は、苦楽をともにしてきた同志でもあった。大杉のためにどれだけ苦労してきたのかも、よく知っている。二人も三人もの女性とつきあって、自由恋愛を標榜していた大杉が許せなかったにちがいない。荒畑ばかりではない。大杉は、この恋愛事件のために、社会主義の同志たちからかんぜんにつまはじきにされてしまった。なにがあったのか。すこし、この経緯をおってみよう。

一九一五年一月二〇日、大杉は伊藤野枝の家を訪問した。さきにも述べたように、伊藤は、大杉たちが『平民新聞』第三号の隠し場所にこまっていたときに、心よく自宅にもっていってくれた。そのお礼をかねて、大杉が家を訪問したのである。このとき、伊藤は弱冠、二〇歳。若いながらも、平塚らいてうのあとをついで『青鞜』の編集長をしていた。

伊藤はすでに『青鞜』誌上で、「東の渚」や「新しき女の道」、「動揺」、「婦人解放の悲劇」などの詩や評論、小説を発表しており、いちやくときのひとになっていた。一九一四年三月には、エマ・ゴールドマンの翻訳などをもりこんだ『婦人解放の悲劇』が東雲堂書店から出版されている。『青鞜』編集長としても、「無主義、無規則、無方針」をかかげ、一般女性にも誌面をひらこうとこころみていた。まさにのりにのっていた時期である。かたや、大杉は三〇歳。ちょうど伊藤とおなじく、一九一四年三月に、初の評論集である『生の闘争』を新潮社から出版していた。大杉もまた、著述家として油がのってきた時期である。

大杉が訪ねたとき、伊藤は辻潤と暮らしていた。一九一二年、上野高等女学校を卒業した伊藤は、いちど親戚に説得され、地元福岡にもどって結婚をしたが、どうしてもいやになって東京に逃げだしてきた。たよったのは、女学校時代の英語教師であった辻の家である。才気あふれる辻に、伊藤があこがれていたようである。辻は、この件が学校で問題になり、教師を辞職に追いこまれた。まあしかたがないということで、辻はそのまま伊藤と生活をともにすることにした。それからすぐに長男の一(まこと)と、次男の流二が生まれている。しかし教師を辞めてから、辻はいっこうに定職につこうとはせず、ずっとブラブラしていたため、生計は伊藤が立てていたようだ。辻は、いわゆる活動家ではなかったが、アナキズムの古典であるマクス・シュティルナー『唯一者とその所有』(42)を翻訳したり、日本ではじめてダダイズムの紹介をおこなった人物として知られている。かなり変わったひとだったようで、趣味は尺八。伊藤が大杉のもとにはしってからは、悲嘆にくれたのか、ちょくちょく虚無僧のかっこうをして放浪の旅にでかけていた。著述や翻訳で名声を博するかたわら、奇行癖でも知られており、一九三〇年代にはいると、とつぜん「おれは天狗だ」と叫びはじめたり、パーティー会場で「クワァ、クワァ」と叫びながら、テーブルのうえを駆けまわったりしていた。そのため、よく警察に保護されたり、当時の精神科病院にいれられたりしていたようだ。一九四四年、終戦間近になって、ようやく長い放浪の旅をおえ、東京下落合のアパートにおちついたとおもいきや、それからすぐの一一月二四日、アパートで死亡しているのが発見された。死因は餓死。遺体のかたわらには、空っぽになった日本酒の一升瓶がころがっていたという。

さて、大杉は伊藤にたいして、すぐに好意をいだくようになった。はじめは、なんていいひとなんだくらいにおもっていたのかもしれない。印刷代にも事欠く自分たちの窮状を話すと、印刷用紙だけでももっていってくれとか、『青鞜』の印刷所をつかってもいいとかいってくれるのだから。だが、それだけではない。家を訪問したすぐあと、大杉のもとに伊藤から長文の手紙がとどいた。どうやら、渡辺政太郎から足尾銅山鉱毒事件と谷中村の惨状について、はなしをきき、心の底から感銘をうけたらしい。しかし、夫の辻はさめた反応しか示さない。伊藤はいらだちをおぼえた。そんなとき、大杉の『生の闘争』を読むと、自分がいってほしかったことがジャンジャン書いてある。それで興奮して、手紙を書いたというのである。こんな手紙をもらって、うれしくないひとはいない。大杉は、伊藤へのおもいを募らせた。しかし、二人で会おうにもなかなか会えない。手紙のやりとりだけがつづいていた。

そんなとき、やってきたのが神近市子である。一九一五年一月、神近は『東京日日新聞』の記者として大杉の自宅を訪問した。新聞社として、なにか取材することがあったわけではない。もともと、神近は宮嶋資夫、麗子夫妻と友人であり、大杉を紹介してもらうことはできたのだが、よほど大杉という人物に興味をもったのだろう、ひとり記者として訪問してみたのであった。しかし、このときはあまり会話もはずまず、そそくさと帰ったようだ。その後、春になってから、宮嶋夫妻とともに大杉を訪ね、ようやく友だちになった。大杉が、フランス文学研究会という名前で、フランス語の講座をやるというので、神近はそれに参加することにした。この年の六月から、大杉はフランス語の授業を開始し、タルドの『模倣の法則[43]』を講読していく。神近はこれに加えて、平民講演会にも参加することにした。ふたりはちょくちょく顔をあわせて、仲好くなっていく。年末には、男女の関係になっていた。

しかし、一九一六年二月、ちょうど荒畑と大ゲンカになり、第二次『近代思想』を廃刊せざるをえなくなったころ、大杉は念願の伊藤とのデートにこぎつけていた。日比谷公園をあるき、キスをしたらしい。はたからみたら、けっこうどうでもいいはなしなのだが、大杉はうれしくてたまらなかった。バカなのかなんなのか、大杉はそのときのうれしさをそのまま神近に伝えている。神近の友人であった宮嶋夫妻にも伝えたようだ。むろん、神近はキレてしまう。大杉は、なにがわるいのかわからない。やばい、またなにかやってしまったのか。そんなとき、たまたま伊藤もやってきて、宮嶋の家ではなしあいをすることになった。大杉は、これは自由恋愛の実験なのだといって、つぎの三条件を突きつけた。

一、お互いに経済上独立すること
二、同棲しないで別居の生活を送ること
三、お互いの自由（性的のすらも）を尊重すること

おそらく、自由恋愛自体にはなんの問題もない。誰がどんなかたちで、誰とつきあおうと勝手だからだ。大杉にとっては、それがあたりまえであり、なんのうたがいもなかった。この三条件にしても、大杉だけに有利だといわれがちであるが、三、四人でつきあおうとするならば、こんなところだったのだろう。大杉が自由恋愛論者であったことはみんな知っていたわけだし、もともと堀保子と暮らしていたわけだから、こうなることもうすうすわかっていたはずだ。大杉がわるいとしたら、ほんとうは、なりふりかまわず愛欲にまみれることが自由恋愛であるはずなのに、まるで自由恋愛の理想を実現するために、そうしたかのようないいかたをしたことだ。なんだか、伊藤も神近もかろんじられたような気分になってしまった。大杉は『自叙伝』で、ふたりとも納得してくれたと述べているが、そうではない。落胆しただけである。堀にも、おなじ三条件を伝えたところ、おもいきり怒

られたようだ。堀からしてみれば、自分に気持ちがないのなら、もう別れるだけだ。

それにいざやってみると、この三条件を守るのはとてもむずかしい。伊藤は、大杉とキスをしたことを辻に伝えると、激怒されて、なんども殴られた。それからすぐに二男の流二をつれて家を飛びだしている。『青鞜』の編集も手につかなくなり、結局、雑誌自体をつぶしてしまった。大阪毎日新聞に記事を書いて、原稿料で生計をたてようとするが、それもうまくはいかない。伊藤は大阪に出ていたが、ひとりでは流二をそだてることができず、養子にだすことになってしまった。もうだめだ。伊藤は、東京にもどって大杉の下宿先にころがりこんだ。しかし、大杉もボロボロである。この年、大杉は『労働運動の哲学』（東雲堂書店）を出版しているが、それもすぐに発禁になってしまう。女性問題がスキャンダル化したせいもあったのだろうが、新潮社から絶縁状がとどいたり、原稿依頼が減ったりしている。カネが払えずに、下宿先のホテルからは立ち退きを求められ、借金に借金をかさねるが、それでも足りない。一九一六年六月四日、平民講演会もつづけられなくなり、無期休会とした。おなじ会場でやっていたフランス文学研究会にもひとがあつまらなくなり、終わりにすることにした。無理もないことだ。教え子と恋仲におちいり、雑誌イーグルには「大杉は保子を慰め、神近を教育し、しこうして野枝と寝る」などとたたかれていたのである。『中央公論』には、「日本の国民道徳にたいする一大反逆」とも書かれていた。大杉は、唯一の定期収入をうしなってしまった。出版社からも借りる、神近からも借りる。カネ、カネ、カネ。借りても、借りても食べてはいけない。大杉は、ろくに食事もとることができなかった。

はらがへった。うまいものをたらふく食べたい。しかし、カネを稼ぐにしても、文章を書けば即発禁だ。にっちもさっちもいきやしない。そう考えていると、だんだん誰がわるいのかがみえてくる。自分がこんなに困っているのは、内務省がムダに発禁処分をだすからだ。内務省がわるい、カネがほしい。だったら、内務大臣からカネをもらえばいい。一九一六年一〇月三〇日、大杉は、ふところにナイフをしのばせて、内務大臣の後藤新平を訪問した。官邸にいってみると、いがいにもふつうに会えた。後藤に会うなり、大杉はこうきりだした。カネをください。後藤が理由を尋ねると、大杉は、雑誌や本が発禁になって、売ることもできないからだといった。ほんとうのことだ。後藤は納得して、カネをくれた。三〇〇円、大金である。大杉はそそくさと帰り、堀には五〇円、伊藤には三〇円あげた。あとは新雑誌をたちあげるときの保証金にでもとっておこう。これでしばらくはおちつける。

一九一六年一一月六日、大杉は伊藤をつれて、葉山の日蔭茶屋にむかった。たまっていた原稿と翻訳をやるためであり、伊藤は、茅ヶ崎に住んでいた平塚を訪問したかったので、そのついでである。しかし翌日の夕方、神近が訪ねてきたことで緊張がはしる。三人とも、ほとんど無言のまま食事をとり、床をならべて眠りについた。八日、伊藤が帰り、神近と二人になると、神近が怒りをぶちまけた。それはそうだ。大杉は、自分から三条件をいいだしておいて、神近からカネを借りるわ、伊藤と同棲するわ、いっていることとやっていることが、ぜんぜんちがうのだから。しかも、カネがないとかいっておいて、こんなにいい宿にとまって、伊藤と楽しんでいる。どうかしているんじゃないのか。そう指摘すると、大杉は、これはおまえから借りたカネじゃないとか、カネのことをいうなんてひどいじゃないかとか、よくわからないことをブツブツといっている。殺すしかない。この日の夜、大杉が眠るのをみはからって、のどもとをナイフで突き刺した。うぎゃー。大杉は、血みどろになって病院にかつぎこまれた。

これが有名な葉山日蔭茶屋事件である。この事件は新聞各紙にとりあげられ、神近がつとめていた東京日日新聞では、一一月一〇日付けの記事で「神近市子、情夫なる大杉栄を刺す、相州葉山の旅館に於いて、馬乗りになって頸部に短刀、野枝と栄の情交を妬んで、市子は兇行後直ちに自首す」などと、おもしろがって報じられた。「悪魔の恋」ともかかれている。東京朝日新聞でも、同日、おなじような記事がのっている。マスコミばかりではない。大杉たちは、安部磯雄や岩野泡鳴、武者小路実篤、平塚らいてう、与謝野晶子など、これまで仲間だとおもっていた社会主義者や文学者、評論家からも、こぞってバッシングされた。やれ自由恋愛はムリだとか、やれもうすこし大人になれとか、社会道徳は守りましょうとか、口うるさくいってくる。身近にいた宮嶋資夫などは、もっとひどかった。一一月一〇日、新聞をみておどろいた山鹿泰治が、有吉三吉やその他数名の仲間で駆けつけると、病院のまえで、宮嶋が買い物がえりの伊藤を罵倒していたという。そして、ぬかるんだ泥に伊藤をつきたおし、おもいきりけとばしはじめた。山鹿たちはこれに乗ってしまい、数名で伊藤をけりつづけたようである。伊藤は、駆けつけた警官に保護され、大杉の病室につれていかれた。しかし、伊藤が大杉に泣きついていると、宮嶋は病室にも飛びこんできて、ふたたび伊藤をけりとばした。宮嶋からすれば、友人である神近をここまで追いこんだ大杉と伊藤が、どうしても許せなかったのだろう。しかし、それにしてもちょっとやりすぎである。

この時期の大杉は、とにかく身も心もボロボロであった。雑誌は発禁つづきで売ることもできず、盟友であった荒畑も去ってしまった。平民講演会で知りあいも増えたが、恋愛事件でみんな遠ざかってしまった。運動がうまくいかなくて、恋愛で救われた気持ちになっていたのに、それもやってはいけないといわれてしまう。まわりにいるのは、みんな社会だの道徳だのをおもんじる連中ばかりだ。タブーを犯してはいけない、秩序を紊乱してはいけない。なんだか雑誌が発禁になる理由とおなじだ。ならぬものはならぬ。あれもだめ、これもだめ、ぜんぶだめ。むかつく。しばらく休養をとろう。そうおもっていると、一九一六年一二月一三日、名古屋から知らせがはいった。妹の秋が、のどに包丁を突き刺して、死んでしまったという。どうも決まっていた縁談が、大杉の恋愛事件のせいで、はだんになり、悲観しての自殺ということであった。享年一八歳。父の東が死んだあと、大杉と堀がかわいがってそだてた妹である。四苦八苦だ。なにをやってもうまくはいかない。世間からは悪魔とののしられる。ほんとうにそのようにふるまってしまおうか。一九一七年九月二五日、大杉と伊藤とのあいだに子どもが生まれた。女の子だ。このころの心境をものがたろうとするかのように、二人は、この子を魔子と名づけた。もはや、大杉と伊藤に躊躇はない。社会なんていらない。道徳なんてくそくらえ。なにをやってもうまくはいかないのならば、なにをやってもいいはずだ。秩序紊乱。あれもいい、これもいい、ぜんぶいい。自由をむさぼれ。

第四章　絶対遊戯の心

おれの舟のへさきが打ち砕き打ち起こしていく波の行衛は、おれにも誰にも末の末までは分からない。砕かれた波の、起こされた波の、波の行衛に控えはない。波は波自らの運命を辿っていく、拓いていく。おれはただ、おれ自らの道を求めて、おれのいっさいを賭けて、未知の彼岸に漕いでいく。

（大杉栄「道徳非一論」『塵労』一九一五年一〇月、『全集』第五巻）

大杉栄とその仲間たち

日蔭茶屋事件以降、大杉栄は社会主義の同志たちから孤立していた。当時、巣鴨にあった大杉宅を訪ねてきたのは、昔なじみの村木源次郎くらいであった。一九一七年の九月末ころだとおもわれるが、村木は、大杉と伊藤のあいだに子どもが生まれたことを知って、大変だろうとおもい、助けにきてくれたのである。それまで、村木は山川均と菊栄の家に居候していたが、これをきっかけに大杉の家に居候することになった。かなりの貧乏生活だったようで、村木以外にもお手伝いさんがいたのだが、大杉が米さえ買ってくれないので、逃げだしてしまったようだ。あえていっておくと、大杉がケチだったわけではない。むしろ、大杉はぜいたく好きで知られており、そんなに距離がなくても、むだにタクシーを乗りまわしたり、編集者をみつけては、おごってもらえるとおもって、高級なすき焼き屋にはいったり、原稿料がはいれば、ひとをまねいて寿司をたのんで、もてなしたりしていたくらいである。カネを稼ぐツテがあるときは、借金をすることもいとわない。借金に借金をかさね、死後に残された借金の総額は、なんと一万五〇〇〇円であった。いまの感覚でいうと、だいたい一五〇〇万円である。しかし、このころは原稿依頼もめっきり減っていて、しかも子どもが生まれたということもあって、ほんとうに米が買えないくらい、生活に窮していたのである。

だが、村木の回想によれば、どんなにカネがなくても、大杉らしさに変わりはなかった。[44]ある日、すでに亡くなった同志である野沢重吉の奥さんが、カネに困って大杉宅を訪ねてきたという。野沢は、人力車夫をしていた古参の社会主義者で、大杉と荒畑寒村が『平民新聞』をだして発禁をくらい、四苦八苦していたときに、親身になって動いてくれた人物だ。それからすぐの一九一五年に胃がんで亡くなってしまい、大杉は「築地の親爺」という追悼文を書いている。そんな野沢の奥さんが、わざわざ自分をたよってやってきたのである。大杉は、さっと伊藤が着ていた羽織をぬがせると、それを村木に渡して質屋にいかせた。村木が、借りてきた五円をみせると、大杉は無造作にそれをつかみ、「わずかばかりでもうしわけないが」といって、ぜんぶ奥さんにあげてしまった。すこしくらい米代にまわすだろうと考えていた村木は、とてもおどろいたようだ。そういう粋なところが大杉にはあったのである。蛇足になるが、大杉の金銭感覚はちょっとかわっている。のちに大杉宅に居候した近藤憲二によれば、ある日、家にいたお手伝いさんが、白昼堂々、なんの躊躇もなく、タンスの戸棚をあけてカネをもっていくのをみたという(45)。大丈夫なのかとおもい、大杉に聞いてみると、大杉の家ではカネがあるぶんには、誰がどんな理由でどれだけカネをもっていってもいい決まりになっていたようだ。大杉にとって、カネとはそういうものだったのである。

ここで近藤、村木という名前をあげたが、この時期から大杉のもとには新しい人材があつまりはじめていた。自由恋愛についてやいのやいのいうことのない、社会とか道徳とか、そういうものはみんなクソみたいなものだとおもっているようなアナキストたち、というよりもゴロツキたちがあつまりはじめたのである。近藤、村木に加えて、和田久太郎と久板卯之助の四人が、大杉グループとか、大杉一派とか呼ばれていた。ちなみに、かれらが大杉のもとにあつまってきたのは、なにか労働問題にふれるようなことをやりたいとおもったからである。労働問題といっても、経済格差や貧困問題を解決したかったわけではない。それだけだったら、なにも大杉ではなく、荒畑や堺利彦といっしょに動けばよかっただろう。そうではなくて、かれらは労働者として働くこと、労働者として生きること、それ自体に違和感をもっていたのである。毎日、工場にかよっておなじように働き、働いたぶんだけ賃金をもらう。そのカネで衣食住をみたし、あまったカネで家族や恋人とレジャーにいそしむ。仕事でも遊びでも、なんでもカネではかりにかけられ、ときに優劣がつけられる。茶番だ。まわりはみんなあたりまえのような顔をして働いているが、どうしても自分はなじむことができない。どうしたらいいのかわからなくて、就職もせずにふらふらしていると、あいつはおかしいとかいわれて、ちょっと浮いた存在になっている。そんな社会不適合者たちが、大杉を慕ってやってきたのである。

しかし、このような労働問題への関心のもちかたを、いったいなんと呼んだらいいのだろうか。わがままになること、まわりの評価なんて気にしないこと、みずからの労働者性に亀裂をはしらせること、ひび割れたそのすきまから、ありのままの自分の感情をあらわしてみること、この仲間とやってみたいとおもったことを、なにはともあれやってみること、それができたときのうれしさをそのまま表現してみること。第一章では、このことを民衆芸術としてのストライキと呼んだ。実のところ、大杉のもとにゴロツキがあつまってきたとき、大杉はちょうど民衆芸術論にとりくんでいた。とりわけ、久板は絵画が趣味であったということもあって、画家の望月桂と仲がよく、その望月が牽引することになる民衆芸術運動の担い手になっていった。また、それ以外のメンバーも、民衆芸術運動をやっていたわけではないが、みんな大杉のいう民衆芸術のような動きかたをしていた。ここで、もうすこし詳しく民衆芸術について検討してみよう。

民衆芸術論の背景

第一次世界大戦前後から、資本主義の性質が大きく変わりはじめた。第二次産業を中心として、工業化のレベルがいっきにあがり、大量生産が実現されるようになったのである。そのモデルとされたのが、アメリカの自動車会社フォードであった。フォードでは、工場にベルトコンベアが導入され、流れ作業によって効率的に部品を組みたてることで、T型自動車の大量生産を可能にしていた。そして、この流れ作業のスピードをひきあげるために導入されたのが、有名なテーラー主義であった。テーラー主義は、フレデリック・テーラーが考案した科学的労務管理法のことであり、工場の作業効率を最大化するためには、資本家と労働者の役割分担を明確にしなくてはいけないというものであった。資本家は、工場の機械を効率的に動かすために、作業の細分化をおこない、個々の作業をできるかぎり単純化することを考える。労働者は、資本家のいうことを聞いていればよく、単純化された労働をもくもくと反復していればいい。これを「構想と実行の分離」というのだが、ようするに資本家が頭脳労働をになって、労働者が肉体労働をになうということだ。いいかたを変えれば、工場では資本家があたまをつかって命令をくだし、労働者はなにも考えずにそれに服従しなくてはならないということである。むろん、労働者には苦痛がしいられる。その代わり、出来高払い制でも導入して、働きにみあった賃金を支払えば、労働者から不満がでることはないだろうとテーラーは考えていた。しかし次章で詳述するが、大杉栄やその近辺にいた労働運動家たちは、このテーラー主義があまりに非人間的であるとして、怒りをあらわにすることになる。

ともあれ、いちはやく大量生産を実現したフォードの生産様式は、世界中で、しかも産業をとわずに模倣されることになった。この生産様式が変えたのは、労働者の働きかたばかりではない。それは人びとの日常生活をも変容させることになった。大量の商品が街中にあふれだす。資本家からすれば、生産したからには売らなくては意味がない。とうぜん商品を管理し、販売するためのオフィスワークが必要になる。こうして都市には工場労働者に加えて、身なりをととのえたサラリーマンや職業婦人が出現することになった。都市人口が急激に増えていく。そして、そんな都市生活者のニーズにあわせるかのように、街には、安価な商品から贅沢品までが立ちならび、あたかもそれを購入することが幸せなことであるかのように喧伝されるようになった。すこし時代はくだるが、一九三〇年代にはいってから、イタリアの社会主義者であるアントニオ・グラムシは、この状況を「アメリカニズムとフォーディズム」と呼んだ。[46] 一九一〇年代から二〇年代にかけて、フォードの生産様式はアメリカの生活様式を一変させた。人びとの日常生活が、大量生産のために合理的に設計されていく。それがアメリカニズムであり、一九三〇年代にもなると、フォードの生産様式をとりいれたあらゆる国々を席巻することになった。したがって、グラムシによれば、資本主義をたたくためには、このアメリカニズムも視野にいれなくてはならないのであった。

日本も例外ではない。第一次世界大戦をへて、日本は飛躍的な工業化をとげていた。たとえば、一九一八年には、工業生産額が六七億四千万円になっており、農業生産額の四一億六千万円をゆうにこえている[47]。むろん人口規模としては、農村人口のほうが圧倒的に多く、まだ人口の三分の二が農村に住んでいたが、とはいっても工業都市の発達はめざましいものがあった。一八九八年から一九二〇年までの主要都市の人口をみてみると、東京は一四四万人から三三五万人、大阪は八二万人から一七六万人、京都は三五万人から七〇万人、神戸は二一万人から六四万人、名古屋は二四万人から六一万人、横浜は一九万人から五七万人に増加している。また、この主要六都市をのぞくと、一八九七年の時点で、人口一〇万人以上であったのは、長崎と広島のみであったが、一九二〇年になると、函館、呉、金沢、仙台、小樽、鹿児島、札幌、八幡などの一〇都市へと増加している。運輸通信技術の発達をうけて、工業都市の数と規模が増していき、それをとりまくように経済圏、文化圏が築かれていったのである。首都圏を例にとれば、一九一四年には東京—横浜間の電車が開通しているし、東京市内をまわる山手線についても、一九〇九年から上野—新橋間と池袋—赤羽間で、汽車と電車の併用運転がはじまり、一九二五年には上野—神田間の高架線が完成して、五分おきの環状運転がはじまっている。そして、こうした交通網を基礎として、上野、神田、浅草、銀座、日本橋などの市の中心部が、工場労働者やサラリーマン、学生でにぎわうことになったのである。

消費文化ということでいえば、たとえば、東京では一九〇五年に三越呉服店がデパート宣言をしている。これは三越呉服店が三井呉服店と合併したさいに、アメリカのような総合百貨店をめざすと宣言したものであるが、このころから三越は、従来の座売りをやめて、商品を棚に陳列するというスタイルをとるようになった。デパートには、洋服から石鹸にいたるまで、商品に正式な値札がつけられてならべられる。とりわけ、サラリーマンのステータスシンボルであったモンブランやペリカン、オノトの外国製万年筆、そして金側の懐中時計やイーストマン・コダックのカメラなどが、人気をはくしていた。人気商品はショーウィンドウにならべられるようになり、一九二〇年代にもなると、ウィンドウショッピング自体が、庶民の娯楽として考えられるようになっていた。洋服もかなり浸透しており、一九一八年には、東京の男性のほとんどが洋服を着るようになっていた。女性の場合は、洋服というと外国人の姿のイメージが強かったようであり、なかなか普及しなかったが、どうも一九二三年の関東大震災のさいに、和服の袖やスソがまきついて、身体の自由をうしない、そのあいだに焼け死んでしまうという女性が多かったようで、それ以後、アッパッパのような簡易洋服が流行することになった。

また、第一章でも述べたように、食生活にも大きな変化があった。大正時代には、まだパンがそれほど普及しておらず、食肉の値段もたかかったため、食事の洋風化こそすすまなかったものの、やすい食肉をつかって、米といっしょに食べる和風洋食が流行していた。大正の三大洋食と呼ばれたライスカレー、コロッケ、トンカツが、その典型である。いまからすると、トンカツはちょっと高級なイメージもあるが、当時はビール瓶で紙のようにうすくのばし、厚いころもでつつんで揚げていたようである。商店街には、惣菜屋が立ちならび、トンカツやコロッケのような揚げものが売られている。そして、すでに述べたように、こうした和風洋食の普及こそが、パンというよりも米食を普及させたのであった。ビールやサイダー、カルピスのような洋風の飲み物や、キャラメルのような洋菓子が普及したのもこのころであり、ちょっと小金があるときには、モダンなカフェでソーセージやサンドイッチをつまみながら、コーヒーを飲むというのもありふれた光景になっていた。

出版文化や芸能の領域でも、大衆化がすすんだ時期であった。大杉が生きていたころには、まだ『中央公論』『改造』のような総合雑誌がはばをきかせていたが、一九二四年になると、『キング』のような大衆雑誌が創刊され、たちまち七四万部を売りきってしまった。大正時代の日本の人口はおよそ六〇〇〇万人だから、一〇〇人に一人以上が読んでいる雑誌が登場したわけである。当時の講談社社長、野間清治によれば、『キング』では、伝統的な道徳意識を根底におきながらも、そこにアメリカ的な生活様式をつぎ木することがめざされていたという。また当時、大衆雑誌とならんで注目をあつめていたのが映画であった。映画といっても、このころは活動写真と呼ばれていて、サイレント映画に弁士が解説を加えていくというものである。大ヒット映画のようなものもうまれていて、一九一六年には、マキノ省三監督、尾上松之助主演の忍術映画が人気をはくしていた。全国の子どもたちが、忍術ごっこをして遊び、映画のまねをしてケガ人が続出したほどであった。

尾上は、いってみれば映画スター第一号だったのである。こうして、第一次世界大戦前後には、かつての文芸や伝統芸能とくらべて、教養などなくても誰でも楽しむことができる大衆的な文化が普及しはじめたのである。

さて、前置きが長くなってしまったが、これが民衆芸術論の背景である。一般的に、大杉の民衆芸術論は文学論として知られており、とりわけプロレタリア文学論の先駆けになったといわれている。このころ、すでに江口渙や小川未明、加藤一夫、中西伊之助、宮嶋資夫、宮地嘉六らが、労働問題をテーマにした文学作品を書きはじめており、それが労働文学と呼ばれていた。もともと、その書き手の多くが『近代思想』以来の友人であったということもあるが、大杉はロマン・ロランの『民衆芸術論』を翻訳することによって、かれらを理論的にリードする役割をはたした。もうすこしいえば、大杉の民衆芸術論をさらに発展させて、労働文学からプロレタリア文学にいたる道筋をつけたのが、平林初之輔であった。たんに労働問題をあつかうのではなく、プロレタリアートの階級意識のめざめをあつかっていく。そうして、読み手として想定されている労働者を階級闘争に導いていこうというのであった。

もちろんプロレタリア文学の立場にたてば、民衆芸術論をとりまくこうした構図とその位置づけは、これでただしいだろう。また、大杉が労働文学に期待をよせ、小川や宮嶋にたいして叱咤激励するような文章を書いていたのもたしかである。しかし、こうして文学史の流れとしてみているだけでは、大杉が民衆芸術論でどんな問題にとりくもうとしていたのかがみえてこない。むしろ注目すべきは、その社会的背景としてのアメリカニズムである。民衆芸術論が焦点としていたのは、第一次世界大戦後、日本にひろまりつつあった大衆消費文化であった。こうした視点からすると、当時、民衆芸術に言及した多くの評論家のなかでも、両極をなしていたのが大杉と権田保之助であった。ふたりはほとんどおなじような言葉をつかって民衆芸術を論じていたが、その主張するところは正反対であった。以下、両者を比較検討してみよう。

アメリカニズムとしての民衆娯楽

権田保之助は、大正時代から昭和初期にかけて活躍した社会学者であり、こんにちでも民衆娯楽研究の先駆者として知られている。一八八七年の東京生まれ、大杉栄よりは二歳若い。いちどは大杉とおなじく東京外国語学校に入学しているのだが、その後、東京帝国大学哲学科に再入学し、一九一四年に卒業している。それからしばらくは研究をつづけながら、私立独逸学協会学校の教員になったり、帝国教育会の嘱託になったりしていたが、一九二一年には大原社会問題研究所の研究員になり、民衆娯楽についての本格的な調査研究をおこなっている。一九二四年にはドイツに留学し、帰国後は文部省の委託をうけて、いくつもの社会調査を実施している。第二次世界大戦後は、ＮＨＫの常務理事などもつとめていた。一九五一年、六三歳で亡くなっている。著作についていえば、一九三〇年代からは戦時動員のための資料のようなものばかりになってしまうのだが、大正時代には『活動写真の原理と応用』（内田老鶴圃、一九一四年）、『民衆娯楽問題』（同人社書店、一九二一年）、『民衆娯楽の基調』（同人社書店、一九二二年）などの著作があった。権田は、大杉の民衆芸術論にかなりの関心をしめしていたようで、いつのことだかはわからないが、大杉宅を訪問したこともあるという。

民衆の生活基調はすでに述べたるが如く、刹那的である。しかして出来合いの物によって生活を装備せんとするものである。ここにおいて民衆がその生活の一部として考えうる娯楽もまた、かかる基調から脱するわけには行かぬのである。それはその享楽のその瞬間に味わうべく、したがって説明付き注釈付きのものであってはならぬ。即ちそれは直観性に富んだものでなくてはならぬのである。……且つ民衆は刺激の強烈なる娯楽を好むのである。したがってそれは相当に感激的な印象的のものでなくてはならぬ。

（前掲、権田保之助『民衆娯楽の基調』）

これが権田の民衆娯楽論のエッセンスである。第一次世界大戦前後から、日本の工業化の進度はいっきに加速していた。それは労働者の働きかたを一変させるとともに、その生活のありかたにも影響をおよぼしていた。いわばアメリカニズムとフォーディズムであるが、権田はそれを手工業から工場労働への変化としてとらえた。手工業の時代であれば、労働者は職人であり、長い年月をかけて腕をみがき、とりかえのきかない高度な技術を習得することがよいとされていた。働きかたも、職人の裁量にゆだねられていて、のめりこむようにずっと働いているときもあれば、まったく働かないこともある。天才的にすごい作品ができるときもあれば、そうでないこともあるだろう。しかし、工場労働でそれをやったら、即クビである。工場労働では、長期の修練など必要ない。機械のリズムにあわせて、細分化された単純作業を反復していればいい。大切なのは、とにかくスピーディーに動くことであり、瞬間的な作業をちゃっちゃとこなすことであった。職人のように、一から十までひとりでつくろうとしたのでは、時間がかかってしかたがない。工場労働では、おなじ作業工程も部品もはじめからできあがっているのであり、労働者はなにも考えずに、おなじ作業を繰りかえしていればいい。引用した文章をつかえば、権田は、瞬間的な作業をこなし、つねにスピードを求められる労働者の感性を「刹那的」「刺激的」と呼び、すでにできあがっている作業工程にもとづき、なにも考えずに動くことを「出来合い」「直観的」と呼んだのであった。

権田によれば、こうした労働のリズムは、生活のリズムにも反映されるものであった。労働者は、働いていないときでも、せっかくの休養の時間なのだからむだにしてはいけないとおもうようになってしまう。手間ひまかけてなにかを楽しむよりも、なにも考えずに一瞬で楽しめたほうがいい。刺激があって、すぐに満足できるものがいい。たとえば、権田は食事を例にとっている。昔であれば、いちから食材をそろえて、時間をかけて調理するのがごちそうであった。しかし、時間のない労働者にとって、そんなことをいちいちやっているヒマなんてそうそうない。結婚していて、相手がつくってくれるとしても、農村のような大家族ならまだしも、都会住まいの核家族で子どもでもいれば、もう時間的にはどうしようもない。いちから食事をつくるよりも、米だけたいておいて、あとは惣菜屋でカツレツでも買ってきたほうが効率的だろう。しかも、カツレツといえば、あくまで肉であるし、ごちそうのイメージがある。どんなにつかれて帰ってきた工場労働者も、がっついて食べて満足してしまう。おいしい。

おなじことは、趣味や芸能の世界についてもいえる。もともと、歌舞伎でも寄席でも、茶道でも生け花でも、絵画でも彫刻でも、三味線でも唄でも、伝統的芸能と呼ばれているものを楽しむためには、ほんとうにプロになるのではなくても、ある程度プロのような訓練をつまなければ、楽しむことができなかった。だが、工場で働く労働者たちは、日々の生活に追われているうちに、だんだんそんなことをやっているヒマはないとおもうようになってしまった。ふだん仕事でつかれているのに、遊びでも師匠におこられて、芸能の技をみがくなんてまっぴらだ。もっといきあたりばったりで、すぐにわかって、すぐに楽しめて、強烈な快感をおぼえることができるような娯楽がほしい。権田にとって、それをもっともストレートにやっていたのが活動写真であった。もちろん、大衆雑誌などもこうした娯楽にふくまれるのだろうが、権田はとくに映像がもっているスピード感や刺激のつよさに注目したのであった。食生活にしても、趣味や芸能にしても、人びとの日常生活のリズムが、工場労働とおなじように、「刹那的」「刺激的」「出来合い」「直観的」なものになりはじめていたのである。

こうした観点から、権田は大杉が期待をよせていた労働文学者たちをはげしく批判した。かれらは民衆の日常生活にふれようとか、労働問題にふれようとかいっているが、そんなのちゃんちゃらおかしい。かれらは労働者という目新しいテーマを手にしただけであって、文学のスタイル自体を変えたわけではない。それでは高等文芸の域をこえていないではないか。労働者の不満を描くとかいっても、結局、労働文学者という知識人が、労働者にたいしていだいている抽象的イメージをかってに投影したにすぎない。それは上から目線で労働者をみて、教化だの指導だのしようとしているのと変わりない。もっと、民衆をほんとうに楽しませたいのならば、スピード感があって刺激がつよく、誰でもすぐにわかるものでなくてはならないというのであった。権田は、自分の民衆娯楽論を民衆芸術論の文脈にからめて、つぎのように述べている。

しかして民衆芸術の問題がその最初の「労働文学」から「童話」を経て、遂に「娯楽問題」へと推移してきたその経緯の後に、わたしは甚だ多くの興味を感じざるをえないのである。即ちそこにはいよいよブルジョワ式の考え方から離れ、プティ・ブルジョアの世界を脱して、その中心点が置き換えられたということに、わたしは絶大の愉快を感ぜざるをえない。こういう点にまで問題の中心点が移動してきて、はじめてそこから民衆芸術が民衆生活それ自体を土台として、民衆生活の中から生まれ出でうる可能性が存在するのである。

（前掲、権田保之助『民衆娯楽の基調』）

ようするに、民衆娯楽は、民衆芸術の頂点にあたるものだというのであった。労働文学や童話とはちがって、民衆娯楽は民衆の日常生活に則っている。だから、誰でもすぐに楽しむことができる。それは工場労働のリズムが日常生活に浸透したということでもあるし、物理的に考えても、大量生産の結果として、やすい商品が提供されるようになったということでもある。権田は、娯楽の企業化という言葉をもちいているが、いわんとしていることは、娯楽はあくまで商品であり、企業の努力なくして、もっといえば資本主義の発展なくして存在しえないものだということであった。権田は、大衆消費文化を賛美している。資本主義の問題は、あくまで労働者の肉体的な疲労や賃金の低さであって、それをいやしてくれるやすい娯楽さえあれば、なんの問題もなかった。アメリカニズムとフォーディズム。工場労働の問題は、工場労働の徹底によって解決される。

正義を求める心

一九一七年六月、大杉栄はロマン・ロランの『民衆芸術論』（阿蘭陀書房）を翻訳した。そして、その前後に、いくつもの雑誌でみずからの民衆芸術論の解釈を示している。ロマン・ロランについては、有名人なので紹介する必要もないかもしれないが、一言でいえば、フランスのえらい作家である。一八六六年生まれで、もともとは作家というよりも学者であり、文学博士の学位を取得したのち、高等師範学校で芸術史や音楽史などをおしえていた。一八九〇年ころから、師範学校で教鞭をとるかたわら戯曲や小説を書くようになり、一九〇三年には、代表作といわれる『ベートーベンの生涯』を書きあげ、長編小説『ジャン・クリストフ』の執筆もはじめている。『民衆芸術論』が書かれたのもこの年だ。ロマン・ロランは、平和主義者としても知られており、第一次世界大戦が勃発したときには、滞在先のスイスからフランス、ドイツ両政府を批判する声明をだしている。そのため、国際的にはとても徳の高いひととして評価されているのだが、フランスからは裏切り者と呼ばれ、戦争が終わるまで帰国することもできなかった。一九一五年度にはノーベル文学賞を受賞して、さらに名声を高め、一九一七年にはいちはやくロシア革命を支持して、世界中の注目をあつめた。その後も、たくさんの小説や戯曲を書いているし、一九二〇年代後半からは、アンリ・バルビュスやルイ・アラゴンらとともに、作家として反ファシズムの宣伝につとめている。第二次世界大戦中は、そのきらっていたナチス・ドイツにフランスが占領されてしまうが、一九四四年にパリが解放されるのをみとどけると、それからすぐに安心したかのように亡くなっている。

大杉が『民衆芸術論』を翻訳したのは、一九一七年であるから、ちょうどロマン・ロランがノーベル賞をとり、のりにのっていたときである。原題を直訳するならば、民衆劇。著作の内容としては、来たるべき民衆劇のありかたが論じられている。これまでの演劇は、上流階級のためにつくられたものであり、財産と教養をもった貴族やブルジョアが楽しむものであった。入場料も高いし、内容的にもむずかしい。だが、この世の中は金持ちでなりたっているわけではない。たいていは貧乏人である。だとしたら、貧乏人による、貧乏人のための演劇があってもいいはずだ。入場料をタダにして、内容もかんたんにする。貧乏人の心を打とう。『民衆芸術論』には、そうした民衆劇の理想が説かれていた。大杉によれば、この演劇論は演劇ばかりではなく、芸術全般にあてはまるものであった。新しい世界のための、新しい芸術。そうした意味もこめて、タイトルを原題のままではなく、『民衆芸術論』としたのである。大杉は、この民衆芸術には、三つの構成要素があると述べている。

一、娯楽
二、元気
三、理知の光明

まず、娯楽とは、日々の労働のつかれにたいして、肉体的、精神的休養をあたえるものだという。複雑でこむずかしい感情をあじわわせて、これ以上、つかれさせてはいけない。芝居でいえば、はなしは単純であればあるほどよく、最後に善が勝てばいい。スカッとするような猛烈さを感じられれば、それで十分楽しめるというのである。二つ目の元気とは、いちど全力をだしきってくたびれた労働者が、元気をとりもどすことである。娯楽をあじわうことによって、また翌日もまた翌日もと、力を高めていくことができるというのである。これだけ聞いていると、大杉の民衆芸術論も権田の民衆娯楽論とそう変わらないとおもえてしまうかもしれない。権田が「刹那的」「刺激的」「出来合い」「直観的」といっているのと、ほとんどおなじことをいっているのだから。しかし、三つ目の理知の光明をみると、ぜんぜんちがうことがわかってくる。理知の光明とは、労働者が自分でものを考えられるようにすることである。ふだん労働者は、資本家に命じられたことをこなすばかりで、自分のあたまを働かせる機会がない。だから、娯楽をあじわっているときくらい、自分のあたまを働かせたいとおもっているし、それが快楽になるというのである。つづけて、大杉は民衆芸術について以下のように述べている。

民衆芸術とはこの平民労働者の芸術である。この平民労働者の創造せんとする新しき世界のための新しき芸術である。

この平民労働者は今、旧社会およびそのいっさいの所産と絶縁して、新しき出発点のもとに新しき生命を創造しつつある。

新しき生命は複雑な心理や、精緻な感情や、晦渋(かいじゅう)な象徴をもたない。大きな所作、大きな線で強く引かれた姿、単純な力強いリズムの単純感情、箒で描いたような荒い調子、これが新しき生命そのままの姿である。同時にまた、これが民衆芸術そのものの、したがってその技巧上の根本的原則でなければならない。

(大杉栄「民衆芸術の技巧」『民衆の芸術』一九一七年七月、『全集』第五巻)

大杉も権田も、当時のテーラー主義のインパクトを的確にとらえていた。テーラー主義は大量生産を可能にしたばかりでなく、人びとの日常生活も変容させようとしていた。街には安い商品がたちならび、カネさえ払えば、それ相応の快楽を手にすることができる。いわば大衆消費文化が到来しはじめていたのであるが、権田はこれをポジティブにとらえていた。ふだん労働者は忙しくて、時間がない。誰となにをして、どうやって遊ぶのか、それを一から考えている余裕なんてないほどだ。だったら、工場労働とおなじように、はじめからなにをするのかを決めてもらって、それにしたがっているほうが楽ではないだろうか。値段によって、なにがどのくらい楽しいのかを決めてもらって、カネしだいですぐにそれをあじわえるようにする。権田は、これを民衆娯楽と呼び、あたらしい社会に必要不可欠なものであるとしたのであった。

これにたいして、大杉は民衆芸術をつうじて、日常生活にまで浸透しつつあった工場労働のリズムをたたこうとしていた。工場で働いているとき、労働者はいつも資本家の評価にさらされていて、まわりのことが気になってしかたがない。自分は会社の役にたっているのだろうか、もうすこし努力したほうがいいのだろうか、同僚をだしぬいて自分の能力をアピールしたほうがいいのだろうかと。とてもか細くて、しかもカネでとりかえがきく薄っぺらな感情。働けば働くほど、身も心もボロボロになっていく。だったら、ほんとうは日常生活を楽しめばいいのだが、そうもいかない。働いていない時間は、あくまで余暇であり、翌日の労働の準備をするものとされているからだ。食事はできあいのものですませ、できるだけ休む時間を増やさなくてはならないし、酒をのむにしても、翌日の仕事に差しつかえるようではいけない。ちょっとまえまでは、二日酔いで仕事をサボることくらいあたりまえだったのに、なんだかそれがわるいことのようにおもわされてしまう。

好きな服を着たり、装飾品を身につけたりするのもおなじことだ。ほんとうのところ、おしゃれをするのはそれが楽しいからであり、自分の美しさやかっこうよさを自分で感じとりたいだけのことなのに、いつのまにかどこそこのブランドの服を着てみましたとか、はやりものの時計をしてみましたとか、他人と比較したり、カネでとりかえたりできることが、その目的であるかのようにいわれている。だいたい、ショッピングが娯楽であるというのはどういうことなのだろうか。せっかく苦労して稼いできたのに、どうしてもこれがほしいとかそういうことではなく、カネをつかうこと自体が楽しいというのである。どうかしている。だが、そんなことを口にしようものなら、まわりからは腫れものにでもふれるようなあつかいだ。あなたはかわいそうなひとですね、貧乏人だからしかたないかと。

たまったものではない。なんだか、だんだんと憎悪の感情がわいてくる。

生命とは、要するに、復讐である。生きていくことを妨げる邪魔者にたいする不断の復讐である。復讐はいっさいの生物にとっての生理的必要である。

生命のこの必要は、高等動物たる人間においても、多少の変化はあるが消滅はしない。他の諸本能と同じく、その方向は変わっても、その力は依然として存在する。意識的になっても弱められはしない。

道徳とは、本然的に言えば、この生命必須の力の肯定である。自己にたいするおよび他人にたいするこの生活本能の尊重である。そしてこの尊重が、動物および人類の社会生活の根底であり、かつ正義の、自由平等友愛の、根本義である。

（大杉栄「正義を求める心」『文明批評』一九一八年一月、『全集』第二巻）

自分の感情を自分であじわうことができない。他人が決めた感情をさも自分の感情であるかのように楽しまなくてはならない。それを守らなければ、社会の一員とはみなされない。しかし、ただでさえ工場にいるときには、資本家の命令にしたがえとかいわれて、いやなおもいをさせられているのに、仕事が終わってからも、あれしろこれしろとかいわれるのではたまらない。なにもかも、はじめから決められていて、自分はそれにしたがわされるだけのことだ。なんだか自分が軽んじられている気がしてくる。もっと遊びたい。ダラダラしたい。仕事のことなんて忘れて、めいっぱい好きなことを好きなようにやってたい。大杉の場合、こうした感情がいたいほどよくわかったのだろう。おもったことをおもいきり表現したいのに、いくら書いても発禁につぐ発禁。やりすぎた友人たちは、みんな警察に捕らえられて首を吊るされてしまった。くやしい。圧倒的な憎悪がわきあがってくる。大杉は、そうした憎悪を表現することが民衆芸術であると考えた。その根底にあるのは、純粋に自分の力を高めたいとか、友人と楽しみたいとかいう無償の心だ。自由と友愛。それはごくあたりまえの感覚である。しかし、そのあたりまえのことさえやるなといわれて、バシバシとムチをうたれる。もう本気で打ちかえしてやるしかない。復讐だ。工場にいるのであれば、最新鋭だとかなんだとかいわれてえらそうにしている機械に砂でもまきいれてやらなければならないし、街頭に出ているのであれば、ショーウィンドウでもたたきわって、人間よりもえらそうな顔をしているぜいたく品に目にものをみせてやらなくてはならない。それがストライキと呼ばれたり、暴動と呼ばれたりする。大杉は、これを米騒動でいっぺんにまのあたりにした。まえにも引用したが、大杉はみずから翻訳したロマン・ロランのこの文章に米騒動をかさねている。

わたしは劇が好きだ。劇は多くの人びとをおなじ情緒のもとにおいて友愛的に結合させる。劇は、みんながその詩人の想像のなかに活動と熱情とを飲みに来ることのできる、大きな食卓のようなものだ。しかしわたしは劇を迷信してはいない。劇は、貧しいそして不安な生活が、その思想にたいする避難所を夢想のなかに求める、ということを前提とするものである。もしわれわれがもっと幸福でもっと自由であったら、劇の必要はないはずである。生活そのものがわれわれの光栄ある観物になるはずである。理想の幸福はわれわれがそれに進むにしたがってますます遠ざかるものだからついにはわれわれがそれに達するということはできないのであるが、人間の努力が芸術の範囲をますます狭めて生活の範囲をますます広めていくということは、もしくは芸術をもって閉ざされた世界すなわち想像の世界としないで生活そのものの装飾とするようになるということは、あえて言える。幸福なそして自由な民衆には、もう劇などの必要がなくなって、お祭りが必要になる。生活そのものが観物になる。民衆のためにこの民衆祭を来させる準備をしなければならない。

（ロマン・ロラン『民衆芸術論』阿蘭陀書房、一九一七年、『全集』第一一巻）

民衆が勝手に踊りだす。これまでは、他人の命令にしたがえとかいわれてきたのに、いまでは誰もいうことなんてききやしない。いくら資本家が、ただしい働きかたをおしえさとしても、誰も信じない。いちど砂をまいた機械は、ただのガラクタであるか、よくてもきたならしい飾り物にしかみえやしない。好きなときに好きなだけ働く。わたしはすごい。デパートの商品だって、おなじことだ。えらそうに値札が貼ってあるが、その意味がわからない。ぺらっぺらな生地でできている衣服に、ばかみたいな値段がついていたり、日用品と銘うっているのに安くはなくて、誰もが買えるものではなかったりする。もうたくさんだ。人間のほうが商品よりもえらい。ふつうにもらっていくか、それでなければカンパでもらう。お店の人が拒むなら、集団でかけあってやすくしてもらおう。それもだめなら、もう焼打ちだ。好きなものを好きなだけ手にいれる。楽しい。「乞い願う者には与えられず、強請する者には少しく与えられ、強奪する者にはすべてが与えられる」。他人の観物をみせられるのではなく、自分の生活そのものが観物になる。きょうもあしたも、いつでもお祭りだ。娯楽、元気、理知の光明。民衆芸術の三つの要素をかねそなえていたのは、目のまえで繰りひろげられた米騒動であり、来たるべきストライキであった。あとはそのありふれた日常を生きるだけだ。

大杉一派、よもやま話

さて、大杉栄は民衆芸術論をひっさげて、労働運動にふみこんでいった。労働問題で遊びはじめたといってもいいかもしれない。もちろん、本気の遊びであるし、ひとりで遊んでいたわけではない。遊ぶからには、遊び仲間がいる。遊びにつぐ遊び。一九一八年の米騒動以後、遊び仲間はいっきに増えていくのであるが、とりもなおさず、大杉にとっていちばん身近な仲間であったのは、近藤憲二、村木源次郎、和田久太郎、久板卯之助の四人であった。いわゆる大杉一派である。ここですこし、この四人がどんな人物であったのかを素描してみよう。

一、近藤憲二（一八九五年～一九六九年）

近藤憲二は、一八九五年に兵庫県上竹田で生まれた。一九一二年、早稲田大学専門部政経科に入学し、安部磯雄や永井柳太郎の授業を聴いて、社会問題に関心をもったらしい。一九一四年、新潮社から出版されたばかりの大杉栄『生の闘争』を読み、これで大杉のとりこになってしまった。それからすぐに大杉の自宅を訪ねている。近藤は、このときの大杉の印象についてつぎのように述べている。

堀保子夫人の取り次ぎであがると、大杉は奥の六畳の机の前に、八端のドテラで、ふくれあがった座ぶとんにのっかっていた。洋書のぎっしり詰まった本箱があり、床に日本刀が二、三本おいてあった。軍人であったお父さんが持っていたものだと、あとできいた。大杉はフランス式のアゴひげのある、色のどす黒い、しかし明るい知識的な顔。私より十うえだから、勘定すると二十九か三十歳だったことになるが、いま考えてもそんなに若かったようには思えない。容貌にも態度にも、大成されたものがあった。マドロスパイプにネヴィカットをつめて、ひっきりなしに吸っており、話すときには大きな目玉をぐるぐる動かし、ひどい吃りで、しばらく金魚が麩を食うときのような格好をしてから、たたきつけるように話す。

私が質問をしかけると、君はどう思うかね？という。仕方なく、考えていることというよりも、むしろ学校の安部磯雄や永井柳太郎の受け売りで返事をすると、それで？それで？と押してくる。どちらが尋ねているのかわからない。これには閉口した。いよいよ追い詰められて困っていると、「それでは君のいうようだと、こういうことになるね」といって逆襲してくる。逆襲しながらぽつりぽつり意見をいう。この逆手は大杉がよく用いた手だ。その後もこれをつかわれている人をみて、おれと同じ手を食っているナと思って聞いたことがたびたびある。相手の考えをまとめさせるのに、これも一つの手だ。

（近藤憲二『一無政府主義者の回想』平凡社、一九六五年）

このあと、大杉は恋愛事件で女性に刺されるわけだから、ほんとうに大成されていたのかどうかはわからないが、すくなくともまだ一〇代であった近藤には、そう感じられたのだろう。読んでいた本の内容ばかりでなく、知的なアウトローの雰囲気をただよわせていた大杉に魅了されたのである。訪問後、大杉から一通の手紙がとどいた。こんど平民講演会というのをはじめるから、きてみないかという。近藤は、この平民講演会に欠かさず出席するようになり、そこにきていた社会主義者たちと仲よくなった。なかでも、やさしく声をかけてくれて、自宅にもまねいてくれたのが渡辺政太郎だ。当時、渡辺は文京区白山にあった古本屋の二階に住んでいて、そこには発禁になったものもふくめて、社会主義者の雑誌や書籍が数多くそろえられていた。とうぜんながら、近藤は知的好奇心に駆られ、それらをむさぼり読んでいった。そこには、久板卯之助や和田久太郎、村木源次郎らも出入りしていて、ちょくちょく顔をあわせることになった。やがて、この部屋で、渡辺が研究会をひらきはじめ、近藤も参加することになる。

ちなみに、第三章でも登場したが、渡辺は発禁になった『平民新聞』をかくすのを手伝ってくれた人物である。大杉一派にとっては、とても重要な人物なので、すこし紹介しておこう。渡辺は、一八七三年、山梨県敷島町生まれ。渡辺の家はひじょうに貧しい農家で、口減らしのために、小さいころから横須賀の洗濯屋に丁稚奉公にいかされたりしていた。成人してからは地元の紡績工場で働きはじめたが、まもなく結核にかかり、工場をクビになってしまう。その後、地元で床屋をはじめたが、うまくはいかない。すぐにつぶれてしまい、にっちもさっちもいかなくなる。きっとおもうところもあったのだろう。二〇歳ころ、キリスト教の洗礼をうけ、東京の孤児院で働くようになった。一九〇〇年、神田の基督教青年会館で片山潜の演説を聴き、社会主義にめざめる。それからしばらくは、静岡の孤児院で働いていたが、そこで西川光二郎と仲よくなる。平民社のはなしを聞いて、荒畑寒村のように社会主義伝道商人にでようとしたが、そのころ母が病気になってしまい断念している。一九〇六年、西川とともに東京にもどってきて、ふたりで当時対立していた直接行動派と議会政策派の併用論をとなえた。ようするに、どっちだっていいから、やれるとおもったことをやれといったのである。一九一〇年の大逆事件にはとても心をいためた、葬式にも最後までつきあっている。　渡辺は、クリスチャンながらも激情家だったようで、一九一三年、辛亥革命のはなしを聞くと、いてもたってもいられなくなり、福田狂二とともに中国に渡っている。　帰国後、大杉や荒畑が研究会をはじめていることを知って、それに参加することにした。

さて、近藤にはなしをもどそう。一九一六年、近藤は葉山日蔭茶屋事件で、大杉が刺されたことを知ると、おどろいて病院にかけつけた。しかし、いざいってみると、てとこと伊藤野枝がやってきて、きょうは面会謝絶だから帰れといって、見舞いもさせてくれずに門前払いされてしまった。伊藤からすれば、そのころマスコミからはバッシングされ、社会主義者からはなじられるばかりでなく、集団暴行もうけていたころだから、初対面であった近藤も似たようなものだとおもったのだろう。伊藤はピリピリしていた。近藤は、ただムカついて無言で帰った。それからしばらく、大杉とは交流していない。大学卒業後は、ふらふらしていて定職につこうとはせず、いちど大学の先輩のひきで、東京毎日新聞の記者になっているが、それも警察から新聞社に圧力がかかってやめさせられてしまう。その後は、荒畑や堺利彦がやっていた売文社にはいって、かれらの雑誌を手伝っていたようだ。しかし一九一八年五月、慕っていた渡辺が病気で亡くなってしまい、それがふたたび近藤を大杉に近づけることになった。

近藤は、渡辺がやってきた研究会をひきつぐことに決めた。研究会名は、渡辺の雅号であった北風にちなんで北風会とした。一九一九年一月には、前年から大杉や和田、久板らがはじめていた労働問題座談会と研究会を合体させている。参加者の顔ぶれがかぶっていたため、いっしょにやろうということになったのだ。人数はすでに三〇名をこえるようになっており、そのなかには水沼辰夫、延島英一、中村還一、吉田一など、アナキズム系の労働運動をしょってたつような人材もふくまれていた。そして、このころから近藤は大杉の片腕として動くようになった。一九一九年一〇月、大杉が『労働運動』を創刊したときには、近藤は編集業務をひきうけるようになっているし、とにかく事務能力にたけていたようで、一九二〇年一二月に日本社会主義同盟がたちあげられたときには、名簿を管理したり、全体をきりもりする役割をはたしていた。一九二三年に大杉が虐殺されてからは、大杉一派はみんなテロをやってつかまったり、病気で早死にしたりしているが、近藤だけは生きのこった。その後の近藤の奮闘ぶりは尊敬にあたいする。『労働運動』は、一九二七年まで継続しているし、そのかたわら安成二郎の助けをうけて『大杉栄全集』全一〇巻(大杉栄全集刊行会、一九二五—二六年)を刊行している。この全集がなかったら、こんにちのように大杉の文章をかんたんに読むことはできなかったかもしれない。

これだけ聞くと、近藤はただのまじめなひとだろう。しかし、そのまじめさは度をこえたものであった。よく、近藤は古武士みたいだったといわれているが、ほんとうにそうだったようだ。寡黙で、余計なことはいっさいしゃべらず、やるべきことだけを黙々とやる。はじめは大杉一派の仲間とも、ほとんど口をきかなかったようであり、大杉は、外出先から伊藤に宛てて、きょうは、近藤はしゃべっただろうかと心配した手紙を書いているし、逆に、近藤をつれて外出したときは、きょうもまた近藤がしゃべらなかったと書いている。よっぽどだ。しかし、けっしておとなしいだけだったわけではなく、いざ行動しはじめるとガンガンあばれる。いちど警官とたたかって打ち負かされ、長い髪をつかまれてひきまわされてからは、短髪にしてたたかいにいどむというストイックさももちあわせていた。ちなみに、趣味は漢詩を詠むことだ。すてきである。

二、村木源次郎（一八九〇年〜一九二五年）

村木源次郎は、一八九〇年、横浜生まれ。貿易商の子として生まれるが、幼いころ、親が事業に失敗して没落し、村木は極貧生活を送ることとなる。一三歳のころから写真屋の小僧をしたり、牛乳配達をしたりしていた。一四歳のとき、父親が熱心なクリスチャンだったということもあって、横浜海岸教会で洗礼をうけ、ここでおなじく洗礼をうけていた荒畑寒村に出あった。その関係もあって、一九〇七年、一七歳のころから平民社に出入りするようになる。一九〇八年には、大杉や荒畑とともに赤旗をふりまわし、いわゆる赤旗事件で検挙。一年間、投獄されることになった。この獄中に思想的にはアナキズムにめざめているのだが、それからしばらく身体を壊してしまい、あまり運動界隈には顔をだしていなかった。しかし、一九一四年ころから渡辺政太郎の研究会に参加するようになり、一九一七年からは大杉宅に出入りして、家事と育児を手伝った。

村木の特徴は、とくになにもしなかったことである。一九一九年一〇月、大杉が『労働運動』を創刊したときには、村木も労働運動社に名前をつらねているのであるが、村木はいっこうに文章を書かなかった。面倒だし、そもそも書くのが好きではなかった。かといって、積極的に行動におもむいて、警官とバトルをしていたかというとそうでもない。村木は病気がちで、あまり闘争の現場には顔をださなかった。基本的に、村木は家にいる。あだ名は、ご隠居。大杉の家や労働運動社の留守番をしていたり、台所にたったり、子どもの面倒をみていたようだ。そういう性格だったのだろうが、発禁になった雑誌を警察が没収しにきたり、米屋がカネを払えと催促にきたりしたときに、たんに怒ってしまうのではなく、まあまあといいながら、のらりくらりとかわす腕をもっていたようだ。たとえば、こんなエピソードがある。大杉と和田、久板が『労働新聞』をだしていたときのことだ。発禁につぐ発禁の状態だったので、印刷したらすぐに警察から隠さなくてはならなかった。そんなとき、村木がいいよといってあずかってくれた。村木がちょうど体調をくずし、愛人の家で寝たり起きたりしていたときのことである。警察が乗りこんできて、こういった。

「労働新聞をここへ持ちこんだはずだから、出してくれ」

と、高等がいう。村木はニコニコしながら起きあがった。

「それは御苦労さまです。けれど持ってきませんよ。しかしお役目ですから捜してください。さあお上がりなさい」

こうやさしく言って、二人の高等を誘いあげ、自ら先に立って、そこら中をあけ放し

て見せた。そして、戸棚から、布団を下ろそうとさえした。この態度にすっかり気をもまれて、安心しきった高等は、

「いや、そのまま、そのまま、……なあに、ここにはないと思ったのですがね、なにしろ警視庁から喧しくいうものですから……」

と、きまり悪そうに言った。そして、お茶とお菓子を呼ばれて、

「村木さん、お大切に……」と言って帰ってしまった。

その、村木が開け放して見せた押入れの、ふうわり風呂敷がかけてある下には、二〇〇〇部からの新聞が隠れていたのである。村木の人物を知っている人びとは、かれのこの態度のなかに、村木そのものが如実に閃いていることを感ずるだろう。

（和田久太郎「村木源次郎君の追憶」『獄窓から』労働運動社、一九二七年）


村木は、若いアナキストたちに慕われていて、「源兄ぃ、源兄ぃ」とも呼ばれ、悩みごとの相談にものっていた。とりわけ、和田とは親しくしていて、よく面倒をみていた。ある日、和田が『労働運動』の原稿をかけなくて、ウンウンうなっていたときのことである。大杉はとにかく文章にうるさい。たまにやってきては、和田の原稿をとりあげて、ビリビリとやぶり捨ててしまう。「おれのまねをするな、自分らしい文章を書け」。そんなことをいわれても書けやしない。そうおもってなやんでいると、村木がやってくる。村木はこういった。「君、そんなに苦しんだってしかたがないよ。僕がいいことを教えよう。この中

から、幸徳の書いたものを写して、それで『労働運動』の全面をうずめたまえ。いいよ！」。そういって、日刊『平民新聞』をもってきた。どういいのかはわからなくて、和田が苦笑いをしていると、村木は真顔になってこういった。「いうべきことはすべて幸徳がいいつくしているんだ。あとはそれを繰りかえせばいいだけのことじゃないか」。なっとくだ。そんなことをいう個性ゆえだろうか、大杉の信頼もあつく、いつのことか、仲間うちから「なんで村木みたいに役にたたないやつを側においておくんだ」ときかれると、大杉は「あいつはいつかやるやつだよ」とこたえたらしい。村木は、まわりからこのはなしを聞かされて感動し、死ぬまで忘れなかった。

村木は、生粋のテロリストであった。村木は、若いころから肺をわずらっていて、どうも自分の体は長くはもたないと考えていたようである。それならせっかくだし、死ぬまえにひとりくらいわるいやつをやっつけてやったほうがいいのではないか。そんなふうにおもっていた。村木は、いつも和服姿で禅僧のような格好をしていたのだが、そのふところにはピストルをしのばせていた。自分や仲間たちをかろんじるようなやつがいれば、いつでもピストルを突きつける。一九一八年の夏ころ、福田狂二宅で「ロシア革命記念会」がひらかれたときのことだ。堺利彦から山川均、荒畑寒村、高畠素之、大杉ら、社会主義者がせいぞろいしていた。その場で、村木は大逆事件のことを話していたが、感極まって泣いてしまった。それをみていた高畠が、バカじゃねえのといわんばかりにウッヒャッヒャと嘲笑しはじめた。バカにしやがって。翌日、村木は、ふところに手をいれて、高畠がつとめていた売文社にでむいた。

「ヤア、昨日は失礼しました」とニコニコしながら挨拶をした。高畠君は、変な笑いを浮かべて挨拶を返した。と、その瞬間、村木の形相がさっと変わった。高畠君の胸元へピカピカしたピストルがきっと突きつけられた。高畠は、「アッ」と叫んで、椅子からころげ落ちた。そして恐怖に震えていた。それを見澄ました村木君は、「なあに、戯談ですよ、失礼しました」と丁寧に、澄まして挨拶して、またふいと帰ってしまった。

（前掲、和田久太郎「村木源次郎君の追憶」）

また、村木にはお気にいりの小刀もあった。ある日、たまたま堺利彦の家に遊びにいったところ、ものすごく切れあじのよさそうな小刀があった。拝借しちゃおう。村木は、だまってもち帰った。もちろん返さない。おそらく盗むとか盗まないとかではなく、この小刀をつかうのは自分だとおもったのだろう。その小刀は、福田狂二が辛亥革命に参戦しにいったときに持参したもので、堺にくれたらしい。一九一九年、村木はその小刀とピストルをもって、原敬でも殺してやろうとおもっていたが、結局、右翼青年にさきをこされてしまった。村木はくやしがっていたが、村木からただならぬ死のオーラを感じていた同志たちは、村木がぶじで安心したようだ。

村木は、かなり粋なひとだったようで、自分の死装束に紋付き袴をこしらえ、それを大切にしていた。しかしある日、大杉の娘の魔子が、薄着で寒そうにしているすがたをみて、その死装束にハサミをいれ、魔子の衣装にしてあげたという。そんなやさしさのあるひとであった。終章でもふれるが、大杉の死後、かたき討ちをかねて、和田久太郎やギロチン社の中浜哲、古田大次郎らとともにテロを決行。和田は、村木からピストルをあずかって、関東大震災当時、戒厳司令官であった陸軍大将の福田雅太郎を狙撃。しかし、おしくも失敗し、その場で逮捕されてしまう。村木は、古田とともに爆弾闘争をつづけるが、しばらくのちにかくれ家で捕えられる。一九二五年、予審中に肺病を悪化させ、仮出獄が認められたが、そのまま帰らぬひととなった。鬼のように血を吐いて死んだという。身を益なきものにおもいなす。

三、和田久太郎（一八九三年〜一九二八年）

和田久太郎は、一八九三年、兵庫県の明石に生まれた。家は生魚問屋をやっていたらしいのだが、零落していてとにかく貧乏であった。小学校時代の日課は、ゴミあさり。学校がえりにゴミをあさって、すてられていた草鞋をひろって帰っていたそうだ。一二歳のころには、大阪に出て株屋の丁稚奉公にはいっており、一四歳のころにはプロの仲買人として株の売買をはじめている。そして、このころ遊蕩をおぼえて、淋病と梅毒にかかり、生涯、苦しむことになる。和田の性病は、本人公認の事実で、仲間には「おれの性欲はハンパないぜ」というようなことをいっていたらしい。二〇歳ころ、株のとりひきで失敗し、有り金をすべてすってしまう。一夜にして、大金が動く仕事であるから、ずっと精神的にも憔悴しきっていたのだろう。放浪の旅に出て、自殺をはかる。

まず、高知県南端の宇佐に出て、断崖絶壁から身投げをはかったが、なんだかこわくなってやめてしまう。それならば、行きだおれというのもいいだろうとおもい、四国を徘徊するも、やはり腹がへればなにかを食べてしまう。湧水をのみ、草をむしって食べては、木の下でぐっすりとやすむ。ちょっとした山岳修行だ。いちど別子銅山というところにたどりつき、なにかの縁だから、獣のようになって働いてやろうと決意してみたのだが、いざいってみると、おまえのようなヒョロヒョロしたやつはつかえないとかいわれて、追い払われてしまった。衣服もボロボロになったころ、ようやく街にでると、子どもたちに泥棒だ、泥棒だといわれてなじられる。そうかとおもって、交番にいき、わたしを捕まえてくださいといってみたのだが、警官は相手にしてくれない。なんなのだろう、この社会というやつは。圧倒的な憎悪がわきあがってくる。まだ死にきれない。和田は大阪に帰り、古本の露天商のようなことをはじめた。そこで『へちまの花』や、その継続雑誌である『新社会』を愛読するようになった。『へちまの花』は堺利彦がやっていた雑誌である。しだいに『近代思想』や大杉の著作なども読むようになった。放浪していたときに感じた社会にたいする憎悪が、どこか社会主義につうじるところがあったのだろう。一九一五年一〇月号の『新社会』には、はやくも和田のつくった短歌が載せられている。いてもたってもいられなくなった和田は、堺をたよって上京し、新聞配達などで生計をたてながら売文社に出入りしていた。友人にさそわれて、渡辺政太郎の研究会にでるようになったのもこのころである。ここで、生涯の同志になる村木源次郎や久板卯之助、近藤憲二とも出あっている。ちなみに、和田のあだ名は、ズボ久。ズボラな久さんという意味だ。いつもなんとなくぬけていて、他人に怒られると、丸坊主のあたまをボリボリとかきながら、ケラケラ笑っている、その愛きょうのあるすがたをあらわしたあだ名でもあるし、なにかに熱心に打ちこんでいたかとおもえば、とつぜん行方をくらまして仲間をこまらせたりする性格をあらわしたものでもあった。

一九一六年一〇月ころ、浅草をふらふらしていると、人夫だしがよってきて、足尾銅山で働かないかといってくる。ふだん渡辺の研究会で労働運動のはなしは出てくるが、もっとも窮状がひどいといわれている足尾銅山では、まだ労働組合の組織化がすすんでいない。しかも、足尾銅山といえば、天下の古河財閥がやっている大銅山である。だから、自分がいって労働組合でもつくってくれば、みんなにほめてもらえるとおもったのである。しかし、いざいってみると、そんなにあまいものではなかった。飯場にはいると、いつもヤクザみたいなあんちゃんが監視についていて、外にはでられないし、社会主義のはなしでもすれば、殺されかねない雰囲気だ。実際、よく北九州の炭鉱で聞くはなしなのであるが、労働運動家が鉱山にはいって、情宣をはじめると、それだけで棍棒や日本刀を手にしたヤクザ者がおそいかかってきたという。ビラをうけとった鉱夫たちも、リンチにかけられ、すぐにクビである。命がけだ。きっと足尾銅山もおなじような状況だったのだろう。しかも、和田は労働運動どころか、働けば働くほど、借金をかさねる結果になってしまい、帰ってくることもできなくなってしまった。もちろん、賃金はでるのだが、飯場の食事代やケガをしたときの薬代、作業のための草履代などをふくめると、どうしても赤字になって借金をこさえてしまう。仕事は過酷だし、事故でケガをしたり、死んだりするのも日常茶飯事だ。和田も落盤にあって、後頭部にケガをおっている。鉱夫のなかには脱走するものもいたが、多くはとらえられてボコボコにされた。和田も、いちどトイレをよそおって逃げだそうとしたが、雪をかきわけて走っているところをとらえられてしまい、つれもどされている。

東京にいた同志たちは、そのことをまったく知らなかった。というよりも、和田がとつぜんいなくなったので、みんな心配していたのである。和田の苦境を知ったのは、一一月になって、かれの手紙がとどいてからだ。いったらやばいといわれていた足尾銅山にいて、しかも借金づけで帰れないという。その後も何通も手紙がとどき、逃げだせないとか、ケガをしたとかいってくる。とうとう、仁義にあつい渡辺が立ちあがり、「古河と刺しちがえてでも、和田くんをつれもどしてくる」といきりたって、早朝の列車で足尾銅山にむかおうとした。ちょうどそのとき、あたまに包帯をまいた和田が帰ってきた。ようやく脱走に成功したのだ。みんなおどろいて歓声をあげ、和田を出むかえた。和田は渡辺に心からの感謝を示した。他人からこんなにやさしくされたことはこれまでなかった。

一九一七年ころから、和田は売文社の社員になり、『新社会』の編集を手伝ったりしている。しかし、いつまでたっても、本気で労働問題にふみこもうとしない堺に、和田はいらだちをおぼえはじめた。その年の九月には、妙に相性があった久板とともに、日暮里の労働者街にすみこみ、なにか労働問題にふれることでもやろうと考えていた。とりあえず、雑誌でもつくろうか、そんなはなしをしながら、久板とふたりで街を歩いていると、むこうからみたことのある人物がてこてことやってくる。大杉栄だ。大杉は、ふたりにむかってこう誘いかけてきた。こんどこのあたりにひっこしてきて、労働雑誌でもやろうとおもっているんだけど、どうだろう、うちに住みこんでいっしょにやらないか。こたえは決まっていた。うん、それはいい。

一九一八年一月、和田と久板は、亀戸にあった大杉宅に同居することになった。大杉の『文明批評』を手伝う代わりに、かれらが企画していた『労働新聞』も、大杉に手伝ってもらう。しかし、『平民新聞』以来の苦境はつづいていて、なかなかおもうように出版はできない。『文明批評』は一号、二号、三号がすべて押収されて廃刊になった。『労働新聞』は一号こそだせたものの、二号、三号と発禁になり、四号にいたっては新聞紙条例違反でひっかけられ、和田は禁固一〇ヵ月、久板は禁固五ヵ月をくらってしまった。そうこうしているうちに、一九一八年五月、心から慕っていた渡辺が死んでしまう。和田は、葬列の先頭にたって、めいっぱい赤旗をふりながら革命歌をうたった。ああ革命はちかづけり。もう二ヵ月もすれば米騒動だったわけだから、せめてそれだけでもみせてやりたかったと、のちに誰もがそうなげいた。しかし、いいかわるいかは別として、この渡辺の死によって、大杉一派は勢いを増すことになる。大杉や和田、久板と、渡辺の研究会が合同になり、近藤もふくめて、アナキストや労働運動家が大杉のもとにあつまりはじめたのだ。

一九一九年一〇月、『労働運動』がたちあげられると、和田は記者として、沖縄、九州、四国、関西を飛びまわっている。とりわけ、和田は関西出身ということもあって、大阪にとどまって活動することになった。第一章でも紹介した、武田伝次郎の家の屋根裏部屋に労働運動社関西支局をおかせてもらい、逸見直造らとともに関西の労働運動の現場に飛びこんでいった。このころは、関東よりも関西でストライキがはげしかったため、和田はよろこびいさんで動きまわっていたにちがいない。しかし、ズボラな性格はまったく変わっておらず、原稿の締め切りまぎわになるとゆくえをくらませて、仲間たちを困らせたという。それでも坊主頭をかきながら、ニヤニヤして帰ってくると、みんな許してしまう。久さんだからしかたがない。とはいえ、関西のアナキストや労働運動家からの信頼はあつく、大杉が関西にやってくるときは、和田がまとめ役になって会議を設定したりしていた。よく日本の労働運動史では、一九二二年に労働組合の全国的総連合が結成されようとしていたというはなしが出てくる。九月三〇日に大阪天王寺公会堂で総連合創立大会がひらかれ、結局、労働組合の運営方針をめぐって対立がおこり、成立しなかったのであるが、大阪にいてアナキストの立場から総連合創設のために奔走していたのが、この和田であった。

しかしこの年は、和田にとってひどいことつづきだったようで、一月には盟友であった久板が登山にいったきり、凍死して帰らぬひとになっているし、春くらいからは性病が悪化して、身動きもとれないほどになっている。しばらくして病状はよくなったのだが、精神状態がよくならない。総連合創立大会もちかく、運動的にはたいせつな時期なのだが、そう考えると仕事みたいでいやになる。もう運動なんてやってられない。七月にはふたたびゆくえをくらまして、仲間との連絡をたってしまった。仲間が居場所をつきとめると、姫路で米問屋の帳場にたっていたという。なにをやっているんですか。大杉のつかいで、村木がやってきて怒られた。運動に復帰し、九月には総連合創立大会のために動きまわっている。大会は決裂してしまったが、それならそれでアナキストなりの同志のあつまりをつくっていかなくてはならない。年末には、大杉はとりあえず海外の情勢を知ろうということで日本を旅立っていった。その分、和田が東京の労働運動社にもどってきたが、冬になると性病が悪化して動けない。しかも、伊藤野枝とはうまがあわず、ケンカして出ていかざるをえなくなってしまった。

一九二三年二月、和田は作家の江口渙をたより、温泉保養をかねて、栃木県の那須温泉にでかけていった。温泉保養といっても、苦行に近かったようで、患部を熱湯で焼くのだという。その後、帰ってきた和田の下半身は焼けただれていたというから、よっぽどである。この温泉で、和田は生まれてはじめて女性と恋におちる。浅草の私娼窟で働いていた堀口直江という女性で、かの女も性病治療のために温泉にきていた。和田は、一四歳のころから性病にかかっていたということもあって、女性とつきあった経験がなかった。和田の性病は本人公認の事実とはいえ、やはりコンプレックスでもあった。だが、おなじ境遇のかの女には共感することもできたし、気がねなく接することもできた。労働運動社からは再三再四、はやく帰ってこいと催促がきたが、和田はきかない。とにかく堀口との愛欲にまみれていた。ようやく東京にもどってきたのは五月のことだ。しかも労働運動社にはもどらず、浅草で堀口とくらすことにした。七月、大杉がフランスからもどってくると、村木がむかえにきた。それでもいかない。八月中旬、性病を悪化させてもだえ苦しんでいると、また村木がやってきて、おまえがきらいな伊藤は、もう大杉とくらしているからといってつれもどす。和田は四〇度もの熱をだしてうなっているから、みんなで看病をした。それから一週間後が関東大震災だ。大杉は殺され、和田はかたき討ちにはしるのだが、詳しくは終章で話すことにしよう。

四、久板卯之助（一八七八年〜一九二二年）

久板卯之助は、一八七八年、京都下京区生まれ。大杉栄よりも、七歳年上のアナキストである。日露戦争のころ、トルストイや内村鑑三の平和主義にひかれ、キリスト教にめざめる。一九〇六年に京都の平安教会で洗礼をうけ、翌年、聖職者をめざして同志社神学校に入学する。しかし、おもうところがあり、わずか三ヵ月で中退してしまう。身のまわりには、食べられなくて困っているひとがたくさんいるのだから、教会にとじこもっているだけではだめだ、聖職者ならば、もっと目のまえにある社会問題に飛びこんでいかなくてはならない。そうおもったのだろう。大逆事件後、東京に出てきて、同志社の先輩にあたる高畠素之や伊庭孝とつきあうようになり、かれらの紹介で売文社や近代思想のつどいに参加するようになった。そのうちに、渡辺政太郎と出あい、家にさそわれて研究会にもでるようになった。ここで、和田や村木、近藤と知りあっている。一九一六年ころから、当時、谷中で望月桂がやっていた、へちまという簡易食堂に出入りするようになった。望月は、一八八七年長野県生まれの芸術家で、東京美術学校の西洋画科を出ている。一九一〇年に卒業したのち、いちどは帰郷し、中学校の美術の先生になっているが、わずか一年でやめてしまい、上京。美術学校卒の経歴をかくして、印刷工場で働いていた。芸術が一部のプロに独占されていることに違和感をもち、そうではない生きかたを模索していたのだろう。その後、自分の工場をもつにいたるが、経営難でつぶしてしまい、一九一六年から簡易食堂をはじめていた。そこに社会主義者で、しかも趣味が絵画の久板がやってきたのである。ふたりは意気投合し、すぐに仲よくなった。

一九一六年一〇月、久板は渡辺や望月の協力をえて、『労働青年』という雑誌をだした。この雑誌で、望月は民衆芸術についての持論を展開したり、平民芸術協会のようなものをつくろうと広告をだしたりしているのだが、それがのちの黒耀会の結成につながることになった。また、とにかく社会主義者として労働問題にふみこんでいこうというスタンスに、和田が共鳴し、仲を深めることになった。一九一七年にはその和田と日暮里に同居し、その後、大杉と出あって亀戸におもむくことになる。ちなみに、久板はキリスト教徒で、しかもヒゲをはやしたその風貌がキリストに似ていたことから、キリストと呼ばれていたのだが、そればかりでなく、生活習慣もまた質素倹約で、まるで聖書のようであった。のちに、大杉は久板と同居しはじめたときのことを、つぎのように述べている。

「布団のようなものがちっともないようですが。」

二人〔久板と和田〕の荷物をみて、伊藤がそっと僕に言った。実際その荷物と言ってはただ少し大きな風呂敷包み一つだけだった。

「無いはずはないんだが……。」

僕はその二、三年前に、久板が初めて京都から出てきたとき、僕等七、八人の仲間で布団を作ってやったことを思いだした。しかし無ければないように、早くどこからか借りなければならないと思って、

「布団はあるのかい。」と二人に聞いてみた。

「いや、あります、あります。」

二人は口早にこう答えながら笑っていた。しかしその解いた包みの中からはたった一枚の布団しか出てこなかった。

「それじゃ仕様がないじゃないか。」

一月の初めの寒い時だ。一枚の煎餅布団を二人でどうすることができるものか。

「いや、この布団は和田君のです。和田君はこれで海苔巻のようになって寝るんです。」

久板はその癖の「いや」というのを冒頭にして笑いながら説明しだした。

「じゃ、君の布団は何もないんじゃないのか。」

「いや、あるんです。」

久板はこう言いながら薄い座布団を三枚取りだした。

「これが、僕の敷布団なんです。そして上には、これやあれや……。」

と言いながら、その着ている洋服とたった一枚のどてらとを指して、

「僕の着物の全部を掛けるんです。これが僕の新発見なんです。」

久板と和田は真面目な顔をして笑っていた。僕と伊藤とは少々あきれて暫く黙っていた。

これはあとで聞いたのだが、前にみんなで作ってやった布団は、この新発明以来誰かにやってしまったのだそうだ。

（大杉栄「久板の生活」『労働運動』一九二二年三月、『全集』第一四巻）

大杉もちがう意味でそうなのだが、この時代のアナキストは、ヴ・ナロード（人民のなかへ）をとなえて労働者のなかに飛びこんでいったが、しかしけっして自分たちの生活スタイルを変えたりはしなかった。そこには自分の生きかたや思想が賭けられていたからだ。

久板の場合、労働者のように貧しい生活をしようとか、そういうレベルではない。どこか突きぬけている。ぼろきれをまとって、全国を行脚する聖者のように、ただ雨風をしのげて飢え死にしないくらいに食をとれれば、それでよかったのである。性的なことにかんしても、大杉や和田とは正反対でほとんど興味がなく、生涯童貞をとおした。繰りかえしになるが、久板のあだ名はキリスト。とても徳の高いひとであった。

とはいえ、激情家という側面ももっていて、いちど怒ったらとまらなくなるタイプだったようだ。たとえば、一九一九年から大杉一派がとりくんだ活動に演説会もらいというのがある。次の第五章で詳述するが、これは労資協調路線をとっていた労働団体の演説会に乗りこんで、野次をとばしたり、演説をのっとったりする活動である。もちろん相手の主張はあらかじめわかっているわけだから、ほんとうのところ怒ったそぶりをみせるだけでいい。だが、久板の場合はそうではない。まえまえから労働団体の演説会には足しげく顔をだしていたのだが、生ぬるいはなしでもでようものなら、ほんとうにキレてしまい、どなりちらしてつまみだされたりしていたようだ。

一九一九年一二月、望月が発起人となって黒耀会がたちあげられた。これは民衆芸術を遂行するために結成された芸術団体で、原始人がもちいていた黒耀石にちなんで、この名前がつけられた。元来、芸術とは誰のものでもなかったはずなのに、いつのまにかプロの芸術家の専売特許になっている。だから、いちど原始にもどって芸術をやろうというのである。わら半紙で刷られた「黒耀会宣言」には、以下のように述べられている。

現代の社会に存在する芸術は、ある特殊の人びとの専有物であり、また玩弄物のような形式によって一般に認められている。こんな芸術はどこにその存在を許しておく価値があろう。このようなものは遠慮なく打破して吾々自主的のものを獲らねばならぬ。これがこの会の生まれた動機である。

（「黒耀会宣言」一九一九年一二月五日）

とうぜん、久板はこの黒耀会に参加し、展示会があるごとに作品を出品している。久板ばかりではない。宣言文にあるように、黒耀会は芸術をひとにぎりのプロにゆだねるのではなく、その魅力や力をあらゆる人びとにひらくということをめざしていた。だから、黒耀会は絵画をメインにしていたが、参加者は、美術家はもちろんのこと、音楽家から小説家、社会主義者、印刷工にいたるまで多種多様であった。黒耀会の展示会は、ぜんぶで四回ひらかれているのだが、そこには大杉や和田、堺利彦、岩佐作太郎らも、筆で寄せ書きを描いて出品している。そういうのが苦手な近藤憲二も、無理をいって書を描かされたそうだ。だから、望月や林倭衛のように、プロのような絵を出品するものもいたが、有名人だから許されるようなひどい作品も多かった。

そのためだろうか、芸術史では黒耀会は素人集団で評価にあたいしないといわれることが多い。しかし近年、足立元『前衛の遺伝子』（ブリュッケ、二〇一二年）で述べられているように、むしろ黒耀会のラジカルさはこの素人っぽさにあった。ジャンルもとわなければ、素人もプロもなく、そうかといって、新しい芸術の手法でなければならないとかいう縛りもない。誰もが好きな表現で好きなことを描いてみる。けっして他人が評価をくだすことなどできないような、幾千万もの人びとのありふれた生の力を表現すること、あるいはそれを喚起すること。望月は、こうした民衆芸術を実践するために、無審査にこだわった。大杉は「かんちがいした連中が出品してくるかもしれないから、おれと有島武郎を審査員にしろ、厳選！厳選！」とつっかかってきたが、望月はがんとしてきかない。無審査にして、芸術にヒエラルキーをもうけることを拒否したのであった。そういう意味では、大杉以上に大杉が紹介した民衆芸術をやってのけたのである。

すこしはなしがそれてしまったが、久板は黒耀会に参加しながら、第一次『労働運動』の編集を手伝ったりしていた。一九二〇年一月から、大杉が入獄したということもあって、助っ人として『労働運動』に加わったのである。しかし翌年から、大杉がアナ・ボル協同をとなえて、ボルシェビキの書き手も加えた第二次『労働運動』をはじめると、久板はこの路線に反対し、大杉のもとを去った。村木もおなじで、大杉になんども毒づいていたようだ。基本的に、大杉一派は大杉のいうことなんて聞きやしない。久板は、しばらく運動から離れようとおもい、趣味の写生にふけっていた。しかし一九二二年一月二一日、伊豆半島に写生にでかけ、下田のほうから天城山の中猫峠をこえて湯ヶ島にむかう途中、猛吹雪にあって凍死してしまう。いつもの簡素生活の癖がでたのだろうか、真冬の猛吹雪のなか、かなりの薄着だったようである。享年四四歳。もうすこしすれば、アナ・ボル論争が本格化したわけだから、久板からすれば待ってましたというところだったのだろうが、そうはいっても久板らしい死にかたであった。

さて、大杉一派の四人を紹介してきた。大杉にとって、自分のもとにあつまってきたこの社会不適合者たちは、まさに民衆芸術そのものであった。素のままで生きること、ありのままの生を表現することをすでに実践していたのだから。人間は、誰しもこうした側面をもっているはずだ。そうおもっていたら、一九一八年の米騒動だ。誰もが既存のルールになんてしたがわずに、好き勝手に動きはじめている。あとは、それでも強力に人間の行動をしばりつけている工場労働のリズムをどうたたくかだ。もっと工場のなかにふみこんでいかなくてはならない。工場のなかで、生の、力の爆発をひきおこしていかなくてはならない。民衆芸術としてのストライキ。それが米騒動以降、大杉やその仲間たちが課題としたことであった。ヴ・ナロード。

第五章　気分の労働運動

演説会もらい——犬そのものがいやなんだ！

一九一九年一月、大杉栄は北風会の活動を開始した。それまで大杉は和田久太郎や久板卯之助とともに労働問題座談会をひらいていたが、どうもその参加者が渡辺政太郎の研究会とかぶっていたらしい。渡辺亡きあと、近藤憲二と村木源次郎がその研究会をひきつぎ、渡辺の雅号をとって北風会と呼称していたが、どうせ参加者がおなじだったらということで、研究会を北風会に一本化することにした。北風会は、毎月二回ほど例会をひらき、人数は三〇名から四〇名ほど。大杉や和田、久板、近藤、村木のほかに、岩佐作太郎や延島英一、水沼辰夫、中村還一、吉田一、高田公三など、アナキズム系の理論家や労働運動家がここにあつまることになった。

当初、北風会が力をいれていたのは演説会もらいであった。これは労資協調をかかげる労働組合が演説会をひらいたときに、会場に乗りこんでそのジャマをしたり、乗っとったりするという行為であった。弁士の一言ひとことに「それはウソです」と野次をとばし、さんざんわめいたあげく演説が中断すると、こんどは「オレにしゃべらせろ」といって壇上にあがる。これでしゃべらせてくれるところもあれば、ケンカになって殴りあいになることもあったし、警察に解散を命じられて演説会が中止になることもあった。とにかく、労資協調とかいっている連中に、ひと泡吹かせたい。あるいは、ほんとうに演説会をもらいうけて、自分たちの主張を聴衆に聴かせたいというおもいがあった。大杉たちは、自分たちで大きな演説会をひらくと、会場費などでカネがかかってしまうし、どうせしゃべりはじめてもすぐに警察に解散させられてしまうのだから、それならばということで、カネに余裕のありそうな労働組合の演説会にでかけていって、それをつぶしがてらいいたいことをいってしまおうと考えたのである。

たとえば、一九一九年七月一五日、神田青年館で日本労働連合会大会がひらかれたときのことである。大杉たちは、その日に予定されていた北風会の例会をとりやめにし、二〇名ほどで大会に乗りこむことにした。日本労働連合会は、東京の木工、塗工、電気工、機械工などをあつめた大きめの労働組合で、この日、発足式をかねて大会がひらかれたのであった。大会参加者は、およそ一〇〇〇名。主催者が「この労働組合は資本家と協力して労働問題の解決にあたります」と発言すると、すかさず北風会のメンバーが大声で野次をとばし、いっせいに「異議あり」「おかしいぞ」と叫んだ。司会者をおしのけて、大杉が壇上にあがり、大杉が演説をはじめると警察がやってきて解散を命じられる。しかし、とうぜん大杉はききやしない。警察が大杉をとりおさえると、それを助けようとして、北風会のメンバーがあばれはじめる。結局、警察と大乱闘になり、四名が拘束された。大会もそのまま中止になってしまった。

北風会の演説会もらいは、だいたいこんな感じであった。大杉は、こうした行動をつうじて、米騒動でみた民衆芸術のイメージを労働運動にもちこもうとしていたのである。

元来世間には、警察官と同じ職務、同じ心理をもっている人間が、実に多い。たとえば演説会で、ヒヤヒヤの連呼や拍手かっさいのしつづけは喜んで聞いているが、少しでもノウノウとか簡単とか言えば、すぐ警察官と一緒になって、つまみ出せとか殴れとかほざきだす。なんでも音頭取りの音頭につれて、みんなが踊ってさえいれば、それで満足なんだ。そして自分は、何々委員とかいう名をもらって、赤い布片でも腕にまきつければ、それでいっぱしの犬にでもなった気で得意でいるんだ。奴等の言う正義とはなんだ。自由とはなんだ。これはただ、音頭取りとその犬とを変えるだけのことだ。

僕等は今の音頭取りだけが嫌いなのじゃない。今のその犬だけが厭なのじゃない。音頭取りその者、犬その者が厭なんだ。そしていっさいそんなものはなしにみんなが勝手に踊って行きたいんだ。そしてみんなその勝手が、ひとりでに、うまく調和するようになりたいんだ。それにやはり、なによりもまず、いつでもまたどこでも、みんながが勝手に踊るけいこをしなくちゃならない。むずかしく言えば、自由発意と自由合意とのけいこだ。この発意と合意との自由のない所になんの自由がある。なんの正義がある。

（大杉栄「新秩序の創造」『労働運動』一九二〇年六月、『全集』第六巻）

警察は犬である。ご主人さまがいて、命令されたことに絶対服従。ただしいことを知っているえらいひとたちがいて、上からおしえさとす。下々のものはそれにしたがっていればいい。そうした上意下達のシステムが、もっとも効率的でスピーディーな意思決定のありかたであると考えられていた。これは警察ばかりではなく、軍隊や宗教、学校、工場、演劇や美術鑑賞にもあてはまることだ。たとえ左派的な思想をもった政党や労働組合であっても、意識してさけようとしなければ、おなじ轍をふんでしまうだろう。いわんや労資協調の労働組合をやである。組合幹部が資本家と交渉し、労働条件の改善をはかる。労働組合の意思決定は、はじめからえらいひとたちにゆだねられているのであり、その演説会となればなおさらである。組合幹部やその顧問が下々のものにおしえさとす。これではなんの解決にもなっていない。労働組合をつうじて、犬が大量に生産される。人間の支配関係は強化されるばかりだ。

大杉は、犬がきらいであった。どの犬がきらいだとかそういうことではない。すべての犬がきらいであった。そもそも、音頭とりが音頭をとるように、特定のものたちが命令をだして、他のものたちがそれにしたがうという形式自体がおかしい。誰もが主人の欲望を生かされている。はじめからどんな考えかたがただしいのか、どんなふるまいが適切なのかが決まっていて、それにどれだけ従順になれたのかによって、人間の有用性がきまってくる。ばかばかしい。ばかばかしいが、長いあいだそれに慣らされていると、そうしないことがわるいことであるかのようにおもわされてしまう。あらゆる社会は負い目によってなりたっている。そんなところに正義も自由もあるはずがない。まわりの評価なんてくそくらえ。

犬が主人の首もとにくらいつく。音頭とりに導かれるのではなく、みんなが好き勝手に踊りだす。踊るリズムも形式も居合わせたものたちの気分しだいだ。演説会の形式も変わる。えらいひとたちが一方的に話すのではなく、その場にいあわせたものたちが好き勝手に騒ぎはじめる。討論のように、すぐれた弁論を競いあうわけではない。ただのおしゃべりであり、会話である。もちろん、そのおしゃべりが不毛であることもあるだろうし、そのほうが多いだろう。しかし、その不毛さをぬきにして自由ということはありえない。前章でも述べたように、民衆芸術とは有象無象の群集たちがみずからの生を自由奔放に表現しようとすることであった。大杉は、演説会もらいをつうじて、その民衆芸術を実演し、労働者の心に火をつけようとしていたのである。

ストライキの狼煙

一九一九年九月一五日、北風会は東京労働運動同盟会へと改名した。北風会は、演説会もらいをやったり、アナキズム系の労働運動家が交流したりする場になっていたが、あくまでその主たる目的は研究会であった。しかしこの時期、労働運動がおおいにもりあがりをみせており、一九一二年に四九件たらずであったストライキ件数は、一九一九年には四九七件になっていたし、参加人数でいうと、五三七六人から六万三一三七人へと一〇倍以上になっていた。こうした労働運動の高揚をふまえて、もうすこし運動実践の性格を高めようというのが、今回の改名の理由であった。具体的には、従来の研究会に加えて、自立的労働運動を促進し、東京の内外に労働組合をつくっていくことが目的とされた。自立的というのは、ようするに「労働者の解放は労働者自身の手によらなければならない」というモットーを実践するということである。実際、この会合をつうじて、組合横断的な労働運動家の議論がかわされ、この年の一二月には、新聞印刷工組合正進会がつくられている。

大杉栄のまわりには、印刷労働者が多かった。なかでも、はやい時期から研究会のメンバーになり、アナキズム系の労働運動を牽引することになったのが、水沼辰夫であった。水沼は、一八九二年栃木県生まれ。二歳のころ、東京の千駄木で公衆浴場を経営していた叔父の家にあずけられる。ほんとうは本郷駒込高等小学校を卒業して、それから早稲田中学校に進学するつもりであったが、経済的事情であきらめた。一九〇二年、高等小学校三年を修了すると退学し、一二歳で印刷会社秀英舎の習業生になった。しかし、あまりにこの習業生活がきびしかったようで、一九〇七年、一五歳のときに秀英舎を飛びだし、以来、一九二三年の関東大震災まで、東京市内の印刷会社を転々とすることになった。つとめた印刷会社の数は、三〇ヵ所以上。水沼は、腕一本で会社を渡り歩く、いわゆる渡り職人であった。

ちなみに、水沼は欧文植字工。当時はまだ電子製版などなかった時代であるから、製版工程は基本的に手作業であった。活字を選び、それを植えこんで文字を組みあわせる。その組版をチェックしたら印刷工程にまわし、終わったら活字をばらばらにしてまたつかう。これが文選、植字、校正、解版と呼ばれる作業であったが、とりわけ、水沼がなりわいとしていた欧文植字工は、外国語をあつかうことに加えて、和文では役割分担されていた文選と植字のどちらもやるものとされていたため、高度な熟練をようする作業だといわれていた。なかでも、水沼の植字技術は群をぬいていたようであり、ふつうの職人の二倍のはやさであった。あだ名は「両手の辰さん」。印刷会社を転々としているうちに顔がひろくなり、しかもすぐれた技術をもっていてまわりから敬意を払われる。これが若い印刷労働者をあつめていく吸引力となった。

一九一七年四月、水沼は仲間とともに欧文植字工組合信友会を結成した。このころから、信友会の友人に誘われて、渡辺政太郎の研究会に参加している。近藤憲二とおなじように、渡辺の家で社会主義の文献を読みふけっていたようだ。その後、大杉の労働問題座談会にもでるようになり、そのまま北風会にも参加した。一九一八年三月には、欧文植字工だけではなく、すべての印刷労働者を組織化しようということで、日本印刷工組合信友会へと改称し、またたくまに一〇〇〇名を越える組合員を獲得していた。この勢いをもって、七月から博文館をあいてどり、ストライキを打ったのだが、時期的に米騒動とかぶってしまったため、警察の弾圧が尋常ではなかった。水沼をふくめ、信友会の組合員が続々とつかまっていく。ほとんどなにもできなかったばかりか、警察の手がのびたことでおどろいた組合員がやめてしまった。水沼は、この責任をとって、いちど信友会の役員を辞している。それからしばらくは当時、南千住にあった吉田一の家で労働者相談所をひらくことに力をいれていたようだ。これは労働者の日ごろのグチを聞きながら、労働相談にものるというもので、大杉も全面的に協力しており、「労働者相談所」と題するビラを書いたり、相談日には毎回参加したりしていた。おそらく、米騒動のときに大阪で逸見直造や岩出金次郎から労働者相談所のはなしを聞いてきたということもあったのだろう。おなじことを東京でもやったのである。

一九一九年九月、労働運動はいよいよ風雲急を告げはじめた。一一月、アメリカのワシントンDCで国際労働会議（ILC）第一回大会がひらかれるということで、政府は労働代表をひとりえらばなくてはならなかった。とうぜんながら、ふつうであれば労働組合の代表者を選出する。多くは友愛会の鈴木文治が選ばれるだろうと考えていた。だが当時、日本にはまだ労働法が存在しておらず、労働組合は公認されていなかった。そしてもし、政府が鈴木を労働代表に選んでしまったら、実質的に労働組合を認めることになってしまう。政府は、桝本卯平という、労働組合とはかかわりのない人物を選出しようとしていた。日本らしい度量の狭さである。桝本は、三重県鳥羽造船所の技師であり、風貌は労働者であったが、労働問題については政府と資本家にべったりの立場をとっていた。ようするに犬である。もちろん、政府は国際会議に出席するたてまえから、労働代表の選出会議はひらいた。九月一五日、農商務省でひらかれた会議には、鈴木も水沼も呼ばれている。だが、労働組合から選出されないことは、はじめから決まっていた。鈴木と水沼は悪態をついて、はやばやと退出してしまった。退出後、水沼は北風会の例会に参加し、ことのあらましを報告している。北風会の名称を東京労働運動同盟会にかえたのも、この日である。これから労働運動が本格化するという合図だったといってもいいかもしれない。

ここからの信友会はいそがしい。一〇月五日、友愛会とともに芝公園でＩＬＣ労働代表反対集会を呼びかけると、二〇〇〇名もの労働者があつまり、そこから日本橋にむけてデモをおこなった。信友会の隊列には、大杉や和田久太郎、近藤憲二、中村還一、延島英一など、東京労働運動同盟会のメンバーも加わっていた。一〇月一五日には、桝本代表がワシントンにむけて横浜港から出航しているが、このときも港まで五〇〇名ほどの労働者でおしかけている。結局、ワシントンで開催された国際労働会議には、政府代表と資本家代表、および桝本労働代表が参加するのだが、なんの実りもないものに終わってしまった。

国際的な労働基準はさだめられたのだが、日本は英米圏の風習をそのまま日本に適用することはできないといって、多くの特例を認めさせてしまった。もはや政府も資本家も信用することはできない、労資協調なんて絵空事だとおもった労働者は多かったにちがいない。もともと戦闘的であった信友会には、続々と労働者があつまってきた。一九一九年の時点で、組合員数は二〇〇〇名を越えている。また、信友会とはライバル関係にあった友愛会は、もともと労資協調をかかげていたが、この一件をきっかけにして、階級闘争をかかげるようになった。この路線変更をあらわすかのように、一九一九年、友愛会は大日本労働総同盟友愛会へと改名し、一九二一年には日本労働総同盟になっている。日本の労働運動全体がラジカル化しはじめたのである。

テーラー主義はいやなんだ!

一、小さいところは、かたっぱしから潰しちゃったね。給料が払えないというと、そんなら活字を売って払ったらいいだろうといって、無理やり売らせて潰してしまう。

二、毎日のようにあっちでもこっちでもストライキがあるんだから、警官の帯剣なり、帽子なりをとってしまうとか、川へ放りこんだとか、そういうことは枚挙にひまがないんだ。火をつけたこともあるしね。流血の惨事さえあった。

（横山和雄『日本の出版印刷労働運動』出版ニュース社、一九九八年）

これは二人の印刷労働者による、大正時代のストライキについての回想である。前者は、水沼辰夫であり、後者は、高畑得夫である。どちらも欧文植字工であり、信友会の組合員であった。会社の経営状態がどうだろうと、労働者の知ったことではない。会社をつぶしてでもストライキをうつ。給料が払えないならば、活字を売り払ってでもカネを奪いとる。作業をとめるためならば、手段はえらばない。会社側が呼んだゴロツキや警官と殴りあいのケンカをし、警官の帯剣や帽子を奪いとり、川に放り投げてやった。いざとなれば活字ケースをひっくりかえしたり、印刷された紙をやぶり捨てたりすることもいとわなかった。それでもだめなら火を放つまでだ。多くは渡り職人であったから、どこか一ヶ所だけが職場というわけではない。ストライキがおこれば、そこが自分の職場だといわんばかりに駆けつけてケンカに加わった。しだいにケンカ上手のものたちがあらわれて、自然と徒党をくんでストライキを渡り歩くようになる。信友会や正進会は、そうしたものたちの受け皿のようなものであった。もうすこし、結成当初からのストライキのありかたをみてみよう。

一九一九年一〇月一七日、信友会は印刷産業の経営者団体にたいして、八時間労働制を求める要求書を提出した。そして、その即時実行を求めて、築地活版製造所や三省堂印刷所、三秀舎、中屋印刷所など、組合員数の多い工場でストライキを決行した。ストライキは一ヵ月にもおよび、途中、経営者側が対応策をねるべく有志集会をひらくと、そこに組合員一五〇〇名でおしかけ、肉弾戦をしかけておびやかしたりもした。しかし、経営者側は、がんとして八時間労働制を認めず、組合側は、時間がたつにつれて給料がもらえないために疲弊していった。信友会は、裏切り者がでるのを阻止するために、拳骨団を組織し、弱音をはいた組合員にゲンコツをくれようとしていたが、これには警察が介入してきてしまい、にっちもさっちもいかなくなる。一一月一七日、信友会はとうとう敗北宣言をだし、ストライキを収束させた。結果は、組合の主要メンバーがほとんど解雇されるというさんたんたるものであった。三省堂印刷所にいたっては、工場を閉鎖し、労働者全員が解雇されたほどである。このとき、社長の亀井忠一は「わたしは野蛮だからいくら理屈を言われてもだめです。わたしはおしゃかさまが還俗して、手をついても八時間制は反対です」と捨てぜりふをはいた。罰あたりだ。

しかし、このストライキは結果こそさんざんだったものの、ストライキ参加者からその支援者までふくめて、いがいにやれるじゃないかという気持ちをめばえさせた。実のところ、おなじく一九一九年の八月には、新聞印刷工組合の革新会が一六社の新聞社をあいてどり、時短と最低賃金の実現をかかげてストライキをおこしていた。しかし、これは組合代表者が警察におどされたり、経営者に説得されたりして、五日間ほどで無条件降伏してしまった。革新会も解散してしまう。組合員たちは、やり場のない怒りでどうしようもない気持ちになっていたが、信友会のストライキで心を高ぶらせた。東京労働運動同盟会にも参加していた布留川桂や綿引邦農夫（わたびきくにのぶ）、和田栄太郎、北村栄以智（えいいち）、諏訪与三郎、小林新次郎らは再起をはかり、この年の一二月には、新聞印刷工組合正進会をたちあげている。信友会のストライキの余波かもしれないが、若手中心のやる気に満ちたこの労働組合には、印刷労働者たちが続々とあつまってきた。翌年の一月には、組合員数は五〇〇名を越えていたという。そして、一九二〇年八月一日、正進会はストライキ惨敗一周年記念会をひらくと、ふたたび八時間労働制と最低賃金制を求める要求書を各新聞社に送りつけた。しかし一ヵ月以上たっても回答はこない。そこで九月二〇日から、報知新聞社でストライキにはいり、その後、一〇月半ばまでに万朝報社や時事新報社、やまと新聞社、東京朝日新聞社、読売新聞社、東京毎日新聞社などでもストライキを打った。

しかし、結果はあきらかに惨敗であり、一日たりとも新聞をとめることができなかったばかりか、四名が逮捕起訴され、九四名が解雇されている。八時間労働制をのんでくれたのは、もともとこちらに好意的であった万朝報社くらいであった。あとは、時事新報社が次年度の八時間労働制を約束してくれたくらいである。だが、それでも一年前とはぜんぜんちがった。本気で会社側にくってかかり、痛い目にもあわせている。なかでも、いちばん衝突がはげしかったのが、布留川のいた報知新聞社のストライキである。九月二六日、布留川らは会社二階の活字室におしいり、印刷作業をとめようとしたが、会社側が制止してそれをさせない。しかも、小林正敏というゴロツキが因縁をふっかけてきたので、布留川がキレてしまう。布留川は小林をぶん殴り、そのあとはもう小林のとりまきと組合員との乱闘である。ほんの一瞬でもいいから印刷作業をとめてやりたい。布留川が「ぶっこわしちまえ」と叫ぶと、組合員はいっせいに活字台につかみかかり、そのすべてをひっくりかえしてしまった。これによって報知新聞は東京の一部と、地方版のすべての組版ができなくなっている。もちろん、これで布留川ら四名が逮捕起訴されているのだが、会社側に打撃をあたえたことはたしかである。ちなみに、このとき正進会は敗北宣言をだしているが、その執筆にあたったのは大杉栄である。

しかし、なぜあえて活字台をひっくりかえしたのか。そんなことをしてまで印刷作業をとめる必要はあったのだろうか。勢いにまかせてやってしまったとか、たんにキレてしまったとかいうことはできない。その後も、印刷労働者のストライキでは活字台をひっくりかえすことが定番になっているのだから。八時間労働制をかちとりたいというのもちがうだろう。物質的要求をとおしたいだけであれば、もっとうまく交渉をしたり、なにか別のやりようがあったはずだ。活字台をひっくりかえしたり、火をつけてでも生産をとめようとしたり、活字を売り払ってでも給料を払わせたりするという行為には、もうすこし別の意味がこめられていたようにおもわれる。

米国で有名な「科学的管理法」の著者テーラー氏は揚言して、労働問題とは畢竟賃金と時間との問題である、賃金を十分にやり時間を短くしてやりさえすれば、労働の不安不平は絶滅するといっている。もちろん、それはいかにして労働者の能率を高め、これによって時間の短縮と賃金の引き上げを実現することが可能なるかを最高の問題として考えられたものである……、がしかしこれが労働の人間性を益々激減しその商品性なることをさらに強く押し付ける……。今日の労働の最も苦痛とするところは労働に創意の伴わないことである。雇い主の命ずるがまま、ただ機械的に与えられた仕事に従うことが人間たる労働者にとって最大の苦痛なのである。
（靖洲「同胞の為に叫ばん」『正進』一九二〇年四月）

これは正進会の組合員が、労働のなにがいやなのかを述べたものである。ようするに、テーラー主義がいやだったのである。水沼が典型であるが、印刷労働者はその多くが高度な熟練技術をもった職人であった。一人ひとりが自分なりのやりかたで、こだわりをもって作業をこなしている。ひとによって作業リズムはことなるし、きめこまやかさもまちまちであった。しかし、工業化の進展によって、そうした職人の技芸は淘汰されはじめていた。大切なのは大量生産であり、いかにして均一なリズムでスピーディーに印刷できるかである。製版工程はあまり機械化がすすんでいなかったが、しかしテーラー主義の論理はどの作業にもあてはめられた。マニュアルがもうけられ、それにしたがうことが効率的だとされる。マニュアルを決めた資本家には絶対服従だ。もちろん労働者にとって、低賃金や長時間労働は苦しいことだ。しかし、もっと苦しいのは労働に創意がともなわないことである。徐々に変わりゆく職場の風景をまえにして、職人たちが怒りをあらわにした。ぜったいにしたがわないこと。どうやって活字を組むのかも、どれだけ時間をかけるのかも、こちらの勝手だ。目にみえるかたちでおしえてやらなくてはならない。資本家よりも、工場の機械設備よりも、自分たちのほうがえらいのだと。反テーラー主義のストライキ。それはこけにされた職人たちの資本家にたいする復讐の暴力であり、ただ純粋に自己の尊大さを表現したいという気持ちのあらわれであった。

気分、だいじ！

一九一九年一〇月、大杉栄は月刊『労働運動』を創刊した。労働運動社をたちあげて、社員で記事を書いていく。主幹は大杉栄。中村還一、和田久太郎、近藤憲二、延島英一、伊藤野枝の五人が社員で、そのほかに社外からということで、山川均や荒畑寒村にも記事を依頼した。大杉が、尾行巡査殴打事件で投獄されると、そのあいだは久板卯之助が助っ人にきた。『労働運動』は、翌年の六月で休止してしまうのであるが、この短い期間に、大杉は印刷労働者がおこしたストライキに触発されたかのように、血のかよった文章をいくつも書いている。そのひとつが、創刊号の一面トップに載せられた「労働運動の精神」であった。大杉によれば、労働運動にはふたつの要求が存在する。ひとつは生物的要求であり、賃上げや労働時間の短縮がこれにあたる。もちろん、ひとは食べていかなければ生きていけないから、この生物的要求は必要である。しかし、これだけでは、ひとはただ生きのびるために生きているだけである。犬とおなじだ。しかし労働運動には、もうひとつ人間的要求というのがある。大杉は、この人間的要求こそが重要であると述べている。では、いったい人間的要求とはなんなのだろうか。

僕等は、自分の生活が自分の生活でないことを、まず僕等の工場生活から痛感している。僕等は自分の生活を、自分の運命を、ほとんど全く自分で支配していない。すべてが他人に課せられている。他人の意のままに、自分の生活と運命とを左右されている。

さきにも言った、労働者の生活の直接決定条件たる、賃金と労働時間との多寡は、まったく資本家によって決められる。工場内の衛生設備もそうだ。その他、職工雇入れや解雇の権力も、職工に対する賞罰の権力も、原料や機械などについての生産技術上の権力も、生産物すなわち商品の値段を決める権力も、すべてみな資本家が握っている。

僕等は、この専制君主たる資本家に対しての絶対的服従の生活、奴隷の生活から、僕等自身を解放したいのだ。自分自身の生活、自主自治の生活を得たいのだ。自分で、自分の生活、自分の運命を決定したいのだ。少なくともその決定にあずかりたいのだ。

（大杉栄「労働運動の精神」『労働運動』一九一九年一〇月、『全集』第六巻）

ここで、大杉が批判しているのはテーラー主義である。ほんらい工場生活とは、労働者の気分によって変わるものであった。工場でのすごしかたは、労働者の裁量にゆだねられていて、おしゃべりをしていることもあれば、なにもしていないときもあるし、逆に夢中になって一日中働いているときもあった。それがよりよい物をつくる秘訣だと考えられていた。しかし、テーラー主義がはいると事情が変わってくる。いかにして大量に物をつくるのか。ほんとうは資本家がカネもうけをするための欲望にすぎなかったのに、労働者も賃金があがるからといって、それがあたかも自分の欲望であるかのようにおもいこまされてしまう。おもうように働くことができなくなり、資本家のいうことを聞いて、資本家のために働くようになってしまったのに、すこしでも賃金をあげてもらえばありがたいといって、資本家をあがめてしまう。かつて「奴隷根性論」「征服の事実」でも書いていたように、これでは奴隷や家畜と変わらない。もっと自由でありたい。自分で、自分の生活、自分の運命を決定したい。それが人間的であるということであった。

労働組合は、それ自身が労働者の自主自治的能力のますます充実していこうとする表現であるとともに、外に対してのその能力のますます拡大していこうとする機関であり、そして同時にまた、かくして労働者が自ら創り出していこうとする将来社会の一萌芽でなければならない。

繰り返して言う。労働運動は労働者の自己獲得運動、自主自治的生活獲得運動である。人間運動である。人格運動である。

（前掲、大杉栄「労働運動の精神」）

自分がおもったことをおもったようにやってみる。自分の力の高まりを感じとり、まわりの友人たちと歓喜の声をあげる。もはや資本家の評価なんて気にならない。労働者たちのありふれた生の表現。大杉にとって、労働運動とは自主自治的生活獲得運動であった。しかし、いまの工場ではなかなかそれができない。テーラー主義が浸透しているからだ。資本家が絶対的権力をふるっていて、さからえばクビにされてしまいかねない。資本家にしっぽをふって、ほめてもらうことでしか生きられないとおもわされる。資本家はわずかばかりの給料を払っているだけなのに、まるで自分に感謝しろとでもいわんばかりだ。どうしたらいいのか。第一章でも引用したが、以下の文章がそのこたえをだしている。

僕はたいがいの資本家および労働者とともに、ストライキは喧嘩だと感じている。資本家の人格を損なおうとする労働者と、労働者の人格を圧えようとする資本家との喧嘩だと感じている。資本家の人格とは専制人である。労働者の人格とは自主自治人である。

僕はまたたいがいの労働者とともに、この喧嘩が物質上の利益を得させると同時に、人格上の満足をもあたえる最後の手段だと感じている。ときどきは、物質上の利害はともかくとして、一種の人格上の満足、すなわち意地のための喧嘩だと感じている。

負けることはよく負ける。しかし幾度負けてもその喧嘩のあいだに感じた愉快さは忘れることができない。意地をはってみた愉快さだ。自分の力を試してみた愉快さだ。仲間のあいだの本当の仲間らしい感情の発露をみた愉快さだ。いろんな世間の奴らの敵と味方とがはっきりして世間がみえてくる愉快さだ。そしてまた、そういったいろんな愉快さの上に、自分等の将来、社会の将来がだんだんとほのみえてくる愉快さだ。自分等の人格の向上するのをみる愉快さだ。

（大杉栄「労働運動理論家 賀川豊彦論・続」『労働運動』一九二〇年一月、『全集』第六巻）

殴るしかない。えらそうにしている資本家やその手先を殴りつける。まちがいなくクビである。だが、そんなことはもう関係ない。資本家によってあたえられた役割だの、責任だの、そんなものはみんな放り投げてしまえばいい。まわりの評価にさらされて、あれをしてはいけない、これをしてはいけないと、自己規制して生きるのはまっぴらだ。そうすることが労働者という人格だといわれるならば、そんな人格はかなぐり捨てるしかない。そうはさせまいと、資本家を守ろうとする労働者もいるかもしれないが、そうしたらもうとっくみあいのケンカである。ひとりではない。いちどケンカをはじめれば、どちらの側にも続々と加勢するものがあらわれて乱闘になる。敵と味方がはっきりした。資本主義に亀裂がはしる。自分の力が拡張していくのを感じる。気持ちがいい。仲間とそれをわかちあう。そのわかちあわれた喜びの気持ちを気分という。気分の労働運動。それは真に愉快な人格をみがきあげるということであり、それをさまたげてきた敵にたいして復讐戦をしかけるということであった。ようするに、米騒動や演説会もらいとおなじように、いまこの場に民衆芸術をつくりだしてしまおうというのであった。なにもかも捨てて、空っぽになる。それがストライキの意味であった。そして、大杉はこの行為をさらに白紙という言葉をもちいて説明しようとした。

人生とはなんぞやということは、かつて哲学史上の主題であった。そしてそれに対する種々の解答が、いわゆる大哲学者等によって提出された。しかし、人生は決してあらかじめ定められた、すなわちちゃんとできあがった一冊の本ではない。各人がそこへ一文字一文字書いてゆく、白紙の本だ。人間が生きて行くそのことがすなわち人生なのだ。

労働運動とはなんぞや、という問題にしても、やはり同じことだ。労働問題は労働者にとっての人生問題だ。労働者は、労働時間というこの白紙の大きな本の中に、その運動によって、一字一字、一行一行ずつ書き入れていくのだ。

観念や理想は、それ自身がすでに、一つの大きな力である、光である。しかしその力や光も自分で築きあげてきた現実の地上から離れれば離れるほど、それだけ弱まっていく。すなわちその力や光は、その本当の強さを保つためには、自分で一字一字、一行一行ずつ書いてきた文字そのものから放たれるものでなければならない。

（大杉栄「社会的理想論」『労働運動』一九二〇年六月、『全集』第六巻）

大杉にとって、資本主義がおそろしいのは、人間の行動パターンを一本化してしまうことであった。Aといわれたら B をする。いくつかの行動パターンが決められていて、あとは指示されたとおりに動くしかない。なんどかそれを繰りかえしていくうちに、そうしないことがおかしいことのようにおもえてくる。資本主義のもとでは、人生そのものに一本線がひかれていて、すべては労働につながっている。学校にいくのは、よりよい仕事につくためであり、家庭をもつのはパートナーの仕事をささえるためであり、出世をしてカネをかせぐのはレジャーにいそしみ、仕事の英気をやしなうためである。どの人生の、どの段階にいても、ひとつの方向にむかうようにと駆りたてられてしまう。

しかし、これでは人間は奴隷とおなじである。人間には、自分があゆむべき道をいちから考える力がそなわっている。というか、それがなによりも愉快なのであり、誰もがそれをやらずにはいられない。学校にかよっていて、ほんとうに仕事のことしか学ばない人間なんて存在しないし、パートナーにしてもはじめから仕事がどうこうとか考えてつきあっていたわけではないはずだ。ただ学ぶことだけに、ただ遊ぶことに無我夢中だったのである。それがどんなかたちをとろうと、当人の勝手である。しかし、気がつけば、誰もが労働の一本道へとたぐりよせられている。どうしたらいいのか。大杉は、それに白紙というこたえをだした。いつもやっているように、つねにゼロ地点にたって、いちからものごとを考えられる状態にすればいい。時間の流れをとめること。あたまを空っぽにして白紙になること。ストライキ。それは人生の階梯をいったん中断させ、みずからの生をあらゆる方向にひらく行為であった。だから逆にいうと、社会主義だろうとなんだろうと、たとえ資本主義を批判したとしても、はじめから理想状態がさだめられて、それにむかってただしい労働者像などを説かれたのでは意味がない。それでは資本主義を再現してしまうだけだ。ストライキに賭けられていたのは、社会主義の理想状態にいたるただしい筋道をつけることではない。いまこの場にいかにして白紙状態をつくりだすのか、ただその一点であった。

大杉栄、中国にいく

一九二〇年八月末、当時、鎌倉にあった大杉栄の自宅にコミンテルンの密使が訪ねてきた。李増林という朝鮮の活動家で、まだ二三歳の青年である。コミンテルンとは、一九一九年につくられた共産主義政党の国際組織であり、第三インターナショナルとも呼ばれている。どうも、これからコミンテルンのアジア会議をひらくらしい。それで、日本からも誰か代表者をということで李が誘いにきたのであった。なぜ、アナキストの大杉だったのか。ほんとうは、堺利彦や山川均のようなマルクス主義者をつれていきたかったようであるが、ふたりとも得体のしれない李を警戒して、この誘いにのらなかった。どうしたらいいものか。李は、とほうにくれて大杉のところに相談にやってきた。大杉は即答であった。それはおもしろそうだ。大杉は、中国にいくことに決めた。

一九二〇年一〇月二〇日、大杉は近藤憲二を鎌倉の家に呼び、かれをおとりに尾行をまいた。大船まで出て、上海いきの船に乗る。ちなみに、この日、ちょうど正進会の桑原錬太郎が訪ねてきて、ストライキの敗北宣言を書いてくれないかとたのみにきた。先述の九月二六日、報知新聞社のである。大杉は、出発直前ということもあって大忙しであったが、いいよといって部屋にこもり、一時間あまりで宣言文を書きあげた。近藤は、出航までの時間もなかったし、大杉の上海いきは同志にも秘密にしていたため、大丈夫なのかとかなりひやひやしたようだ。しかし、大杉はぶじに出航し、二五日には上海に到着している。到着するやいなや、大杉は李増林につれられて、大韓民国臨時政府軍局長の李東輝と会談し、翌日からは、中国共産党初代総書記の陳独秀やロシア共産党極東担当のヴォイチンスキーらもまじえて、会議をかさねている。

会議では、おまえもコミンテルンにはいれとか、これから極東共産主義同盟をつくるから、おまえも加われといわれたが、大杉はおれはアナキストだからといってことわった。しかし、日本でもちょうど社会主義者の全国的ネットワークとして、日本社会主義同盟を準備しているし、あんたらとも連帯の可能性はあるとおもっているよと述べた。思想はちがうけれども、たがいにその差異を尊重しあえるような関係をつくりましょうと。ヴォイチンスキーからは、日本でなにか運動をやりたいならカネをやろうかといわれたので、大杉は雑誌をだそうとおもっていると話した。すると、一万円もくれるという。うれしい。しかし、いざカネをもらう日になると、まずは準備金だといって二〇〇〇円しかくれなかった。しかも、雑誌をだすならあれしろこれしろと、ことこまかに指示をだしてくる。そんなヒモつきのカネならいらないとキレかかると、それならいいですといってカネだけくれた。なんかむかつくが、無条件で二〇〇〇円ももらえたのはよかった。きっとヴォイチンスキーは、おどろいたにちがいない。なぜかコミンテルンの会議にアナキストがやってきて、いけしゃあしゃあと自分の意見をいったかとおもえば、カネだけもらって口だしもさせようとしないのだから。こいつは排除しなくてはいけない。

その後、大杉が宿泊していたホテルに、亜洲和親会のころの友人が訪ねてきた。張継だ。かれとは一九〇八年の屋上演説事件で、大杉がつかまって以来の再会であった。中国に帰国した張継は、いまや国民党の要職についていた。大杉を訪ねてきたのは、孫文一行の先発隊として、広東に出発する前日であった。ふたりがなにを話したのかは不明である。しかし、とにかく再会を喜んだのだろう。どのような思想的変化があったのかはわからないが、張継はアナキストというよりも、国民党右派の立場にたっていた。一九二四年、第一次国共合作がなったさいには、はげしい共産党批判を展開して、共産党員の追いだしをはかっている。大杉とはまたちがった意味で、共産党と対決していたのである。旧友との再会もぶじにはたし、大杉は帰国することに決めた。一一月二九日、鎌倉の自宅にもどっている。

帰国後の大杉は、もう大忙しであった。日本社会主義同盟のたちあげにむけて動き、一九二〇年一二月には同盟を成立させている。一二月一〇日に、東京の神田青年館でひらかれた創立報告大会には、全国から三〇〇名の社会主義者があつまった。午後一時、五〇〇名の警官にとりかこまれ、ものものしい雰囲気のなかで、大会の開会が宣言されるが、即刻中止を命じられて解散させられてしまう。午後六時から講演会だけでもひらこうとするが、それも中止させられてしまう。この日、大杉は熱をだしていたため、マフラーで顔をぐるぐるまきにして会場にやってきたが、着くやいなや、警官にとりかこまれて、もっていかれてしまった。どうやら唐突に、「おれは大杉だ、おれは大杉だ」と叫んだらしい。なにをやっているのだろう。熱のせいだ。夜おそく、釈放された大杉は、鎌倉までの終電がないので、近藤の家にとめてもらおうとしたが、二人分も布団がないという。風邪の身にはこたえる。それならばということで、近藤といっしょに赤松克麿のいる東大新人会の合宿所を訪ねることにした。だが、本郷までいってみたものの、場所がよくわからない。そこで「アカマツ、カツマロ！　アカマツ、カツマロ！」と大声で叫んだ。すると、近所迷惑だからやめてくれといわんばかりに、赤松が飛びだしてきて、とめてもらえることになった。大杉栄、三五歳の夜である。

さて、二日後の一二月一二日、近藤栄蔵という共産主義者が大杉の家を訪ねてきた。大杉はコミンテルンのカネをつかって、第二次『労働運動』をたちあげようとしていたが、そのメンバーに共産主義者も加えようとしていた。それで、山川にたのんで、若手の共産主義者である近藤栄蔵を紹介してもらったのであった。近藤栄蔵は、大杉の人柄にひかれたようであり、この雑誌に参加することに決めた。友人の高津正道もさそっている。第二次『労働運動』は、一九二一年一月、このふたりに加えて、アナキストの大杉、伊藤野枝、和田久太郎、近藤憲二、中村還一、岩佐作太郎、久板卯之助、竹内一郎、寺田鼎を同人としてたちあげられた。当時、共産主義者はロシアのボルシェビキにちなんで、ボル派と呼ばれていたので、このときの大杉たちの路線はアナ・ボル協同と呼ばれている。大杉からすれば、思想のちがいを尊重しながらも、ひろく協同戦線をくんでいくということを意図していたのであるが、もちろんそううまくはいかなかった。内部からはおもいきり批判をくらい、村木源次郎にはからまれるし、久板も名前こそ同人につらねていたものの、運動の一線からはひいてしまった。

身内ばかりではない。まわりのアナキストからも、大杉は批判をくらうことになった。一九二一年四月には、吉田一や高尾平兵衛が雑誌『労働者』を創刊し、もっと純粋にアナキズムを追求するべきだとして、反大杉派の論陣をはりはじめた。なかでも、高尾は「老いたり矣――大杉栄君」という評論を発表し、大杉のアナ・ボル協同を軽挙妄動として批判している。大杉は、言葉では労働者の解放は労働者自身でやるべきだといっておきながら、結局、ボルシェビキと手を組んで、上から目線で労働者をおしえさとそうとしている。これではいっていることとやっていることがちがうではないか。アナキストはもっと徹底的に知識人排斥の姿勢をつらぬかなければならないというのであった。こうして、反大杉派の結集が呼びかけられているのであるが、しかしこの同人には岩佐も久板も望月桂も加わっていたし、和田も高尾とは親しかった。だから、大杉一派とかんぜんに決別していたわけではない。しかし、こうした若手アナキストたちの主張が、大杉を突きあげていたことはたしかである。しかも、第二次『労働運動』では、近藤栄蔵が「ボルシェビキ研究」を連載していたため、癇にさわったアナキストたちは、ますます大杉にたいする怒りを募らせた。大杉が孤立していく。

ちなみに、高尾は一八九五年長崎うまれのアナキストで、二〇歳のころ満州にわたり、馬賊のまねごとのようなことをやっていた。帰国してからはアナキストになり、一九二一年には黒瓢会というアナキストグループをたちあげているし、さらには先述した『労働者』を創刊している。しかし、どういうわけか、その後、一年くらいでボルシェビキに転向してしまい、一九二二年三月には、印刷労働者らとともにロシアにわたっている。帰国後は、一九二二年七月に結成された日本共産党にも加わり、自分は「ボルの外様」だといっていた。そして、こんどは逆に、ボルシェビキを批判する側にまわっていた大杉にたいして、「なぜ進行中の革命を擁護しないのか――大杉栄氏に問ふ」という質問状を送りつけている。ちょっと変わったひとだ。一九二三年六月、赤化防止団なるものがつくられていることを知ると、その団長であった米村嘉一郎の家を訪ねて、ボコボコにして帰途につく。しかし怒りくるった米村は、高尾の背後から拳銃を乱射し、高尾は即死してしまう。いっしょにいた吉田一も撃たれた。一命をとりとめたが、以後、運動からはしりぞくことになる。

はなしが横道にそれてしまったが、とにかく大杉は労働運動社内外のアナキストから批判されはじめていた。しかもこの時期、大杉は批判におうじるどころか、身体を壊して死にかけている。一九二一年二月一五日、大杉は肺結核を急激に悪化させて、聖路加病院に入院している。医師からは、腸チフスも併発させているかもしれないと診断された。実際のところ腸チフスではなく、結核の病巣がひろがったのであったが、大杉はこれで生死の境をさまよっている。このとき、伊藤は妊娠していて身動きがとれなかったため、ちょくちょく村木が看病にきていたようだ。容体が安定したのは、三月にはいってからである。退院したのは、三月二八日である。しばらくは絶対安静。四月には、ふたたび李増林がやってきて、また上海で国際会議があると告げられたが、大杉は動けない。代わりにということで、近藤栄蔵を紹介したが、ここで大杉はボルシェビキからうらぎられることになる。

実のところ、近藤は大杉に紹介されるまえから李と会っていた。コミンテルンからすれば、もはやアナキストである大杉に用はない。関心があるのは、日本でコミンテルンの手先になってくれる人物だけだ。李はあらかじめ近藤に接触し、日本のボルシェビキの代表をおくるように要請した。近藤は、堺利彦や山川均と相談し、コミンテルンの日本支部をつくることに決めた。そして、大杉にはまったく告げずに、五月七日、日本のボルシェビキの代表として上海の国際会議に出席した。運動資金として、六〇〇〇円もの大金をもちかえっている。しかし、ここで近藤は大失態をおかしてしまった。五月一三日、下関についた近藤は、汽車に乗りおくれてしまい、つぎの汽車を待っているあいだに、料亭にあがって酒をくらっていた。カネがあるので、芸者を呼んで騒いでいたらしい。すると、飲みすぎてしまって、つぎの汽車も乗りすごしてしまった。まじかよ。近藤は、自暴自棄になって購入済みのチケットを破りすてた。その素行をみていた私服警官は、なにかあやしいとおもい、その晩、芸者と寝ていた近藤をおそって署にひっぱっていった。なぜか六〇〇〇円ももっている。警官は、およそ一ヵ月ものあいだ近藤を拘束し、おもいきり絞りあげた。近藤はたえきれずにすべてを自白してしまう。そのカネは運動につかうなと怒られて、釈放された。さんざんだ。

さんざんだったのは、近藤ばかりではない。よく考えてみると、大杉のほうがひどい目にあっている。仲間内からはさんざんにこきおろされ、病気で死にかけたりして、身も心もぼろぼろだ。それでも近藤や山川を信じてつきあってきたのに、自分にはなにも告げずに裏でこそこそ動き、上海の会議にいったかとおもえば、警察につかまってぜんぶゲロってしまう。なんでこんな目にあわなくてはいけないのだろうか。ボルシェビキだけでコミンテルンと連絡をとりたいなら、そういってくれればよかったわけだし、いっしょにやりたいのなら、ちゃんとはなしをしてくれなければ困る。しかも気がつけば、まわりのアナキストや印刷労働者がロシアにこないかと誘われて、いった連中はみんなボルシェビキになって帰ってくる。七月もすぎたころ、ふらっと山川があらわれて、なんだろうとおもっていると、見舞金だといって二〇〇円だけおいていった。コミンテルンは一万円くれるといっていたし、近藤は六〇〇〇円もらってきたはずなのに、たった二〇〇円しかくれない。ドけちだ。近藤は顔もみせやしない。もうたくさんだ。こうしてアナとボルは決裂した。

ロシア革命とはなにか——めったにあてにならぬ奴でね

「今日はこれから仙台まで行くんだ」。こう言って大杉君は立ちあがった。

「しかし僕らがロシアにいたら、大体において、まああのとおりをやったろうな」。

大杉君は外套のボタンを掛けながらこう言った。

「そうさ、君があの時、あのひとたちのかわりにロシアにいたら、精密に同じことをやったろうな」。

「ナニ、精密に同じことはやらぬさ。プリンシプルがちがうから」。

「そのプリンシプルという奴が、めったにあてにならぬ奴でね」。

「めったにあてにならぬ奴でね」と大杉君は口真似のように繰りかえした。そしてすぐそのあとから、いつものとおりのいかにも罪のない、面白そうな、ヒ、ヒ、ヒ、という笑い声を残して、バスケットをさげて出ていった。


（山川均「大杉君と最後に会ふた時」『改造』一九二三年一一月）

これは一九二一年一一月一二日、大杉栄と山川均がかわした会話である。大杉が仙台で企画されていた講演会にいくまえに、大森にあった山川宅を訪ねたらしい。山川の回想によれば、ふたりは会うたびにロシア革命についての議論をたたかわせていたようである。ヒッヒッヒ。笑ってはいるが、大杉も山川も本気である。混乱期のロシアで、いきなりアナキズムの理想が実現されることはありえただろうか。ふたりともこう考える。おそらくないだろうと。もしかしたら、混乱をおさめるために強力な軍事力をふるう必要もあったのかもしれない。山川であれば、これをもってアナキズムのプリンシプルなどあてにならないというのだろう。独裁的な権力をまえにすれば、アナキズムの理想などもろいものだと。権力には権力をもってこたえなければならない。しかし、大杉にいわせれば、ボルシェビキのプリンシプルこそあてにならなかった。ボルシェビキは、アナキズムの理想を実現するためには、いちど自分たちが権力を掌握しなければならないという。だが、それはとんでもないまちがいだ。権力をにぎるといった時点で、アナキズムの理想なんてうしなわれているのだから。軍事力をもちいるにしても、パルチザンのように民衆の自発的な力をいかす方法だってありえたわけだし、軍事力自体に権力欲を芽生えさせるものがあるのだとしたら、それをいかにして捨てさればよいのかを徹底的に考えぬくことだってできたはずだ。そうした思考を放棄した時点で、ボルシェビキのプリンシプルはあてにならない。大杉も山川も、どちらもプリンシプルなんてあてにならないといったわけであるが、その意図するところは真逆なのであった。

さて、一九二一年一二月、大杉は第三次『労働運動』をたちあげた。同人は、大杉、伊藤野枝、近藤憲二、和田久太郎の四人だけである。内容としては、第二次『労働運動』とはうって変わって、こんどはアナキズムの立場を鮮明にし、積極的にボルシェビキ批判を展開した。とりわけ、大杉は一九一九年からロシアにわたっていたエマ・ゴールドマンやアレクサンダー・バークマンの情報を紹介することにいそしんだ。どちらも著名なアナキストであり、かつて幸徳秋水が渡米したときにはエマのグループと接触し、岩佐作太郎もアメリカに在住していたときにエマと会っている。大逆事件のさいには、日本大使館にたいして抗議行動をくんでくれた。また、伊藤にとってもエマの影響はひじょうに大きく、その著作である『婦人解放の悲劇』のなかでも、エマの論文をいくつか翻訳し、紹介している。大杉とのあいだにできた子どもにも、エマという名前をつけたほどだ。そんな縁のあるひとたちが、一九二一年にはいると当初のロシア革命支持をくつがえして、おもいきりロシア革命批判のキャンペーンをはっている。注目しないわけにはいかない。ふたりから続々とロシアのひどい状況が伝わってくる。

ロシア革命直後、アナキストは思想こそちがうけれども、ボルシェビキ政権を助けようとしていた。諸外国の軍隊が攻めこんでくるので、これには一致団結して立ちむかう。しかし、これをしりぞけたのちも、ボルシェビキは戦時下にしいた統制の手綱をゆるめようとしなかった。労働者、農民は食うにこまる状態だし、かれらには言論集会の自由さえ認められていなかった。とうぜんアナキストはこれに抗議したが、かれらは反革命分子として投獄された。ときには、なんの審議もなしに銃殺される。アナキストばかりではない。

一九二一年三月、ロシア革命の功労者であったクロンシュタットの水兵たちは、政治的自由を求めて決起したが、かれらもまた問答無用でボルシェビキの赤軍によって殲滅されてしまった。ほとんど虐殺にちかい状態であったという。しかも、おなじころ新経済政策（ネップ）がとられ、ふたたび資本主義が復活しようとしていた。農民にたいしては、あまった農産物の私的売買が認められ、働く意欲をひきだそうとしたし、中小企業にたいしては、個人経営を認めて、経営者のやる気をひきだそうとし、さらには国営大企業にたいしては、あらたに労働法をつくって、経営者に専制的権力をあたえようとした。大切なのは生産性であって、それに支障をきたすようなストライキは認めない。むろん、こうした経済政策で得をするのは、富農層や経営者だけだ。このころのロシアでは、資本主義のわるいところが、資本主義以上にあらわれていたといっても過言ではないだろう。

しかし、エマとバークマンの議論を紹介する大杉にたいして、ふたたび高尾平兵衛がいちゃもんをつけてきた。先述したように、大杉がアナ・ボル協同路線をとっていたころ、もっと純粋にアナキズムの立場をとれといっていた高尾は、このときすでにボルシェビキの立場に転じていた。一九二二年七月、高尾は労働運動社宛に「なぜ進行中の革命を擁護しないのか――大杉栄氏に問ふ」という手紙をおくりつけてきたのだった。論点はふたつである。ひとつは、日本であれロシアであれ、生産力の発展が不十分な現在において、一足飛びにアナキズムの社会に到達することはできないのではないかということである。まずはボルシェビキが権力をにぎり、国力を高める。万事はそれからだと。もうひとつは、資本主義という共通の敵があるにもかかわらず、味方同士で争うのはどうだろうかということである。大杉にしてもエマにしても、感情がさきばしりしすぎだ。協同戦線のまえに、いっさいの感情を水に流しましょうというのであった。

この手紙をうけとって、大杉は長いあいだおさえてきた感情を爆発させてしまった。ふざけんな。大杉は、九月号の『労働運動』に手紙の全文を掲載し、「生死生に答える」と題して反論を加えた。

一足飛びに天国に行けるかどうかは僕も疑う。しかし無政府主義へ行くにはまず社会主義を通過しなければならぬとか、ボルシェビズムを通過しなければならぬとかいうことは、僕は無政府主義の敵が考え出した詭弁だと思っている。

ロシア革命の最初の頃には、レーニンを始めボルシェビキどもはよくそんなことを言った。日本でも共産主義の最初の宣伝時代にはよくそんなことを聞いた。が、ひとおりその効果を見たあとでの、彼等の無政府主義者に対する態度はどうか。彼等はまるで資本家の次はこんどは無政府主義者だというような具合じゃないか。

「全生産力の不十分な現在から一足飛びに」などというもっともらしいような経済論も、僕はちっとも信用しない。が、そんな議論は、こんな雑誌の一ページや二ページで尽きることではない。詳しいことはいずれまた論ずることとして、とにかく僕は無政府主義の即時実現を信ずるものであるということだけを明らかにしておく。

（大杉栄「生死生に答える」『労働運動』一九二二年九月、『全集』第七巻）

これがひとつめの問いにたいするこたえである。そもそも、ただしい経済発展の結果として、人類相愛の理想社会がもたらされるという発想がおかしい。ボルシェビキだけがその方法を知っていて、まよえる子羊たちを善導することができるといっているだけなのだから。とおい将来のためにとかいっている時点で、もう終わっている。いまこの場で、あらゆる支配関係を破棄しなくてはならない。アナキズムは、即時実現しうるものである。ここではふれられていないが、大杉がこうしたはなしをするとき、マフノ運動が念頭におかれていた。ロシア革命直後、反革命軍や諸外国の軍隊とたたかっていたのは、ボルシェビキの赤軍ばかりではない。ネストル・マフノという青年が、ウクライナの農民をひきいてパルチザンを展開し、侵攻してきたドイツ軍やオーストリア軍を追い払ったのは、ひじょうに有名なはなしである。この功績から、いまでもマフノはウクライナの英雄としてたたえられており、またマフノのパルチザンは、マフノ運動と呼ばれてひろく知られている。大杉が注目したのは、そのなかにアナキズムの理想がかいまみられたからである。

マフノビチナ〔マフノ運動〕とは、要するに、ロシア革命を僕等のいう本当の意味の社会革命に導こうとした、ウクライナの農民の本能的な運動である。マフノビチナは、極力反革命軍や外国の侵入軍と戦ってロシア革命そのものを防護しつつ、同時に民衆の上にある革命綱領を矯正するいわゆる革命政府とも戦って、あくまでも民衆自身の創造的運動でなければならない社会革命そのものを防護しようとした。マフノビチナは、まったく自主自治な自由ソヴィエトの平和な組織者であるとともに、その自由を侵そうとするあらゆる敵に対する勇敢なパルチザンであった。

（大杉栄「無政府主義将軍」『改造』一九二三年九月、『全集』第七巻）

マフノは、一八八九年、ウクライナのグーリャイ・ポーレ村で貧農の子としてうまれた。ペンキ工をなりわいとしていたが、一九〇六年、一七歳のころからアナキストの友人とつるみ、富裕層の金品を強奪しはじめた。一九歳のころには、警察官を殺そうとおもって、テロを決行するが失敗し、絞首刑をいい渡されている。しかし、このときは未成年だからということもあって、無期懲役に減刑された。一九一七年、ロシア革命がなると恩赦で釈放となり、地元に帰って労働者、農民のソヴィエトをたちあげ、そこの議長になったりしていた。一九一八年三月、ドイツ、オーストリア軍がウクライナを占領すると、マフノは六人の仲間とともに武器をもって立ちあがり、戦闘を繰りひろげながら近隣の農村をまわって、各地にパルチザンの小集団を組織していった。その年の暮れまでには、マフノ軍は五〇〇〇人にもおよんでいたという。たたかいのなかで、マフノはその軍事的才能をあますところなく発揮し、またたくまに数千人の敵を打ちたおした。かれは神出鬼没で、地の利をいかしたたたかいかたをしていた。ときには敵兵の軍服を着こみ、相手の内側から攻撃をしかけることもあったし、ときには畑をたがやしているふりをして、土のなかに武器をかくし、野良仕事をよそおっておきながら、とつぜん敵軍におそいかかるということもあった。マフノは、自分たちが正規兵ではなく、半分農民であるという特性をフルにいかしたのであった。

マフノの軍隊は、ふだん農民である。敵兵に攻めこまれたときだけ、身を守るためにパルチザンとして結集する。各村には、自由な選挙をつうじてソヴィエトが設置され、そこで村の生活のことが決められる。どうやら政党を排除して、党派的な政治がおこなわれないように工夫していたらしい。地主の土地は没収され、すべてが平等に分配される。農民は一人ひとり、あるいは共同で土地を耕作する。マフノはグーリャイ・ポーレの近隣地域で、そうしたソヴィエトのネットワークをつくりあげていた。だが、こうした自治をボルシェビキは認めない。中央から命令をくだしてもいうことをきかないからだ。当初、諸外国の干渉をしりぞけるために、マフノ軍と手をむすんでいたボルシェビキであったが、諸外国が撤退のかまえをみせはじめると、すぐさま同盟を破棄してしまった。一九一九年五月にはウクライナに赤軍が攻めこんでいる。しかし、マフノ軍の抵抗はすさまじく、赤軍はよういに勝てなかった。一九二〇年一〇月、ふたたび反革命軍が勢いを増していることを知ると、赤軍はマフノ軍に同盟をもちかけた。マフノ軍はこれをうけて、激戦のすえに反革命軍を打ちとったが、もうボロボロであった。それをみていた赤軍は、すかさず同盟を打ちすてて、マフノ軍におそいかかった。マフノ軍の将校は、ほとんどが投獄されるか、射殺されるかした。マフノはひとり傷を負いながらも逃げきり、一年ちかくウクライナをさまよったのち、ドニエプル河をわたってルーマニアにはいった。それからしばらくして、パリに亡命している。

ちょっとマフノのはなしが長くなってしまった。とにかく、大杉はマフノを紹介することをつうじて、どんな混乱期にあっても、どんなに工業化がすすんでいない地域であったとしても、いつでもどこでもアナキズムの理想を実現することはできるといいたかったのである。もちろん、いま現在からしてみれば、パルチザンに依拠してみたところでうまくいったかどうかはわからない。ほんとうのところ、その軍隊が下から組織化され、複数の小集団のネットワークによってなりたっていればいるほど、そのぶんだけ全体を統率するために、強力なリーダーシップが必要になる。憎たらしい政府軍を打ちたおし、政権を掌握したとしても、そのあと軍の指導者がさらなる独裁的権力をふるってしまうということはよくあることだ。とはいえ、その過程で権力をとること自体を否定したり、権力を手ばなすための工夫をしたりすることだってできる。すくなくとも、マフノ運動はその実験のひとつであった。大杉は、そうした実験的な性格もふくめて、マフノ運動のなかに真のロシア革命の契機をみいだしていたのである。

さて、高尾からのふたつ目の質問にたいする回答にうつろう。なぜ、資本主義という共通の敵にたいして、協同戦線を組もうとしないのか。

しかし、僕は今ここで僕の愚痴を述べたくはない。ただ最初僕は誤まってボルシェビキとの協同の可能性を信じて、それを実行して、そして見事に彼等から背負い投げを食らわされたという僕の愚を明らかにして、後にくるひと達の戒めにしておけばいいのだ。

僕は今、日本のボルシェビキの連中を、たとえば山川にしろ、堺にしろ、伊井敬にしろ、荒畑にしろ、みなゴマのハイのような奴等だと心得ている。ゴマのハイなどとの協同は真平ら御免蒙る。が、ここにまだ付け加えて言っておきたいのは、奴等が本当に資本家階級と闘う時には、ぼくだってやはり奴等と同じ戦線の上に立って、協同の敵と戦うことを辞するものでないことだ。

（前掲、大杉栄「生死生に答える」）

協同戦線うんぬんをいうのであれば、うらぎったのはボルシェビキのほうだ。せっかくいっしょにやろうと誘ったのに、日本のボルシェビキたちはこちらの思想の自由さえ認めてくれない。コミンテルンとのパイプ役もつとめてやって、面とむかって話せる場ももうけていたのに、裏でこそこそと動かれて排除されてしまった。アナキストとは意見がちがうからだという。背負いなげだ。うそつき、うそつき、もう信じない。それでもアナキズムを実践していくうえで協同できることがあればともおもっていたが、エマやバークマンからはいってくる情報をみていると、ロシアのボルシェビキが日本とおなじことをやっていて、しかももっとひどいということがわかってきた。そもそも政治的表現の自由が認められず、ロシアでボルシェビキ批判でもしようものなら、投獄されて殺されかねない。そんなのただの反革命じゃないか。大杉のロシア革命批判は、つぎの言葉に集約されている。

真相はだんだんに知れてきた。労農政府すなわち労働者と農民との政府それ自体が、革命の進行を妨げるもっとも有力な反革命的要素であることすらがわかった。

ロシアの革命は誰でも助ける。が、そんなボルシェビキ政府を誰が助けるもんか。

（前掲、大杉栄「生死生に答える」）

アナ・ボル論争――権力をとるか、気分をとるか？

一九二二年二月五日、大杉栄は和田久太郎、近藤憲二、岩佐作太郎、渡辺満三とともに、福岡県北九州市にやってきた。八幡製鉄所罷工記念演説会の応援にかけつけたのである。二年前のこの日、浅原健三ひきいる日本労友会が八幡製鉄所でストライキを打った。参加人数はおよそ二万人、五日間にわたって溶鉱炉五基すべてがとめられ、三八〇本の煙突からぴたりと煙がとめられた。大ストライキである。ストライキは第二波にもおよび、二月下旬にもしかけようとしたが、会社側はロックアウトで対抗。工場の門前には、警察、憲兵隊、右翼、暴力団が立ちならび、労友会は力でねじふせられてしまう。結果として、二二四人がクビになり、浅原もふくめて組合幹部三〇人が逮捕起訴された。浅原は、四ヵ月の懲役をくらっているし、労友会も壊滅してしまっている。ようするに、かんぷなきまでにたたきのめされたのである。くやしい。しかし、溶鉱炉の火を消したときの、あのよろこびは忘れられない。浅原たちは、毎年二月五日に記念集会をひらくことに決めた。大杉たちがやってきたのは、その二回目の集会である。一九二〇年のストライキでは、友愛会が支援にあたっていたのだが、いざ死にものぐるいでやってみると、大杉たちのいっているることのほうがピンとくる。だから、浅原は記念集会にあたって友愛会ではなく、大杉にきてくれないかと声をかけたのであった。

この日、大杉たちは警察にみつからないように、こっそりと行動していた。大杉がきていることがわかると、警備体制がものものしくなり、演説会自体が中止にさせられてしまうこともあれば、会場にはいるまえに大杉が拘束されてしまうということもあったからだ。午後六時。会場の友楽座にはあふれんばかりのひとがはいっていて、身動きもとれないほどだ。どこからともなくウァーウァーっと声があがり、やたらと熱気に満ちている。大杉たちは、その聴衆のなかにまぎれこんだ。もちろん、聴衆には大杉がくることは知らせていない。演説会がはじまり、旧労友会の幹部がはなしをはじめる。三人目の浅原がしゃべりはじめると、国粋会という右翼団体が壇上をとりかこみ、野次をとばしはじめた。すると、浅原は機転をきかせて、じゃあ一〇分やるから好きなことを話しなよといって、壇上にあげる。しかし、右翼はしゃべることがないのでもじもじしてしまう。会場からは、反動ひっこめとすさまじい野次だ。右翼はそそくさと退場してしまった。

それでは聴衆からもということで、和田が壇上にあがり、つづいて近藤がしゃべった。どちらも素性がばれないように、名前をふせて飛びいりでしゃべるという形式をとった。そして司会者がわってはいり、会場にこう告げた。「ただいま東京から駆けつけた、わが国無政府主義の巨頭、大杉栄君を紹介します」。聴衆は、一瞬、ぼうぜんとしていたが、しばらくしてわれわれにもどり、あらしのような拍手がまきおこった。登壇した大杉を浅原や近藤、そして三〇名あまりの同志がとりかこんだ。右翼や警察から防衛するためだ。気迫におされたためか、国粋会の連中はなにもいわない。大杉が「わたしが大杉栄でありまず」と口火をきると、会場からは「ほんものですか」と声があがった。大杉が「イヤ、まったくほんものです。ちかごろ、にせものの大杉が所々を徘徊するが、けれども、僕はほんものである」というと、会場がどっとわいた。やばい、気持ちいい。それからゆっくりとこんなことをしゃべったという。

僕が十年前当地を通過したとき、汽車の窓から幾百となく突っ立った巨大な煙突を見て、友人とともにこの煙が労働者の手によって一日でも止められたなら、僕は死んでもいいと話したことがある。一昨年、僕が獄中で寒さに苦しんでいたとき、突然八幡の煙が止まった、同盟罷工が勃発したとの報知があった。五年前までは、労働運動はあまり重大視されず、暖簾に腕押しの状態であった。諸君も五年以前には決してこの煙を止め得るとは考えなかったであろう。しかるに今日では、この煙が止まったくらいで死んでもいいと言えば、諸君は笑うであろう。それまでに運動は進んだ。

わが国の労働運動は、米騒動をもって、新紀元をかくし、労農ロシアの革命によって刺激され、影響されるところが少なくなかった。

（大杉栄「八幡罷工記念演説会における演説」『労働運動』一九二二年三月、『全集』第六巻）

四〇分くらいしゃべったところで、警察に中止を命じられてしまったが、それでも大杉にとっては最長記録であった。つづいて岩佐が登壇し、ぶじに演説会をおえた。やはり秘密裏に動いたのが功をそうしたのだろう。ひとりの逮捕者もださず、しゃべりたいこともしゃべれて大成功であった。大杉にとって、このときのうなるような歓声は生涯忘れられないものになったようだ。生涯といっても、大杉は翌年死んでしまうのであるが、その直前まで北九州に労働運動社の拠点をつくろうと動いていたようだ。

さて、五月七日、大杉は東京に帰る途中、大阪に立ちよった。大阪に常駐していた和田が企画して、大阪の主要な活動家をあつめ、大杉をかこむ懇談会をもよおしたのである。この懇談会には、およそ三〇名があつまり、武田や逸見直造、岩出金次郎、大串孝之助、山田正一、倉地啓司のようなアナキストはもちろんのこと、野田律太や鍋山貞親、三田村四郎のような総同盟系のボルシェビキも参加していた。大杉は、アナ・ボルの思想対立によって労働運動が弱体化するのは敵を利するだけだといい、なんとか協同できないものかといったらしい。日本ではどうしたら革命をおこせるのかという質問にたいしては、理論やイデオロギーではない、行動だ、本気がつたわれば、その行動がまた行動を呼びおこすのだと熱弁をふるった。

　この時点で、大杉は東京のボルシェビキとはケンカをしているのであるが、ストライキに夢中になっている若手の労働運動家とは、いっしょにやれるとおもっていたのだろう。実際、野田がやっていた野武士組は、アナキストともみまがうほどである。ストライキ慣れした輩たちが、小集団をつくり、ストライキときけば、そこに駆けつけてあばれまくる。和田は、この野武士組に心躍らせ、『労働運動』にも記事をかいている。野田たちにも、大杉や和田に共感するところがあったのだろう。もっとじっくり話せればよかったのだが、それからすぐに警察がふみこんできて、全員つかまってしまう。しかし、このときの会合が大阪で総連合結成の気運を高めることになった。

　先述したように、一九一九年からもりあがりをみせていた日本の労働運動は、総同盟系と非総同盟系の労働組合とでわれていた。総同盟は、もともと友愛会と名乗っていた労働組合であり、日本最大のナショナルセンターである。ＩＬＯ国際会議の代表選出問題をきっかけとして、従来の労資協調の立場をあらため、階級闘争をかかげるようになっていたが、それでも組合幹部が権力をにぎり、下々のものに命令をくだすという旧態依然とした性格は変わっていなかった。いちど傘下にはいってしまうと、個々の労働組合は独自の動きをすることができなくなってしまう。とうぜん、反発する労働者も多い。その反発を代表するような動きをしていたのが、信友会と正進会であった。これらの労働組合では、なによりも労働者の自発性がおもんじられ、労働組合同士も、それぞれの個性を尊重するべきだとされていた。

もちろん、友愛会のようにあいいれない労働組合もあったが、大きな行動をうつために手をたずさえるときもあった。たとえば一九二〇年五月二日、信友会と正進会は友愛会に声をかけ、ともに日本初のメーデーを企画した。上野公園の会場には、およそ二〇〇〇名があつまり、友愛会の鈴木文治を司会として集会がもよおされた。鈴木が、治安警察法第一七条の撤廃や、失業の防止、最低賃金法の制定をかちとろうと宣言すると、みんなこれに賛成し、その後、緊急動議として、信友会が八時間労働の実現を、啓明会が公費教育の徹底を提起すると、いずれも異議なく可決された。集会が終わると、いつもながら自然発生的にデモがはじまり、阻止しようとする警官と大乱闘になった。気持ちがいい。ふだんは温厚な鈴木でさえ、警官ととっくみあいのケンカをしていたという。

ちなみに、緊急動議をした啓明会は教員組合であり、代表の下中弥三郎は「教育は国民の権利にして国家の義務である。宜しく大学までの修学費を公費として社会における各人の出発点を同一にするべきである」と発言したという。ようするに、日本初のメーデーで、高等教育の無償化がうたわれたのである。教員組合の姿勢としては、いまよりもはるかにラジカルだったのかもしれない。そして、この下中がメーデーだけではもったいないから労働組合の協同戦線をつくらないかと提案し、一九二〇年五月一六日、労働組合同盟会が結成されることになった。ぜんぶで一四の労働組合が参加し、東京のほとんどの労働組合を網羅していた。しかし、この協同戦線は長つづきしなかった。翌年のメーデーのあと、一方的に友愛会が脱退を通知してきたのである。ただでさえ、ストライキが激化していくにつれて、若手の活動家がアナキズムにひかれていく。そのうえ信友会や正進会の活動家とつるみはじめでもしたら、もうとりかえしがつかない。悪影響をさけるためにも、関係をたたなくてはならないと考えたのであった。

しかし一九二二年四月一二日、総同盟関西同盟会大会の場で、もういちど労働組合の全国的総連合をつくろうという提起がなされた。大杉をかこんだ懇談会の効果もあったのかもしれない。「名実伴ぅ全国的総同盟が組織されるならば現総同盟の解体をも辞せず」と決議されたらしい。五月八日には、総同盟中央委員会でも採択され、東京でもふたたび労働組合の結集が呼びかけられることになった。これにたいして、労働組合同盟会の側でも、全国的総連合をつくろうという議論がすすんでいた。そこで、五月半ばから、総同盟と労働組合同盟会は協議をかさね、一九二二年九月三〇日、大阪の天王寺公会堂で総連合創立大会がひらかれることになった。だが、大会は総連合の組織化の方法をめぐって、おおもめにもめることになった。とりわけ、総同盟の組合員にボルシェビキが多数加わっていたということもあって、アナキストの多い信友会や正進会との対立が鮮明になった。もともと総同盟の幹部たちは、社会主義者を毛嫌いしていたのだが、アナキストとやりあうために、積極的にボルシェビキの議論をとりいれたのである。

争点は、ただひとつ。理事と代議員の選出方法であった。総同盟によれば、理事は少人数にするべきであり、選挙で決定するべきであった。理事が常駐スタッフのように動き、年に一回だけ、全体の方針を決めるために大会をひらく。大会には、代議員が参加することとし、その選出方法は各組合の人数に比例するものとする。とうぜんながら、理事会にしても大会にしても、はじめから組合員数の多い総同盟が有利になる。そのトップが権力をにぎり、下々のものへと命令をくだしていく。中央集権方式。それこそがもっとも効率的で、強力な組織化の方法だというのであった。これにたいして、労働組合同盟会は、一組合一理事でいくべきだと主張した。そうしなければ、すべての労働組合の意志を反映することなんてできないと。総同盟からしたら、そんなことをすれば、理事の人数がおおすぎて常駐スタッフをおけないし、こまごまとした事務もこなせない。だが、労働組合同盟会からすれば、そもそも常駐スタッフも、日常的な事務も必要なかった。なにか問題がおこったときに、その地域であつまれる労働組合があつまり、問題解決にあたればいい。必要とあれば、全国的な支援を求めればいいわけだし、あとはいつでも連絡をとりあうことさえできればいい。それを自由連合方式と呼んだのであった。

この総連合創立大会には、一〇六名もの代議員が出席し、代議員ひとりにつき三名の傍聴人がおけるとのことだったので、大杉や近藤、和田も傍聴にきていた。もちろん、山川均や堺利彦、荒畑寒村も傍聴にきていたし、鈴木文治や賀川豊彦のような労働運動家もきていた。日本中の名だたる活動家が、一堂にかいしていたのである。大会は、午後一時に開会したのだが、前記のただひとつの問題が解決できず、いくら話してもまとまらない。午後八時にもなると、つかれのためだろうか、野次の怒号が飛びかうなかで、乱闘騒ぎがおこってしまった。すかさず警察が介入し、解散を命じられてしまった。このさわぎのどさくさにまぎれて、大杉や荒畑、山川、堺は、みんな警察にもっていかれてしまった。これはもうだめだ。大会は決裂。総連合創立はそのまま流れてしまった。よほどショックだったのだろう。大杉は、この大阪で風邪をこじらせ、東京にもどってから一ヵ月ちかく寝こんでしまう。

大会決裂後、大杉はもはやなんの気がねもないといわんばかりに、はげしく総同盟を批判した。総同盟がいっていることは、中央集権であり、組合帝国主義であり、ボルシェビキの独裁そのものであると。大杉は、その理論的支柱であった山川をたたいている。なんといっても、大会直前に発表された山川の「無産階級運動の方向転換」は、まさに自由連合派の労働運動を否定するために書かれたような文章だったからである。

日本の無産階級運動―社会主義運動と労働組合運動―の第一歩は、まず無産階級の前衛たる少数者が、進むべき目標を、はっきりと見ることであった。われわれはたしかにこの目標を見た。そこで次の第二歩においては、われわれはこの目標にむかって、無産階級の大衆を動かすことを学ばねばならぬ。無産階級の前衛たる少数者は、資本主義の精神的支配から独立するために、まず思想的に徹底し純化した。それがためにはは前衛たる少数者は、本隊たる大衆を、はるかうしろに残して進出した。今や前衛は敵のために本隊から断ち切られる憂いがある。そして大衆をひきいることができなくなる危険がある。そこで無産階級運動の第二歩は、これらの前衛たる少数者が、徹底し、純化した思想をたずさえて、はるかの後方に残されている大衆の中に、ふたたび、ひきかえしてくることでなければならぬ。なお資本主義の精神的支配の下にある混沌たる大衆から、自分を引き離して独立することが、無産階級運動の第一歩であった。そしてこの独立した無産階級の立場に立ちつつ、ふたたび大衆の中に帰ってくることが、無産階級運動の第二歩である。「大衆の中へ!」は、日本の無産階級運動の新しい標語でなければならぬ。

（山川均「無産階級運動の方向転換」『前衛』一九二二年七月）

これまで、日本の社会主義者は少数精鋭であった。議会政策はあてにならないし、労資協調はなまぬるい。かんぜんに資本主義を離脱しようとしてきたのであった。もちろん、これで思想的に純化されるのであるが、しかしその一方で、資本主義にうたがいをもっていない大多数のひとびとからは孤立してしまう。これではだめだ。社会主義者は、自分たちがすすんだ前衛であることを自覚しなくてはならない。おくれた後衛たちによりそって、ただしい進路を示してやらなくてはならない。なにをすればいいのか。それをおしえさとすのが、社会主義者の政治である。それなのにアナキストときたら、いまだに政治はいらないの一点張りだ。まるで警官と乱闘を繰りひろげ、パクられることが社会主義者のあかしであるかのようだ。いいかげんに大人になれ。ひとりよがりに気分よくなろうとするのはもうやめよう。それが山川の提起したことであった。

では、どんな政治をやるべきなのか。山川によれば、それが中央集権制なのであった。ふだん労働者が望んでいるのは、賃上げや時短などの労働条件の改善である。それをかちとるためには、資本家を圧倒するような戦闘力をもたなければならない。工業化がすすむにつれて、資本家の権力は絶大になっている。資金力も増しているし、工場内の規律も徹底されるようになっている。労働組合が物質的な圧力で対抗するのは、とてもむずかしいことだ。だが、それでもやるのだとしたら、資本家の力をそっくりそのままいかすしかない。大工場を組織化すれば、その人数はハンパないものになるし、工場で鍛えられた規律をいかせば、労働者を迅速に動かすことができる。あとは、資本家に代わって、組合幹部が命令をくだすだけのことだ。労働組合のテーラー主義化。山川は、この中央集権的な政治をつうじて、「一般組合員の戦闘意志と力とをもっとも正確にもっとも敏速に反映することができると主張したのであった。

これにたいして、大杉は労働運動にとって気分以上に大切なものは、なにひとつないと主張した。労働運動の目的は、資本主義からただしく離脱しようとかそういうことではない。労働者はただ、他人によって自分の生きかたが決められてしまうことがいやなのだ。いつもまわりの評価が気になって、好きなこともやれやしない。まわりにあわせて、自己規制して動くことがあたりまえになってしまう。それがいやなのだ。考えれば考えるほど、イライラして腹の虫がおさまらなくなってくる。

非友愛会側の諸労働組合が大会決裂のすぐあとで、その『全国の労働者諸君に告ぐ』の中に言ったように、「真の労働者が、他人の束縛を欲しない気持ちを、心のドン底に持っている以上、いかなる労働運動も、この気持ちを土台にしなければならない」。「労働者が常に感ずるように、職長、組長、あるいはそれ以上の権力者に監視されるところの束縛をのがれて、いかなるところにおいても真の人間として行動したいという欲求を土台に、われわれの運動を進めて行きたいのだ」。これが新しい労働者の持つ気分の根本なのだ。

そしてこの気分の上から、彼等は個人の人格を強調し、組合の人格を強調して、その総合によってその力の強大を得ようとしているのだ。合同論のある労働者等が誤解するようには、自然にその総合を待つのではない。組織によって、連合の組織によって、それを促進させようとしているのだ。

（大杉栄「労働運動の理想主義的現実主義」『改造』一九二二年一二月、『全集』第六巻）

大杉にとって、前衛とか後衛とかというものは存在しなかった。あるのは気分それだけだ。遊びに夢中になって、われを忘れたその気持ち。遊ぶために遊ぶその気持ち、楽しむために楽しむその気持ち。ただ純粋にその気持ちの高ぶりを喜びたい。子どものころから、ずっとそうすることが大事だとおもってきたのに、大人になって働きはじめたら、みんなそんなことはくだらないとかいいはじめる。なんでもかんでも、カネもうけにつながらなくてはならないとか、社会的地位の向上につながらなくてはならないとか、そんなことをいってばかりだ。もうたえられない。工場であばれる、警官に殴りかかる。うれしい、楽しい、気持ちいい。それが労働運動のアルファであり、オメガであった。前衛の導きによって、遠い将来のためにどうこうとかそういうことではない。いまこの場で、他人の束縛をふりきって、自分の気持ちをおもいきり表現したい。総同盟系の労働組合とも手を組みたいとおもったのは、その解放感をもっと大勢とわかちあいたいとおもったからだ。逆に、労働組合であったとしても、それが労働者を束縛するものでしかないのであれば、そんなものは資本家と変わらない。ただの敵だ。気分の労働運動。ボルシェビキにはもうこりた。友だちがこいしい。

第六章　アナキストの本気

「杉よ!眼の男!更生の霊よ!」
大地は黒く汝のために香る。

（中浜哲「杉よ!眼の男よ!」『労働運動』一九二四年三月）

大杉栄、フランスにいく

一九二二年一一月二〇日、大杉栄のもとに、フランスのアナキスト、コロメルから手紙がとどいた。翌年の一月末から二月にかけて、ベルリンでアナキストの国際会議をひらくから、ぜひこないかという誘いである。これにさきだつこと、一九二二年九月一五日、スイスのジュラ地方にあるサン・ティミエという小都市で、アナキストの国際会議がひらかれていた。サン・ティミエ大会五〇周年記念会議である。この会議には、フランス、ドイツ、イタリア、スイス、中国などから、およそ一五〇名があつまり、今後のアナキズム運動についての意見がかわされた。イタリアからは、古くからの闘士であるマラテスタも参加していた。議論はおおいにもりあがったようで、フランス代表のコロメルが、今回は参加者もすくないし、もういちど国際会議をひらかないかと提案すると、これにマラテスタも賛成し、翌年にも会議がもたれることになった。

ちなみに、この五〇年前にあたる一八七二年九月には、バクーニンが第一インターナショナルから追放されていた。運動方針をめぐって、マルクスと大ゲンカし、たたきだされたのである。これに反発したアナキストたちは、サン・ティミエで大会をひらき、自分たちの主張を宣言としてまとめあげた。

一、あらゆる政治権力の破壊が、プロレタリアートの第一の義務である。

二、この政治権力の破壊をもたらすために臨時革命政権と称する政治権力を組織することは、すべて、より一層欺瞞的であり、現存する政府同様、プロレタリアートにとって危険である。

三、万国のプロレタリアートは、あらゆるブルジョア政治から離れて、革命運動の連帯につとめなければならない。[48]

反政治の徹底。第一インターナショナルでは、マルクスがプロレタリア独裁とかいって、革命のためには一時的に政治権力をにぎる必要があるといっていたが、そんなのはぜんぶうそだ、政治は支配の道具にほかならない、あらゆる政治を、あらゆる権威を破壊するべきであると、そう訴えかけたのである。こののち、宣言に賛同したアナキストたちが、反権威派インターナショナルとして結集することになる。そして、一九二二年九月に呼びかけられた会議は、このサン・ティミエ大会の五〇周年を祝ったものであった。状況は、いくぶん五〇年まえに似ている。ロシア革命直後、アナキストたちは革命にたいする支援をおしまなかったが、ひとたび革命が成功すると、ボルシェビキはプロレタリア独裁を主張し、くちうるさいアナキストを弾圧しはじめた。しかも、ボルシェビキは、コミンテルン（第三インターナショナル）やプロフィンテルン（赤色労働組合インターナショナル）を組織し、国際的なネットワークを強化している。まわりにいたアナキストや労働運動家のなかには、これになびいてしまうものもあらわれた。なんとかしなくてはいけない。ボルシェビキとは一線をかくしたアナキストのインターナショナルをつくろう。そこで、コロメルたちは、この五〇周年記念会議をきっかけとして、定期的にアナキストの国際会議を呼びかけていこうとしたのである。

さて、コロメルから手紙をうけとった大杉は心を躍らせていた。いきたい。日本でもボルシェビキとの対立を深め、アナキスト独自のネットワークをたちあげようとしていたときである。海外のアナキストがどんなことを考えているのか、情報交換をしてみたい。フランスとかドイツとか、ふつうに海外旅行だとおもっても楽しそうだ。そばにいた近藤憲二にも話してみると、興奮しながらそれはぜひいってみたほうがいいという。問題は、カネとパスポートだ。隠密行動だし、中国あたりで偽造パスポートでもつくって、こっそりヨーロッパに渡ろう。ひとまず、その手配は山鹿泰治にたのんだ。かれは中国人アナキストとつるんでいたから、そのツテでなんとかしてもらおうとおもったのである。あとはカネだ。とうぜん手元にはまったくない。借金まみれで、家族の生活費にも困るくらいだ。とりあえず、大杉は友人の小説家である有島武郎のもとにいってみた。有島はアナキズムのシンパで、よく運動のためにカネを融通してくれたりしていた。なにより、かれは生まれながらの金持ちだ。事情を話すと、有島は即答でいいよという。いくら欲しいのかと聞かれたので、大杉は一〇〇〇円あればなんとかなるというと、それでは心もとないだろうといって、一五〇〇円くれた。ありがとう。そうおもって帰宅してみると、これまで借金をしてきたところから督促がきている。まあカネもはいったしとおもって、ジャンジャン払っていると、気づいたらまたスッカラカンになっていた。どうしよう。とほうにくれて、実業家として知られる武藤山治の息子、武藤重太郎を訪ねてみた。かれもちょくちょく文化人や左翼に資金援助をしてくれることで有名であった。いってみると、やはり即答でいいよという。一〇〇〇円くれた。カネは自分で稼ぐものではなく、他人からもらうものだ。これでいける。

一九二二年一二月一一日、大杉は尾行をまいて東京駅にいき、そこから神戸にむかった。どうも数日間、熱をだして寝こんでいるふりをしたり、当日もちいさなトランクをもってでかけたりして、尾行を油断させていたようだ。近所にいくふりをして、とつぜんタクシーに乗り、東京駅へとむかう。そして、東京駅で待っていた和田久太郎から、荷物のはいった風呂敷袋をうけとると、さっと列車に飛び乗った。列車にのると、大杉はすぐに洗面所にはいり、ヒゲをそった。大杉は、ヒゲがトレードマークだったので、それをそるだけでおおいに変装になった。神戸に着くと、そこから上海行きの船に乗り、一二月一七日には無事に上海に到着している。上海に着くと、大杉は山鹿がコンタクトをとっていた中国アナキズム連盟のメンバーを訪ねている。とりわけ鄭佩剛と交流し、ベルリンの会議に出席する中国代表がフランス留学中の章警秋であることをおしえてもらったり、フランス在住の中国人に紹介状を書いてもらったりした。いちどフランスにはいって、章たちと意見をかわし、タイミングをみはからってベルリンに渡る。ちなみに、大杉は『近代思想』をやっていたころ、師復という中国人アナキストと文章のやりとりをしていたが、鄭はその師復の弟子であり、師復の妹を妻としていた。そういう意味では、もともと関係があったのである。

上海には、すでに山鹿もやってきていて、大杉のパスポートを入手しようと必死に動いていた。しかし、なかなかうまくいかない。その間、大杉は一ヵ月ほど上海にとどまり、鄭らと会談をかさねることにした。詳しい内容はわからないが、中国にくるまえ、大杉は日本の同志たちにむかって、中国には国民党やその他の政治団体にはいりこんで活動しているアナキストが数多くいる、基本的にアナキズムは反政治をつらぬくべきだと考えているが、中国には中国なりの事情があるのだろう、それぞれの立場を尊重しあいたいと述べていたらしいから、そういった趣旨のはなしをしたのだろう。ようやく偽造パスポートが完成したのは、一二月下旬のことだ。中国人アナキストが領事館にしのびこみ、他人のパスポートを盗みだして、そこに大杉の写真を貼りつけた。忍法だ。一九二三年一月五日、大杉はマルセイユ行きの船に乗った。

このときの船旅は、とても楽しかったようだ。伊藤野枝宛の手紙をみると、ベトナムに寄港したとき、バナナをたくさん買いこんで、毎日、たらふく食べていたようである。こんなにうまいものを毎日食べただけでも、日本からきたかいがあると書いてある。たしかにバナナはうまい。このとき、大杉はひとのよいロシア人夫婦と出あって仲好くなっている。その夫が高齢であまり動けなかったため、夫人のマダムNと親しくしていたようだ。毎日、二時間ほど日本語をおしえて、その代わりにフランス語の会話をしながら、午後の紅茶をごちそうになったりした。大杉は、三等の客室だったので紅茶などはでなかったが、マダムNは一等の客室にいたので上質の紅茶が出ていたのだ。香港やシンガポールに寄港したときは、自動車をだしてもらって、いっしょに観光してまわった。楽しくないわけがない。

一九二三年二月一三日、大杉は、マルセイユに到着した。マダムNとわかれて、リヨンへとむかう。鄭の紹介状をもって中国人アナキストを訪ね、章ともあった。かれらから、ベルリンの会議は四月に延期になったことをおしえられた。しばらく滞在しなくてはならない。章が面倒をみてくれて、サン・ティレーヌの丘のうえのホテルにとまることになった。フランス滞在中、大杉は、この中国のアナキストたちとなんども会合をひらくことになる。若いアナキストたちにたいして、アナキズムとはなにかということや、それが実現可能であるということを熱心に説いていたようだ。ちょっとえらそう。二月二〇日、大杉はパリにおもむき、ル・リベルテール社を訪ねた。これは招待状を送ってくれたコロメルの勤め先で、『ル・リベルテール』というアナキズム雑誌をだしていた。いってみると、髪の長い芸術家風の男がイスに座っていた。おまえがコロメルかというと、そうだというので、おれは大杉だといってみた。おお、よくきたなといわれて、握手をかわした。コロメルは、大杉よりもひとつ年下のアナキストで、文筆業のかたわら著作家組合や劇作家組合をたちあげて、その広枠にあたる娯楽産業労働組合連合でも書記をつとめていた。いつも冗談ばかりいっていて、多少うざがられたりもしていたようだが、いいかたを変えれば、陽気であかるく、仲間うちでは人気があった。そういうこともあって、さきの五〇周年記念会議では、フランス代表として選ばれたのである。大杉は、かんたんにあいさつをすませると、ル・リベルテール社をあとにした。あとはもうベルリンの会議を待つだけだ。しばらくパリに滞在して、またリヨンにもどった。

ここからはフランス旅行である。しばらくひまだ。誰か遊んでくれる仲間はいないか。そうおもっていると、画家の林倭衛が南仏のエスタックにいることがわかった。手紙をだすと、さっそくやってくる。三月三日、林がくると、モンマルトルのホテルをとり、そこでしばらく遊び暮らすことにした。昼間は、本屋をまわって資料をあつめたり、映画館にいったりしてすごし、夜になると、林をつれてカフェやキャバレーをまわった。林は酒飲みなので、あびるように酒をくらい、大杉は酒が飲めないので、ひたすらコーヒーを飲んだ。ドリィという踊り子をくどこうとして、かなりテンションがあがっていたようだ。このあたりはふつうのおっさんである。『日本脱出記』をひもとくと、その踊り子のはなしや、パリの生活の様子がよく描かれている。パリのトイレはあまりにきたなくてたえられないとか、フランス人は月に一回しか風呂にはいらないとか、そんなようなはなしだ。大杉がきれい好きだったのかもしれないが、ヴ・ナロードとかいっているアナキストが、うんときたないというくらいだからよっぽどだったのだろう。その後、三月中旬になって、大杉はマルセイユのマダムNを訪ねた。林宛の手紙から察するに、手をだそうとしてこっぴどくふられたようだ。いったいなにをやっているのだろう。大杉いわく、プラトニックな関係はもうたくさんだ。

その間、大杉はドイツにいくために、フランスの警察本部に許可申請をしにいったりしていた。だが、この許可がなかなかおりない。毎日のように取り調べをうけて、ことこまかに素性を尋ねられる。不安と緊張感だけが増していく。そうこうしているうちに、はやくも四月だ。いざとなったら密航してでもとおもっていたが、どうやらふたたび国際会議が延期になったらしい。だんだんむかついてきてしまった。

実際いやになっちゃった。

四月一日の大会はまたまた延期となって、こんどは八月という大体の目当てではあるが、それもはたしてやれるかどうか分からない。ドイツの同志からは、とてもベルリンでは不可能だ、と言って来ている。するとヨーロッパのどこに、その可能性のあるところがあるんだろう。ウィーンという一説もあるが、それもどうやらあぶないらしい。

愚図愚図している間に、金はなくなる。風邪をひいて、おまけに売薬のために腹をこわす。無一文のまま、一週間ばかり断食して、寝て暮らした。

（大杉栄「入獄から追放まで」『改造』一九二三年九月、『全集』第一三巻）

これはだめだ。そうおもっていたら、伊藤からカネがとどいた。風邪もよくなった。しかし、ドイツ行きの許可はぜんぜんおりない。いきたいというおもいだけが募っていく。実際、ドイツにいけば、エマ・ゴールドマンやバークマン、マフノ軍の参謀であったヴォーリンに会えるという。この数年、ずっと関心をもってきた人たちだけに、どうしても会って意見をかわしてみたい。そうおもいながら、とりあえずル・リベルテール社の界隈のアナキストたちと交流した。どんなはなしをしていたのか、具体的にはわからないが、三月二八日に書かれた伊藤宛の手紙には、つぎのように書かれている。

社で問題の、結局は大衆とともにやるか、純然たるアナキスト運動で行くかは僕もまだ実は迷っている。純然たるアナキスト運動というそのことにまだ僕は疑いを持っているのだ。これはヨーロッパで今問題の焦点になっている。そのことは通信で書いて行く。

(前掲、大杉栄研究会編『大杉栄書簡集』)

アナキズムでいくのか、それともサンディカリズムでいくのか。これが当時のアナキストの議論のまとになっていた。もとより、サンディカリズムは労働者の直接行動におもきをおいた労働運動であり、アナキズムとは共通点が多い。大杉も、たびたびアナルコ・サンディカリストを自称していた。しかし、純粋にアナキズムを求める者たちからすれば、サンディカリズムは不徹底であった。労働組合という組織には、まちがいなく中央集権的な政治がはらまれているし、ゼネラルストライキの意義を強調しすぎて、労働運動以外の直接行動の可能性をおしつぶしてしまっている。なにより、労働運動では資本主義のかなめである労働そのものをなくすことはできない。どうしたものか。これが大きな問題となり、国際会議の議題にもあがっていた。

そんなはなしをしているうちに、五月一日のメーデーをむかえた。ぜひいってみたい。サンディカリズムにたいする批判もあるだろうが、それにしてもフランスは労働運動の本場みたいなものだし、さぞかしメーデーはすごいのだろう。大杉は、コロメルにたのんで、いっしょにいくことにした。この日、大杉はわくわくして、朝からひとりパリ市内をぶらぶらしている。しかし、その光景をみてがっかりしてしまった。電車やバスはふつうに動いているし、お店もぜんぜん閉まっていない。いきかう人びとも、どうみてもメーデーに参加するかっこうではない。大杉は、電車のなかで、着飾っている家族づれの労働者をみつけて話しかけてみた。


「おい、きょうはメーデーじゃないか、お揃いでどこへ行くんだい」。僕はすぐそばに立っている男に話しなれた労働者言葉で尋ねた。

「ああ、そのメーデーのお陰で休みだからねえ。うちじゅうで一日郊外へ遊びに行くんさ」。その男はあまり綺麗でもない細君の腰のあたりに左の手を廻しながら呑気そうに答えた。そしてその右の手にはサンドウィッチや葡萄酒のはいった籠がぶら下がっていた。

僕はその男の横っ面を一つ殴ってやりたいほどに拳が固まった。

（前掲、大杉栄「入獄から追放まで」）


いま現在からすると、いいはなしじゃないかとおもえてしまうが、大杉には許しがたかったのだろう。これまで、日本の同志たちにフランスの労働運動のはなしをしてきて、いままさにそのフランスのメーデーを目前にしている。労働者と警官の衝突はどれだけすごいのだろう。そうおもっていたのに、フランスの労働者たちは、きょうは休みだとかいってうかれている。ぼやぼやしやがって。そうおもったにちがいない。午後三時、大杉は、コロメルとまちあわせていたパリ郊外のサン・ドニにおもむいた。そこでメーデーの集会がひらかれる。パリではあまりに規制がきびしくて、デモができないどころか、市の中心部で集会さえ打てなかったのだ。いってみると、サン・ドニの集会場には、およそ八〇〇名があつまっていた。だが、そんなにもりあがっていない。戦争反対とか、政治犯の釈放とか、形式的なスローガンがかかげられていて、弁士もありきたりのはなしばかりする。つまらない。大杉は眠くなってしまった。会場からは「外にでよう、外にでよう」という声もあがっていたが、あくまで少数だ。多くは聞こうとしない。だんだんいらだってきた大杉は、コロメルにおれにもしゃべらせろとたのんでみた。なにをしゃべるんだというので、日本のメーデーについてといってみた。コロメルが司会者に話すと、うんいいよという。よし。大杉は壇上にあがった。

「日本のメーデーはまだその歴史が浅い。それに参加する労働者の数もまだ少ない。しかし日本の労働者はメーデーの何たるかはよく知っている」。

「日本のメーデーは郊外では行われない。市の中心で行われる。それもホールの中ではない。雄弁でではない。公園や広場や街頭での示威運動でだ」。

「日本のメーデーはお祭り日ではない。××××。××××××××××××××××××××××」。

「××××××××飛ぶ。××××××××光る」。

（前掲、大杉栄「入獄から追放まで」）

おもいきりあおってやったのである。二〇分ほどしゃべったあと、「外にでよう、外にでよう」と、その声に乗りながら、大杉は壇上をおりて外にでた。そのまま、デモを煽動してやろうとおもったのだろう。しかし、そこを四、五人の私服警官にとりかこまれ、拘束されてしまった。大杉をとりかえそうとして、三〇〇、四〇〇名がおしかけたが、警官隊にとめられる。しまいには乱闘になり、三名が逮捕、二〇名が負傷してけちらされてしまった。ある意味で、大杉がやって欲しかったことをやってくれたのかもしれない。警察署にいれられてから、大杉はしばらく黙秘をしていた。その後、弁護士にすすめられて、偽造パスポートの名前をいったりもしてみた。しかし、どうやら日本大使館から連絡がはいっていたらしい。「君は大杉栄というんだろう」と、すぐにばれてしまった。裁判にかけられて、禁固三週間。五月二四日まで、ラ・サンテ監獄にいれられて、釈放後、警視庁から即刻追放を命じられることになった。外にいた林やコロメルは、弁護士の手配などでおおいそがしだったようだ。

外のいそがしさとは対照的に、大杉はラ・サンテ監獄でのんびりとときをすごしていた。とても居心地がよかったようだ。タバコももってはいれたし、食事はビフテキやローストビーフ、さらにはビールやワインまで注文することができた。ふだん大杉は酒を飲まないのだが、せっかくのフランスだしとおもい、いちばん高いワインを注文してみた。以前、赤ワインを飲んだらしぶくて、ウゲゲとなってしまったので、こんどは白ワインにしてみた。飲みつけてみると、これがうまい。毎日、ちびりちびりと飲んだ。帰国後、大杉は仲間たちにむかって、おれはフランスでワインをおぼえてきたぞと自慢することになる。そして、酔っぱらって気分がよくなったのか、変な詩をつくっている。

魔子よ、魔子
パパは今
世界に名高い
パリの牢やラ・サンテに。

だが、魔子よ、心配するな
西洋料理の御馳走たべて
チョコレートなめて
葉巻きスパスパソファの上に

そしてこの
牢やのお陰で
喜べ、魔子よ

パパはすぐ帰る。
おみやげどっさり、うんとこしょ
お菓子におべべにキスにキス
踊って待てよ
待てよ、魔子、魔子。

（前掲、大杉栄「入獄から追放まで」）

いい気なものだとおもえてしまうが、子どものことをおもって、会いたくなってしまったのだろう。釈放後、国外退去までは一週間ほどあり、警察のマークもそれほどきびしくなかったので、ぬけだそうとも考えていたのだが、やっぱりやめた。理由は、経済的事情などいろいろあったようだが、国内でやるべきことがあたまにうかんでいたのだろう。魔子にもあいたい。林や中国人同志に別れを告げて、六月三日、大杉はマルセイユを発った。七月一一日、神戸に到着。伊藤と魔子がむかえてくれた。大杉は、卵色の夏服に白いヘルメットをかぶって記者たちのまえにあらわれた。翌一二日、東京駅に到着する。新聞でも大きく騒がれていたためだろうか、見物人もふくめて、およそ七〇〇名が東京駅で出むかえた。大杉が姿をあらわすと、ウワーッと歓声があがる。日本の社会主義者ではありえないことだ。文字どおり、凱旋帰国であった。

しかし結局、大杉がいけなかったベルリンの国際会議は、どうなったのだろうか。近年、アナキズム研究者の田中ひかるが『ル・リベルテール』を読みこんであきらかにしている。[49]田中によれば、国際会議はベルリンではひらくことができず、一九二三年一〇月、パリ郊外でひらかれた。このとき、三名の代議員が事前拘束され、国外追放にあったため、会議ではそれにたいする抗議声明が読まれたらしい。また、国際アナキスト連盟がたちあげられたり、今後は弾圧をさけるため、ロシアで会議をひらくことが決められたりしたという。かなり重要な決議がなされているのだが、その後、国際アナキスト連盟がなにをしたのかよくわからないし、なぜ対立を深めていたボルシェビキのもとで、会議をひらこうとしたのか、その理由も不明である。総じてみると、あまり実りのある会議ではなかったといえるかもしれない。そういう意味では、大杉ははやばやと日本にひきあげてきてしまって正解だったのである。しかし、一〇月までフランスにとどまっていれば、非業の死をとげることもなかった。なんともいえない。

アナ・アナ論争

帰国後、大杉栄はおおいそがしであった。フランスの土産話をひっさげて、仲間とちょくちょく会合をひらいていた。たとえば、一九二三年八月二三日、大杉は、根津神社内の茶屋で会合をひらいた。これには三〇名ちかくがあつまり、出席者には近藤憲二や和田久太郎、望月桂、延島英一、水沼辰夫、和田栄太郎、布留川桂、松田十九二、古河三樹松、石黒鋭一郎、平岩巌などの東京のメンバーに加えて、名古屋からは伊串英治、京都からは坂谷寛一が参加していた。この場で、大杉はフランスで見聞きしたことを報告したうえで、これからあらたに自由連合同盟という組織をたちあげたいと述べた。基本的にはアナキストの組織にするが、しかしアナキストを自称していなくても、ストライキというケンカに夢中になっているような不良労働者はまきこんでいけるようにしたいと。これにたいして、伊串や石黒がそんな中途半端な連中はいれるべきではないと主張してくってかかった。あくまで、アナキスト同盟という名称にして、純然たるアナキストの組織をつくるべきだと。さきにアナキズムとサンディカリズムの対立があることは述べたが、ようするにサンディカリストを排除しろという声があがったのである。むろん、これにたいする反対の声もあがり、大杉も自由連合同盟でいこうといってきかない。純粋じゃない、純粋じゃない。石黒や平岩は、怒って帰ってしまった。結局、意見はまとまらず、またやろうといって解散した。なかなかうまくはいかない。

しかし、大杉の動きはとまらなかった。八月二六日、近藤とともに尾行をまくと、向島隅田町の宇野信次郎宅を訪ねた。宇野は、機械労働組合連合会のメンバーで、家には、市電相扶会の島上善五郎や、本芝労働組合の大場勇、高山久蔵、関西労働組合自由連合会の逸見吉三など、反総同盟系の労働運動家があつまっていた。ここでも、大杉は自由連合同盟をつくろうともちかけたようだ。帰りぎわに、大杉は逸見にむかって、これから大阪や京都、岡山にもいくからねと話したという。うまくいったかどうかは別として、大杉はアナキストの全国的なネットワークをつくろうとして、やる気満々だったのである。しかし関東大震災もあって、この動きはいったんとまってしまう。反総同盟系の労働組合が、全国労働組合自由連合会（全国自連）としてまとまるのは、大杉の死後三年目、一九二六年のことであった。総組合員数は一万五〇〇〇人であったというから、いま考えてもなかなかの規模である。しかし依然として、アナキズムとサンディカリズムの溝はうまっておらず、はやくも結成二年目から両派は大会でもめにもめてしまった。一九二八年三月には、サンディカリズム派がすべて脱退してしまっている。この分裂をきっかけとして、両派ともに衰退の一途をたどることになる。

大杉の死後、アナキストの理論的支柱になったのは八太舟三の純正アナキズムであった。大杉といっしょにやってきた水沼や布留川、綿引邦農夫などの印刷労働者たちは、一九二六年以降、全国自連をリードする立場になっていたが、かれらは八太の理論をもちいて、サンディカリストを排撃していった。八太は、一八八六年、三重県津市生まれ。一九一二年に神戸神学校を卒業したのち、牧師となり、岐阜や愛知、広島など各県の教会を転々としていた。若いころから社会問題に関心をもっていたようで、教会に賀川豊彦をまねいて労働講座をひらいたり、みずからもアナキズムの宣伝をおこなったりしていた。東京に出てきたのは、大杉死後のことだ。一九二四年九月、広島の教会で働いていた八太は、アナキズム色をだしすぎて教会から追放されてしまった。どうやら教会で大杉の追悼集会をひらいたらしい。そして、自分はアナキストとして生きるからといって、妻とも離婚し、賀川をたよって東京に出てくる。その後、アナキズム系の運動雑誌で文章を書くようになり、社会生理研究会というのをひらいて、東京のアナキストたちに影響をあたえるようになった。

八太の理論の特徴は、アナキズムとサンディカリズムのちがいを明確にした点であった。たとえば、全国自連の『階級闘争説の誤謬』(一九二九年)というパンフレットで、八太はサンディカリズムの日常闘争をつぎのように批判している。

労働組合の日常行為は、商的であって、闘争ではない。小買商人が売買によって日常闘争をしているといえば、おかしいのとおなじく、労働組合の日常の商的行為が闘争であるというのもおかしいはなしである。
資本家の命令通り午前六時から午後六時まで働き、資本家の規定通りの賃金をうけて、時々、資本家に対し、賃金値上げを要求していたとて、それは闘争でもなんでもない。それは商的駆引きであって、解放運動ではない。

八太は、クロポトキンにもとづいて労働価値説をたたいている。もとより、労働者はみずからの活動を労働力商品として提供している。だが、重要なのは、その商品の値段が高ければいいとか、そういうことではなく、労働力商品としてあつかわれている時点で、労働者は資本家に支配されているということだ。採算の名のもとに、労働者の活動がいくらでもとりかえ可能なものとしてあつかわれる。八太によれば、これが支配の源泉であり、闘争の焦点であった。それなのに、サンディカリストは日常闘争をかかげて、労働者の経済的利益をかちとろうとかいっている。それはあくまで商的取引であって、闘争ではない。むしろ、資本主義を補完しているといってもいいかもしれない。しかも、工業化がすすめばすすむほど、この傾向は増していくのに、サンディカリストはそれにも気づいていない。

分業では一つの生産に従事するものは他の生産に対して責任と理解と興味とを持ちえない。したがって、分化せる生産を綜合するため、生産に従事しない人びとが生産に対して超越的に綜合することとなる。すなわち、一切の生産は生産に従事しない人びとの集団によりて綜合せらるることになる。

ここで、八太は大杉とおなじように、テーラー主義を批判している。機械化のすすんだ大工場では、構想と実行の区分がはっきりしている。労働者はあらかじめ細分化された単純作業をこなし、資本家が全体を見渡して命令をくだす。両者のあいだには、あきらかに権力関係が生じており、資本家が超越的な立場にたって、賃金や作業方法の標準をさだめている。とうぜん標準がさだまれば、労働力の商品としての性格は確たるものとなる。労働者の活動は、そのいっさいが資本家にぎゅうじられ、とりかえ可能なものとしてあつかわれる。資本主義をたたくのだとしたら、ここにきりこまなければ意味がないだろう。

ようするに、サンヂカリズムは、将来社会に対して、資本主義的生産様式である、分業としかして生産基本の経済組織とを持ち来さんとするがゆえに、権力が発生するのである。

いわんや、かれらは将来社会に向う過渡期を想定して、生産者による社会の自治管理をなさんとするがゆえに、ソヴィエットの制定となるのである。ソヴィエットの制定はそれが、党派的であっても階級的であっても必ず、独裁政治を生みだすことは明らかであって、共産党のソヴィエットが、党派的であるからとて、これを排斥するサンヂカリストは階級的のソヴィエットを制定してやはり独裁政治を行わんとするであろう。それは五十歩と百歩である。

サンディカリストは、大工場の分業体制そのものは否定していなかった。だから、ストライキをうって資本家を追いだしたとしても、結局、誰かが工場を管理しなくてはならない。テーラー主義の構想の役割は残るのである。サンディカリストは、それを労働組合が担えばいいといった。労働組合が中心となって、工場ごとに評議会（ソヴィエト）でもたちあげ、それで自主管理していけばいいのだと。だが、その民主的なよそおいにもかかわらず、サンディカリストがやっていることは、ボルシェビキと変わりなかった。主体が、より大衆的な労働組合であるのか、より前衛的な共産党であるのかがちがうだけで、どちらも工場のヘゲモニーをにぎって、働く人びとを支配しようとしている点では変わらないのだ。労働者は、他人によって操作可能なままである。

これにたいして、八太は、自分に必要なものは自分でつくる、自分たちに必要なものは自分たちでつくる、そんな分産制度を築かなくてはならないと主張した。そうすれば、資本家であれ、労働組合であれ、共産党であれ、なんら超越的な権力をもうける必要もないだろうと。分産制度にもとづいて、自分の自由や個性をぞんぶんに発揮し、同時に他人の生活も尊重する。自給自足できなくてはいけないわけだから、農業がベースになるわけだが、工業を否定していたわけではなく、ちいさな工場も隣接させていく。そうした無支配の理想社会を自由連合主義とか自由コミューン、あるいは純正アナキズムと呼んだのであった。

長ながと八太の思想をとりあげてきたが、あえてそうしたのは、大杉と比較してみたかったからである。おそらく、八太は大杉よりもはっきりと労働廃絶を訴えている。ひとの活動が抽象化されて、商品として操作可能なものになること自体が問題だといっているのだから。階級闘争ではなく、階級そのものをなくさなくてはならない。むろん、この点では大杉もおなじだったかもしれない。労働者としての、消費者としての人格をかなぐり捨てろといっていたのだから。その根拠としていたことも、言葉のうえではおなじである。相互扶助。八太は、純然たるコミューンのなかに、相互扶助の理想をみいだしていた。そして、そこから逆算して、運動のありかたを決めていた。労働運動ではだめだ、それは商的行為であり、解放にはならない。農民運動でもだめだ、やはり商的行為であり、解放にはならない。大衆運動は不純である。あれもだめ、これもだめ、ぜんぶだめ。テロだったらいいのだろうか、畑仕事だったらいいのだろうか。純粋なものを求めれば求めるほど、キュウクツになってしまう。主張されていた内容は、まちがっていなかったのかもしれないが、究極の理想にあわせようとすればするほど行動の余地が狭まっていく。いわば反セクト的セクトの思考である。

大杉の場合、相互扶助は究極の理想ではなかった。それがないということではなくて、いつでもどこにでもあるものであった。相互扶助は、ありふれた生の無償性のことであり、日常的にちょくちょくやっていることである。見返りを求めずに、ひとのためになにかをしてあげる。それは農村のコミューンにもみられるだろうが、ふつうに友人同士で遊んでいるときだって、労働組合で活動しているときだって、工場で働く労働者のあいだにだってあらわれている。遊んでいるときや、仕事をしているときに、かるい冗談でもいって、友人や同僚を笑わせたとして、それでカネをよこせなんていうひとはまずいないだろうし、かりに労働運動で仲間の解雇撤回のような物質的要求をしていたとしても、なんだか熱くなってしまい、資本家をぶん殴ってしまうことだってあるだろう。それで自分がクビになったとしても、である。

この無尽蔵にわきあがってくる相互扶助の感覚を、どうやってひろげていけばいいのだろうか。資本主義というものが、人間の活動を採算のとれるものへと切り縮めているのだとしたら、それをどうやってたたけばいいのだろうか。その手段や方法は、いくらでもあるはずだ。無数にありうる生の無償性を武器にすること。大杉の場合、米騒動のイメージをもってこういうことがいえたのだろう。しかし、よく考えてみると、関東大震災をみたあとのアナキストは、なかなかそうもいえなかったのかもしれない。いちばんひとが助けあうべきときに、未曾有の大虐殺がおこり、大杉も殺されてしまったのだから。純粋にただしい理想にすがりたい。ありふれた生の無償性か、それとも究極の自由コミューンか。かつて、八太とおなじような問題を提起していた岩佐作太郎にたいして、大杉はこう述べていた。「いい問題だ。かなり難しい問題ではあるだろうが、しかしだいぶ進んだ問題だ」(50)。

大杉栄、神になる

一九二三年九月一日、関東大震災がおこった。このころ、大杉栄は北新宿の柏木にすんでいた。その近辺の被害は、あまり大きくなかったようだ。とはいえ、情報をあつめるにつれて、震災の規模の大きさがわかってくる。いてもたってもいられない。大杉宅の裏手にすんでいた内田魯庵によると、大杉は、昼はベビーカーをおしながら周囲をうろうろして、夜はステッキを片手に見回りだといってうろうろしていたという(51)。震災直後から、朝鮮人が井戸に毒を放りこんだとか、その背後には社会主義者がいるとかデマが飛びかっていたので、内田が「おまえさんも気をつけたほうがいいよ」というと、大杉は「まあ捕まるときは捕まるから」といってケラケラしていた。たぶん予防拘禁かなにかで捕まるとおもっていたのだろう。震災当日から殺されるまでのあいだに、大杉は昔から先生と呼んで慕っていた馬場孤蝶や、荒畑寒村の家を見舞っている。荒畑はロシアにいっていて留守だったが、大杉はそれを知っていて、奥さんに「寒村がいなくても、ぼくがいるから大丈夫ですよ」といいにいったのである。運動では袂をわかっていても、友人は友人である。いいひとだ。

九月四日ころから、大杉の家はにぎやかだった。それほど被害が大きくなかったため、服部浜次夫妻や、弟の伸の友人であった袋一平の家族が、大杉をたよってきたのである。みんな火事で家が焼けてしまった。大杉は、全員をうけいれることにした。近藤憲二も訪ねてきて、駒込の労働運動社も無事だという。よかった。震災にあったとき、近藤は労働運動社で仕事をしていたが、本がたくさんおちてきたくらいのことだったという。二階では病気の和田久太郎が寝ていたので、大丈夫かとおもっていってみると、和田は布団にくるまったまま、「被害は甚大であります」と叫んでいたという。四〇度くらい熱があったというから、きっと地震どころではなかったのだろう。その後、近藤は、近所をちょろちょろしていたのだが、やはり朝鮮人にたいする周囲の警戒心がハンパなかったようだ。近藤が外にでると、いつもながら尾行がついてくるのだが、こんな状況では尾行のほうが不審者にみえる。あやしい。自警団に「おまえは朝鮮人だろう」といわれて幾人かつれさられたりしたようだ。もちろん、これだけなら笑いばなしになるのだが、このとき三〇〇〇名以上の朝鮮人が殺されたというから、日本人はおそろしすぎる。

近藤は、大杉の無事を確認すると労働運動社にもどっていった。大杉は「原稿の催促がこなくなってよかったよ」といって笑っていたらしい[52]。これが大杉との最後になった。九月八日、近藤や和田、村木源次郎、中村還一、望月桂などの大杉近辺のアナキストは、みんな保護検束の名目で駒込署にひっぱられた。村木だけは、病身のためすぐに釈放されたが、和田にいたっては熱をだして動けなかったのに、布団のままかつがれて勾留されたようだ。このとき、東京にいた社会主義者は、そのほとんどが捕まっている。あるていど名前が知られていて、外にいたのは大杉と山川均くらいであった。いまからすると、大杉を殺すために意図的に放置しておいたともいいたくなってしまうが、ほんとうのところ、有名人は捕まえないという方針だったらしい。とりわけ、大杉はメディアの露出度も高かったし、警察相手に裁判をおこしたこともあったから、捕まえると面倒くさいとおもわれていたのだろう。

その間にも、大杉のまわりには不穏な雰囲気がただよいはじめていた。内田によれば、かれが大杉と知人であるということを知らずに、「あなたのお宅のうらには、危険分子がすんでいる。大勢があつまって、なにかたくらんでいるから気をつけたほうがいい」と忠告しにくるものや、「あそこにすんでいる大杉一派を一列にならべて、一人ひとりあたまをピストルで撃ちぬいたらさぞかし気持ちいいだろう」と放言するものまであらわれていた。また、大杉が三〇名ほどの子分をひきいて、鎌倉であばれまわっているというデマも飛びかっていた。ほんとうに、そんな子分が三〇名もいたらすごいことだが、とにかく、大杉はそのはなしを聞いても、なにも気にしていなかったようだ。デマとは、そういうものだとおもっていたのだろう。

大杉宅に居候していた袋一平によれば、震災後の大杉はいたっておちついていて、誰かが家でレコードをかけようとすると、「とんでもないはなしだ。困っている人がたくさんいるのに、こんなところでレコードをかける馬鹿があるか」といって怒ったという。さすがに、近所の殺伐とした雰囲気はさっしていたのだろう。また、誰かが「革命というのはこんなときにやるんじゃないですか」というと、大杉は「どさくさまぎれにどたどたやるのが革命じゃないんだ。だから多くの人が家もなければ食う物もないといって右往左往しているときに変なことをして困っている人をなお困らせてはいけないんだ」とこたえたらしい。(53)そもそも大杉にとって、革命とは権力を奪取することではなく、相互扶助をひろげていくことであったわけだし、そういうのをぬきにしても、いまはとにかく知りあいに手を差しのべるときだとおもっていたのだろう。

さて九月一五日、ようやく弟の勇の消息がわかった。関東大震災は、神奈川県が震源地であったため、大杉は横浜にすんでいた弟の身をあんじていた。どうやら、横浜の震災はすさまじかったらしく、家が倒壊しておしつぶされてしまったが、そこからなんとかはいだして、三日間、飲まず食わずで歩き、鶴見の友人宅をたよったらしい。いまはその近所の部屋を借りている。よかった、無事だ。翌日、大杉は伊藤野枝といっしょに弟をみまうことにした。その日の朝、大杉と伊藤は、鶴見にむかう途中、まず川崎に立ちよった。辻潤宅を訪ねるためである。辻と伊藤のあいだには、一（まこと）という子どもがいて、のちに有名な画家になるのだが、かれの回想によれば、このころ毎年、夏休みには大杉の家に遊びにいっていたというから、場合によってはつれて帰ろうとしていたのかもしれない(54)。しかし、辻の家はかんぜんに倒壊していて、誰もいなかった。しかたがないので、そのまま鶴見にむかった。

お昼ころ、勇の家についた。たがいに無事をよろこぶ。大杉は、みんな柏木の家につれて帰ろうとしていたが、勇はこっちでがんばるというので、甥っ子の橘宗一だけをつれていくことにした。宗一は、妹である橘あやめの子どもで、たまたま勇があずかっていた。東京のほうが被害もすくないし、大杉の家には子どもがたくさんいるから、そのほうが楽しくていいとおもったのだろう。このとき、勇の家には服がなかったため、宗一は女の子用の浴衣を着ていた。一説によれば、これで大杉の娘とまちがわれたともいわれている。午後五時半ころ、家まであと二、三分というところで、伊藤が八百屋にはいった。梨を買って帰ろうとしていたらしい。そこに、東京憲兵隊大尉の甘粕正彦がやってきた。特高課員の森慶次郎曹長、鴨志田安五郎上等兵、本多重雄上等兵、淀橋署特高課の滋野三七郎巡査部長の五人のチームであった。甘粕は、大杉に「憲兵隊司令部まで同行ねがいたい」というと、大杉は「いいけど、いちど家に帰らせてほしい」といったらしい。甘粕はそれを拒否して、むりやり大杉を車に乗せた。伊藤と宗一も鴨志田の車にのせて、午後七時、大手町にあった憲兵隊司令部に連行した。

あとはもうひどい殺されかたである。午後八時半ころ、まず大杉が憲兵隊司令部応接室で殺され、午後九時半ころ、伊藤が元憲兵隊長室で殺され、その直後に、宗一も特高課事務室で殺された。やく殺であった。腕などの鈍体で首を絞められて、窒息死させられたのである。この事実は、当時、隠蔽されて出てこなかったのだが、一九七六年八月に発見された医師の死亡鑑定書によれば、大杉と伊藤のふたりは、肋骨をめちゃくちゃに折られており、死ぬまえにあきらかに、ける、ふみつけるなどの暴行をうけていたとされている。[55] ようするに、集団でリンチされ、瀕死の状態になったあと、首を絞められて殺されたのである。殺したあとばれないとでもおもったのだろうか、甘粕たちは三人の遺体を裸にして、畳表でグルグル巻きにしたあげく、それを憲兵隊司令部構内の古井戸に放りなげた。死亡鑑定書によると、井戸の水面には、タバコの吸い殻がういていたというから、遺体を捨てたあと、ひと仕事おえたぜといいながら一服していたのだろう。それから井戸に瓦礫を放りこんで、証拠隠滅をはかった。ひどいものだ。

遺体がもどってくるまでには、すこし時間がかかる。九月一八日、弟の勇が衣服や食糧をわけてもらいにくると、大杉はまだ帰ってきていないという。勇は、心配になって淀橋署に捜索願をだした。その日、新聞記事に大杉が憲兵隊に連行されたという記事が載ったらしい。それをみて、勇は差し入れをもって、大手町の憲兵隊司令部にいき、せめて宗一にだけでも面会させろといったが、そんな者たちはきていないといって追いかえされた。二〇日、勇は朝日新聞の記者から、大杉殺害の知らせを聞く。まじかよ。ふたたび憲兵隊司令部にいってみるが、やはり追いかえされる。このころから、村木も弁護士をいれて、警察と交渉しはじめる。二三日、第一師団軍法会議から連絡があって、三人の死亡がほぼ確実になった。翌日、勇ともうひとりの弟の進、そして村木の三人で、遺体のひきとりの交渉にいくが、憲兵隊司令部はうんといわない。午後、福岡から伊藤のおじである代準介がやってきて再度交渉し、ようやく二五日のひき渡しがきまった。もどってきた遺体は、すでに棺桶にいれられ、クギも打たれていた。ふたをあけてみると、防腐用の石灰がぎっしりとつめられていて、遺体がみえない。ひどい腐臭だ。かきわけて、遺体を探していると、指が肉にズブっとささった。そのくらい腐敗していたのである。そのまま落合火葬場にはこび、茶毘にふした。

その後、一〇月から、甘粕たちを裁くための軍法会議がひらかれた。甘粕は、大杉殺害の理由を「国家の蠹毒(とどく)を芟除(さんじょ)せんとしたるに在るもの」としている。きっとそうだったのだろう。はやくも一二月八日には判決が出ている。実行犯五人のうち、甘粕は懲役一〇年、森は懲役三年、そのほか三人は無罪であった。国家のためだったからだろうか。三人もひとを殺しておいてこれである。ちなみに、甘粕は三年で出てきて、のちに満州に渡り、そこで暗躍することになる。さて、判決が出てからすぐの、一二月一六日、大杉たち三人の葬儀がひらかれた。労働運動社やその他のアナキズム団体、そして自由連合派の労働組合による合同葬である。しかし、権力は葬儀さえふつうにひらかせてくれない。この日の朝、労働運動社に福岡県飯塚炭坑の下鳥繁造と名乗る男が、ふたりの男をひきつれてやってきた。お焼香をあげたいというのでとおすと、とつぜん下鳥が三人の遺骨のはいった風呂敷づつみを左わきにはさみ、右手にピストルをかまえて、「この骨はおれがもらっていく」と叫んだ。近藤と和田がとりおさえにかかるが、下鳥はふたりの男に遺骨を渡し、ピストルをパンパンうってくる。下鳥はうちながら走って逃げるが、ついに近藤と和田におしたおされた。いっしょに追いかけてきた望月も、怒りにまかせて、下駄で顔をバシバシとふんづけてやった。しかし、遺骨はほかのふたりにもちさられてしまった。

遺骨をもちさったのは、岩田富美夫の主宰する右翼団体大化会のメンバーで、岩田に命じられてやったらしい。なぜ、こんなことをやったのか判然としないが、一説によれば、軍部からカネが出ていて、大杉の葬儀をジャマさせたのだという。どうも下鳥ら三人は、大杉の葬儀の前後、ものすごい豪遊をしていて、軍部からカネが出ているようなことをいっていたらしい。あるいは、もっと単純で、大杉の葬儀に乱入することで、自分たちの団体の名をあげようとしたのかもしれない。なにはともあれ、大杉らしい葬儀になった。骨なし葬儀。午後一時、谷中斎場でひらかれた葬儀には、およそ七〇〇名があつまり、二十数団体の旗がなびいていた。はなばなしい。岩佐作太郎が司会をして、和田が大杉の略歴を読みあげたのだが、和田は、あまりのひとのおおさに緊張して、声をぷるぷるとふるわせてしまったという。

一二月二五日、岩田が警察に出頭し、無事に遺骨がもどった。大杉の親族は、父のねむる静岡市清水区の鉄舟寺にいれようとしたが、住職の伊藤月庵が、そんな危険分子をうちの寺にいれることはできないといったようで、断られてしまった。ばちあたりなお坊さんもいるものだ。そこでしかたなく、大杉の親族たちは、静岡市沓谷（くつのや）の共同墓地に三人の遺骨をうめることにした。のちに両親の遺骨もここにうつしている。しずかに眠らせようということで、大杉の同志たちにも知らせていなかった。しかし、地元のひとには知られていたようで、すぐちかくの静岡女子師範学校では、大杉たちの墓を詣でると恋愛が成就するといううわさが流れていた。学校をぬけだし、大杉詣でをする女子高生たちがたえない。大杉が、縁結びの神様になった。

身を益なきものにおもいなす

大杉の死後、労働運動社の動きはおそかった。なにしろ、和田久太郎と村木源次郎は病身であったし、元気であった近藤憲二はなかなか釈放されない。ようやく身動きがとれるようになったのは、一一月にはいってからのことだ。あい変わらず、村木の具合はわるかったが、近藤は釈放され、和田もだいぶよくなってきた。近藤は、とにかく大杉の遺志をひきついで運動を継続させようとしていた。一二月には、近藤、和田、村木、山鹿、和田栄太郎、水沼辰夫、岩佐作太郎を同人として、第四次『労働運動』を創刊している。それから安成二郎の助けをかりて、『大杉栄全集』の編集にいそしんだ。しかし、和田と村木はすこしちがうことを考えていた。やられたらやりかえせ。大切な友人がやられて、このままだまっているわけにはいかない。すでに周囲では、大杉の復讐戦がはじまっていた。一九二三年一〇月四日、三重県松阪市の路上で、甘粕正彦の弟である五郎が短刀できりつけられた。五郎は、まだ一七歳の中学生で登校中のできごとであった。犯人も若い。弱冠、一九歳の田中勇之進、ギロチン社のメンバーであった。大杉のかたき討ちとおもっていたのだが、相手があまりに幼くて殺せなかった。田中は、その場でとりおさえられ、殺人未遂で捕まった。和田も村木も、田中と知りあいではなかったが、それでも心動かされたにちがいない。大杉のかたきは、ぜったいに自分たちがとる。

ここですこし、ギロチン社のはなしをしておこう。もともと、ギロチン社の呼びかけ人になった中浜哲と古田大次郎は、農民運動にとりくんでいた。一九二一年七月、古田は、埼玉県の熊谷市や蓮田市に小作人社をたちあげ、農村青年に声をかけて講演会でもひらこうかと考えていた。翌年の二月からは、中浜も合流し、ともに動きはじめる。しかし、この活動はあまりうまくいかず、このままではだめだとおもうようになった。ふたりは、死を賭して社会変革をとげることを誓いあう。テロリズムだ。ちょうど英国皇太子が日本にくるというので、いっちょ殺してやろうとおもった。いや、待てよ。ほんとうにいいのだろうか。そうおもって、いちどアナキストとして高名な大杉に相談してみることにした。だが、大杉の家にはいつも警察のみはりがついていて、会いにいくのはちょっと危険だ。

中浜は、電気修理工のふりをして家にはいり、大杉との面会をはたした。さっそく、テロリズムをやりたいというはなしをすると、大杉はこういったという。

テロが失敗しても成功しても運動は必ず激しい弾圧をくらう。だが、それがやむにやまれぬものであるかぎり、とめることはできない。そしてまたそのことで日本の革命運動が三〇年ぐらい早められるかもしれない。

（逸見吉三『墓標なきアナキスト像』三一書房、一九七六年）

大杉の場合、大逆事件で痛い目にあっているから、おいそれとテロリズムという手段をとろうとはいわない。やったあと、どうなるかはわかっているし、おもいきり弾圧をくらったあとの運動のきびしさも身にしみてわかっている。大逆事件以降、大杉がやってきたのは、爆弾のイメージをストライキや暴動、芸術などの表現として、よりひろくとらえることであった。人間やその感情を爆弾にみたてること。米騒動をみても、そのほうがずっと有意義だし、おもしろいとおもったのだろう。だが、とうぜんながら、爆弾がきらいだったわけではないし、各自の判断で、どうしてもそれしか手段がなくて、やむにやまれず決起するのであれば、自分がどうこういうことではないと考えたのである。そんなはなしをしたのち、大杉はカネが必要だろうといって、中浜にカネを渡した。それまで、中浜は、どうせ大杉なんて大衆運動にしか関心がないのだろうとおもっていたが、この面会で大杉が好きになってしまった。一九二二年八月、中浜はピストルをもって英国皇太子をねらったが、うまくはいかず、もっと人数をあつめて爆弾でもなければ大業はなせないとおもうようになった。そこで、一九二二年一〇月、結成されたのがギロチン社である。組織というう組織ではなく、名乗ったものがギロチン社のメンバーであり、やめたければいつでもやめていいというものであった。当初は、新宿区の早稲田近辺にたむろしていて、その後、拠点を大阪にうつしている。そんななか、大杉が虐殺された。中浜からしてみれば、もうやってやるしかない。

しかし、ギロチン社の活動も、なかなかうまくはいかない。一九二三年一〇月一六日、まずは資金あつめだとおもい、古田がリャクを打った。リャクとは、金持ちをおそってカネを奪いとることである。古田は、ギロチン社の小川義雄、内田源太郎を誘って、大阪の第一五銀行支店にねらいをさだめ、現金輸送中の銀行員をおそった。結果は失敗、現金は奪えず、しかも追いかけてきた銀行員を古田があやまって刺殺してしまった。古田は地下にもぐり、仲間たちの後方支援にまわった。だが、その仲間たちはリャクをやっては失敗し、続々と捕まっていく。一一月、古田はソウルに渡り、義烈団と接触。爆弾一〇個と拳銃五丁の購入をもうしこむが、高値をふっかけられて売ってくれない。いれかわりに中浜もソウルにいったが、やはりおなじだ。どうしたものか。ギロチン社のリャクでは、あまりにリスクが大きすぎる。古田は日本にもどり、上京して村木と和田に相談した。カネをください。

村木は即答した。ぜひもなし。すぐに三〇〇円をつくって和田にもたせた。一九二四年一月、和田は古田とともにソウルに渡った。義烈団の魚波という人物にカネを渡した。だが、あとから手紙がきて、宿泊中に盗賊におそわれてカネをとられたという。まじかよ。ほかの義烈団員と話すと、一〇〇〇円あれば武器をつくってやるという。古田が東京にもどって、村木に相談するとそりゃもうむりだという。中浜はねばりにねばって義烈団と交渉したが、にっちもさっちもいきやしない。大阪にもどった。中浜はあせっていた。仲間はどんどん捕まっていくし、友人の古田には殺人を犯させてしまった。村木がカネを工面してくれたのに、それもむだにしてしまった。

自分がなんとかしなければ。一九二四年四月、中浜は、一発逆転をはかって大物でリャクをやろうとした。実業同志会の武藤山治である。中浜は、関西抹殺社の伊藤孝一とはかり、武藤と連絡をとるとカネをやるからこいという。あやしいとおもいながらもいってみると、やはりわなだった。実業同志会事務所から出てきたところを警察にとりおさえられ、伊藤とともに捕まってしまった。やられた。もはやカネをつくることはできない。古田は義烈団との交渉を打ちきり、自力で爆弾をつくることに決めた。

ギロチン社の倉地啓司が動いた。倉地は、広島のアルミ工場にしのびこみ、ダイナマイトを盗みだした。それで手製の爆弾をつくろうと。古田は、毎日、図書館にかよい、爆弾のつくりかたを研究した。ダイナマイトを東京にはこび、ふたりで爆弾をつくる。七月には爆弾の威力をためそうと、谷中清水町の共同便所を爆破したり、青山墓地を爆破したりしていた。八月までには、ほぼ完成している。和田と村木は、やっつける対象を、震災当時、戒厳司令官であった福田雅太郎陸軍大将に絞っていた。震災直後、大杉が殺されたのも、他の社会主義者が殺されたのも、朝鮮人が大量虐殺されたのも、責任をたどれば福田にある。もろもろの最高責任者である福田を討ちとる。和田と村木は、ふところにピストルをしのばせて、福田をつけまわした。いちど和田は、雑誌記者をよそおいインタビューにかこつけて、その場でやろうとも考えたが、電話をしてみたら福田が出て、そっちで好きなことを書いてくれといわれ、面談をことわられたようだ。結局、古田もふくめて三人で計画をねることにした。

しかし、直前になるまで、和田は心を決めかねていた。村木は、生粋のテロリストであったが、和田はちがう。もともと関心は労働運動にあった。それにこのとき、和田には、ふたつほど心残りがあった。ひとつは、第四章でもふれた浅草の娼婦、堀口直江のことである。一四歳で梅毒にかかった和田は、ずっと女性に縁がなかったが、三〇歳をこえてはじめて恋をした。しばらくのあいだ、浅草で堀口と同棲していたが、和田の病状があまりに悪化してしまい、村木が労働運動社にひきとって看病をしていた。それからすぐに震災である。浅草の娼婦街は焼けおちてしまって、堀口のゆくえもわからない。どうしよう。あたふたしていると、友人の小説家である江口渙が探してくれた。どうやら、埼玉県妻沼町の実家に避難しているという。和田は、さっそく訪ねてみた。しかし、ありえない光景におどろいてしまった。家ではなく納屋に放りこまれていたのだ。性病も悪化していて、死にそうになってウンウンうなっている。それなのに、継母や腹違いの兄弟たちにうとまれて、食事も薬もろくにあたえられない。和田は、はやく東京の病院に入院しようとすめたが、堀口はきこうとしない。「いいよ。どこへもいかないよ。放っておいてくれ、妾はここでこうして死んでやるんだ」。和田は帰ってきた。堀口は死んだ。一九二四年五月であった。和田はうたった。「意地に生き意地に死したるかの女の強きこころを我悲しまじ」。もはや負ける気がしない。

和田のもうひとつの心残りとは、大杉の遺児たちのことであった。とりわけ、長男のネストルはまだ乳呑児だ。大杉はネストル・マフノにあやかって、この名前をつけた。いまは伊藤野枝のおじである代準介が福岡でひきとってくれているが、ネストルだけでもひきとって、不自由なくそだててやりたい。それができなくても、せめて資金援助くらいはしたい。そうおもっていたやさきである。一九二四年八月一五日、福岡からネストル病死の知らせがきた。肺炎だったらしい。なにをやってもうまくはいかない。和田は決意をかためた。一九二四年九月一日、ちょうど震災から一周年をむかえたこの日、福田が本郷菊坂町の長泉寺でひらかれる震災追悼会に出席することがわかった。和田は、堀口からもらった手さげ袋に爆弾をつめて、ふところにはピストルをしのばせた。会場入口の角にあった西洋料理店の燕楽軒で待ちぶせをする。福田の車がとおったら、爆弾を投げつける予定だ。村木は和田が仕損じたときのことを考えて、会場のなかにはいっていた。古田はもうひとつの入口で待ちぶせをする。準備万全。どこにきたって討ちとれる。

午後六時半ころ、通過するだろうとおもっていた福田の車が燕楽軒のまえで停車した。震災追悼会のまえに、食事をとろうとしたのである。福田がおりてきたのは、まさしく和田の目のまえであった。千載一遇のチャンスに、逆におどろいてしまったにちがいない。和田は爆弾ではなく、ピストルを手にとった。和服を着流した和田の身体が、福田のうしろにスッとあらわれる。和田は、福田の背中にピストルをぴたりとくっつけて、心臓めがけてぶっぱなした。福田はたおれない。だが、はっきりとした手ごたえはあった。もう一発とおもっていたが、まわりの男たちに組みつかれてしまった。和田は、いちどそれをふりきって逃げだしたのだが、はしっているさきにいた大学生たちにとりおさえられてしまった。捕まった和田は、かんぜんに興奮状態になっていて、おもいきり雄叫びをあげていた。ウーッ、ウーッ、かたきをとったぞ、かたきをとったぞ。騒ぎを聞きつけた村木と古田は、よしやったなとおもいながら会場をあとにした。それから、ふたりは大井町駅ちかくの隠れ家に身をひそめた。

しかし、福田は死んでいなかった。というよりも、背中にやけどをおっただけだった。ピンピンしていて、すぐに記者たちのインタビューにこたえている。ヒョロヒョロしたその賊徒を刀できりつけてやろうかともおもったが、みんなにおさえつけられて、ウーウーうなっているからかわいそうでやめてしまったよ、ガッハッハと。むかつくコメントだ。なぜ、そんなことになってしまったのだろうか。一説によれば、和田のピストルは、暴発をふせぐために一発目が空砲になっていたといわれている。また一説によれば、和田が相手のからだにピストルをくっつけすぎたために、銃弾がうえにそれてしまったともいわれている。わたしはピストルに詳しくないのでよくわからないが、そのどちらかだったのだろう。和田は、警察署で狙撃失敗を知り、あまりのくやしさにチクショウと叫んで、物にあたりちらした。くやしい、残念だ。

ここからは、古田が動いた。九月三日夜、古田は和田が捕まっていた本富士警察署に爆弾を放りなげた。はらいせのために、放火してやろうとおもったのである。しかし、これは不発であった。それでは代わりにとおもって、六日、小包に爆弾をしこんで、福田宅に送りつけた。午後二時ころ、福田宅にとどいたが、福田は留守であった。茶の間で、娘があけようとしたところ、シューっと白い煙がたったため、そのままなげすてて台所に逃げこんだ。こんどはおもいきり爆発し、床板をぬいて、天井もふきとばし、机やイス、ふすまをめちゃくちゃにしたが、人体には危害をあたえなかった。古田は、やっているうちにだんだん楽しくなってきた。よし、もっと大きいことをやってやろう。八日夜、古田は、銀座二丁目付近の電車どおりに爆弾をしこんだ。電車がとおると、おもいきり爆発した。村木が爆薬の量を減らしておいたので、ひとが死ぬようなことはなかったが、銀座の街でものすごい爆音がなりひびいた。もはやかたき討ちでもなんでもないが、隠れ家に帰って、村木に銀座の通行人が腰をぬかしていたというはなしをすると、村木はそりゃいいやといってケラケラ笑いだした。

村木は病身なので、だいたい家にいて爆弾をしこんでいたが、九月一六日の大杉の命日には単身決起するつもりであった。大量の爆弾をかかえて、福田宅に乗りこみ、自分の身体もろとも吹き飛ばそうと考えていたのである。身を益なきものにおもいなす。だが、すこしまちすぎたのかもしれない。真偽のほどはたしかではないが、和田が尋常ではないほどの拷問にあい、ふたりの居所をはいてしまったようだ。九月一〇日午前五時、警視庁は決死隊を結成して、古田と村木の隠れ家に乗りこんだ。電報ですといって戸をたたくと、古田が出てきた。古田は、倉地からのひさびさの電報だろうとおもって、喜びいさんで戸をあけた。すると一瞬で飛びつかれ、おさえこまれてしまった。やられた。寝ている村木も捕えられた。古田によれば、村木は一言だけこういった。「一六日まで待つんじゃなかった」。くやしい、残念だ。ほどなくして、大阪に潜伏していた倉地も捕まってしまった。復讐、いまだはたせず。

それからすぐに裁判がはじまるはずであったが、もはや村木には、それにたえうるだけの体力は残されていなかった。一九二五年一月二三日、村木は捕えられていた市ヶ谷刑務所で、持病の肺結核に加えて、腎臓病と尿毒症を併発し、危篤状態におちいった。鬼のように血をはいた。もうたすからない。村木は仮出獄を認められたが、そのまえに、警察の温情で、おなじ刑務所にいた和田と古田が村木に面会できることになった。和田は、このときの様子をつぎのように書きおこしている。

ああ、僕が病監に駆けつけた時だった。かれは薄暗い陰惨な一室に、やや濁った冷たい眼を大きく見開いて、何物かをじっとみつめていた。僕はにじりよって、かれの手をしっかりと握った。そしてかれの眼の中を見守りつつ、かれの顔の上へのしかかるように僕の顔をすりよせた。ああ、けれども……けれども……もうかれの眼は見えなかったのだ。僕の全身は、わなわなと震えてきた。涙がにじんできた……。

「村木ッ……僕だ。……僕だッ……分からないか……」

かれの眼が、かすかに動いた。顔の筋肉が、ピクピクと引きつれた。そして、真暗な洞窟の中から響いてくるような声が、その口からもれた。

「ウ……た、たれだ、君は……。君は誰だ。……和田だ……」

「和田だ……和田久だ……」

「和田……和田……ウンヨシ……解っているさ……」

僕の涙が、握っているかれの手に滴った。と、

「泣くな。……ない……ないたって……しようがあるか。……」

ポツン……ポツン……と、暗い洞窟の中で水が滴るような、その冷たい朗らかな声……。

ガチャガチャ、コツコツ、と帯剣と靴が廊下で動いた。布施弁護士が顔を突き出した。

そして、

「なにか、言い残したいことがないか訊いてくれたまえ。」

という。僕はまた、顔をすりよせた。

「なにか、言うことはないか……」

「ウ……なんにも……ない。」

ポツン、ポツン……と、二た滴。

いま、僅かに、これだけのことしか書けない。しかし、監獄の門を出るまでの様子は、近くきっと書いて送る。

僕は、大杉の時にも渡辺の時にも泣かなかった。親父の時も泣かなかった。が、こんどは泣いたぞ。村木はあの体だ。どうせ、今度は長くあるまいと思ってはいた。……が、僕は口惜しかった。涙が体中から、絞れてきた。

悲しいんじゃない……口惜しいんだ。……せめて、公判廷に起たしたかった。まだ、元気だとばかし思っていたのだ！！


（和田久太郎『獄窓から』労働運動社、一九二七年）

一九二五年一月二四日、村木は昏睡状態のまま労働運動社にはこばれた。そのまま、なにもしゃべることなく、仲間にみとられて亡くなったらしい。さみしい。なんの因果か、この日はちょうど大逆事件で幸徳秋水が処刑された日であった。生前から、村木はこんな詩をうたっていた。「淋しさや秋の水追う蝶一つ」。大好きであった幸徳とおなじ日に死ねたのだから、村木からしてみれば本望だったのかもしれない。最後に、ほかのメンバーの裁判結果を記しておこう。

死刑　中浜哲、古田大次郎
無期懲役　河合康左右、小西次郎、和田久太郎
一五年　仲喜一、茂野栄吉、内田源太郎、小川義雄
一二年　倉地啓司
八年　田中勇之進
七年　山田正一、小西武夫
五年　篋部治之助
四年　小西松太郎
三年　上野克己、伊藤孝一
二年　入江守一、川井筆松
一年半　坂谷寛一
一年　逸見吉三

一九二五年九月一〇日、まず古田に死刑判決がくだされた。布施辰治弁護士は、控訴するようにすすめたが、古田は死刑を望んでいたのだろう。すんなりと判決をうけいれてしまった。一〇月一五日には、刑を執行されている。中浜は、いちど無期懲役になったのだ

が、検事控訴され、一九二六年三月六日には、結局、死刑判決がくだされた。四月一五日には、刑を執行されている。しかし、それにしても、このふたりの極刑はおもすぎる。罪状は、殺人、強盗、爆発物取締規則違反なのだが、古田の殺人は事故というべきものだし、中浜にいたってはリャクしかやっていない。大逆事件ならいざしらず、死刑になるような材料はなにひとつない。長らくよくわかっていなかったのだが、近年、トスキナアの会が、中浜の公判陳述をおこしたことによって理由があきらかになっている。中浜は、公判陳述のなかで、こんなことをいっていた。

自分と古田とは左様に我国の主権者暗殺ということを目的としたのであります、そこで天皇は病体で発疾者も同様で問題とするに足らぬ、先ず摂政の宮なる皇太子をやっつけねばならぬ、しかもその結婚までにやっつけねばならぬということにしました、なんとなれば結婚せば子どもはすぐできるでしょうから子どもができればそれだけやっつけるべき目標が増えるわけであるからです、左様に皇太子をやっつければ次は秩父宮、高松宮と次々に倒さねばならぬということにしたのであります……。

（『中濱鐵　隠された大逆罪』トスキナアの会、二〇〇七年）

ようするに、みずから大逆の意志をあきらかにしたのである。ヒロヒトをやっつけたい。死のうとしていたとしかおもえないが、しかしここまでいいきればたいしたものである。

中浜は、大逆事件としてはあつかわれなかったが、大逆の意志をもっていたから殺されたのである。それでもやはり法的には問題があるのだが、中浜としては本望だったのだろう。

ふたりが死刑になった一方で、自分も死刑にと望んでいた和田には、一九二五年九月、無期懲役の刑がくだされた。秋田刑務所に送られている。しばらくは同志宛に手紙を送り、運動について議論をしたり、大好きな俳句を書いたりしていた和田であったが、ときがたつにつれて、だんだんと精神をすり減らしていってしまった。さきにも述べたように、せっかくまとまった全国自連は、純正アナキズムとサンディカリズムとの対立ですぐにわれてしまうし、近藤が必死になってつづけていた労働運動社も、経営難におちいって、一九二七年には廃刊に追いこまれている。手紙や差し入れの本についても、秋田刑務所がやいのやいのいってきて、ぜんぜん自由がききやしない。なにをやってもうまくはいかない。和田は、辞世の句をしたためた。「もろもろの悩みも消ゆる雪の風」。一九二八年二月二〇日、和田は首をつって死んでしまった。三五歳であった。身を益なきものにおもいなす。いまはこれまで。

おわりに

また、むこう側の監房で、荒れ狂う音がする、怒鳴り声がする、歌をうたう、壁板を叩いて騒ぎたてる。それでも役人は、知らん顔をしてほうっておく。いくど減食をくらっても、暗室に閉じこめられても、鎖づけにされても、やっぱり依然として騒ぎだすので、役人はもうなんとも手のつけようがなくなったのだ。まるで気ちがいだ、野獣だ。だが俺は、この気ちがい、この野獣がうらやましくってしかたがない。そうだ！　俺は、もっと馬鹿になる、修業をつまなければならぬ。

（大杉栄「野獣」『近代思想』一九一三年九月、『全集』第五巻）

◆コンバースの力

今年（二〇一三年）の三月初旬だったろうか。この原稿を書きはじめたころ、わたしは名古屋をおとずれた。友人のYさんがよびかけた勉強会合宿に参加するためだ。二〇一一年三月一二日以降、おおくの友人たちが東京を去った。放射能を避けるためだ。Yさんも、もともとは東京で活躍していたアナキストなのだが、お子さんがいるということもあって、実家のある名古屋に拠点をうつし、いまではボランティアで放射能の計測活動などをおこなっている。そのYさんがみんなで放射能の勉強会でもやろうといって、合宿をよびかけたのだ。いきたい。でもカネがない。いまでこそ年収は五〇万円ほどあるが、当時は一〇万円ほどしかなかった。やりくりは大変だが、一年にいちどくらいはぜいたくをしてもいいのではないだろうか。そう自分にいいきかせ、ありガネをかきあつめてみたり、ひとに借りたりして、わたしは名古屋にむかうことにした。

合宿はとてもたのしかった。勉強会の内容もさることながら、ふだん家にひきこもりがちなわたしにとっては、ひさびさの友人たちもおおく、なつかしかった。合宿所もキリスト教関連の施設であったが、とくに気をつかうこともなく、快適にすごすことができた。しかし、その翌日、帰りのときだ。みんなで帰ろうとしてクツをはきはじめたが、なぜかわたしのクツだけがみつからない。わたしはあせって施設内をくまなくさがしたが、やはりみつからなかった。おそらく、別の利用者にもっていかれたのだろう。正直、わたしは動揺をかくせなかった。当時、わたしはクツを二足しかもっていなかった。ひとつが本物のコンバースであり、もうひとつが偽物のコンバースである。本物は三〇〇〇円ちかくするが、偽物は九八〇円で買うことができる。今回、わたしはせっかくの遠出だとおもい、気張って本物のコンバースをはいてきてしまった。まいった。途方にくれていると、不憫におもった施設のおじさんが、うす汚れた緑色のスリッパを一足くれた。しかたがない、これで帰ろう。

しかし、合宿所から駅までの帰り道、致命的な欠陥に気づかされた。スリッパに穴があいていて、先っぽがぬけていたのだ。ぜんぜんあるけない。足がスカスカして、なんども転びそうになった。「は、はぅ！」。おもわず声をあげると、「大丈夫ですか」と心配して、大学時代の後輩であるKくんが駆けよってきてくれた。かれもまた放射能を不安におもい、愛知県の実家にもどった一人である。いまはもちまえの語学力をいかし、海賊研究の本をいくつか翻訳している。わたしは後輩に迷惑をかけまいとおもい、「ぜんぜん大丈夫だよ」といってヘラヘラしてみせた。とはいえ、いくらがんばってもおもうようにはうごけない。全身がおもたい。なにかものすごい重荷をせおわされたような気分だ。あるこうと必死にもがいていると、なんだかこれまで自分がせおわされてきたおもたい現実が頭をかけめぐってくる。なにをやってもうまくはいかない。

この数年、わたしはあまりにカネがないので、週に五日、六日は家で寝てすごしてきた。大学院を博士課程まで出たものの、仕事は大学非常勤講師を週に一コマのみ。大学院時代に借りた奨学金は、六三五万円にものぼり、考えただけでもめまいがする。埼玉で実家住まいなので、いますぐ飢え死にすることはないのだが、両親ももう年金暮らしだ。なるべく負担をかけないようにしなくてはならない。それで、寝てすごすことにした。じっとうごかないでいれば、お腹がすかず、食費もすくなくてすむ。とはいえ、このままではいけない。いろいろともがいてもみた。まずは自分の苦境を本にでもしてみよう。そうおもって、大学の奨学金問題で書いてみた。いま日本では、わたしもふくめて奨学金という名の借金に苦しめられているひとがあまりにおおい。それを新書にしてもらおうとおもい、出版社にかけあってみた。だが、けっきょく一年くらい審査がながびいたあげく、おとされてしまった。編集者の方からは、新書の読者層はサラリーマンで、みんな学生を下にみたいとおもっているから、学生は勉強しないとか、そういうはなしを盛りこんでほしいといわれた。もちろん、新書にするために、わたしのことをおもってアドバイスしてくれたのだが、おもっていないことはどうしても書けない。

それならとおもい、こんどは博士論文を書くことにした。がんばって完成させ、大学に提出してみた。しかし、この博士論文も審査に一年ほどかかったあげく、ボツになってしまった。内容的なこともあるのだが、どうも指導教員がわたしのことを「このひとはわたしの弟子ではありません」といったらしい。昔から、わたしは権威的なふるまいをするひとに慇懃無礼な態度をとってしまう癖があり、指導教員とは関係がよくなかった。まあ、身からでたさびだろう。しかたがない。それならばとおもい、こんどは大学非常勤講師の公募をだしてみた。しかし、いくらだしてもひとつもとおらない。ならば奥の手だとおもい、大学時代の先輩や親しい教員の方を訪問してみた。だが、いろいろと相談にはのってもらえたものの、やはり仕事はもらえなかった。だれに相談しても、こたえはおなじだ。大学の仕事がほしいのなら、学会の懇親会に出て権威ある先生に頭をさげなければだめだ。そのうえで、一年くらいはその先生のもとでタダ働きをするくらいのつもりでなければ、仕事はもらえないと。もっともだ。

本をだすにしても、大学の仕事にしても、親身になってアドバイスをしてくれた方々の言葉を、わたしがひとつでも実行していれば、きっと仕事はとれたのだろう。だが、いちどでもそれをやってしまったら、なんだか大切なものをうしなってしまうような気がする。わたしはただおもしろいとおもったことを研究し、おもったことをおもったように書いてみたいだけなのだ。ほんとうはそういって、自分をなぐさめていたかったのだが、当時はそうもいっていられなかった。いまはもう別れてしまったが、このころは結婚の約束をしていたかの女がいたからだ。毎日、電話がかかってきて、きょうはどんな就活をしたのかと質問される。うまくこたえられないと、一時間くらい説教だ。社会人をなめんな、おまえが大人になりきれていないのがわるいんだ、給料をもらえていない研究なんて、子どもが遊んでいるのとおなじことだ、高学歴なんだからわかりますよねと。

実のところ、この大杉論を書くといったときが、いちばん怒られた。もちろん、かの女からすれば、怒るだけの理由があったのである。新書をだして稼ぐといっていたのに一銭も稼いできやしないし、博士論文をとおせば大学の仕事をとりやすくなるとかいっておきながら、結局、なんの成果もあげていない。それなのに、この期におよんでもう一冊書くとかいっている。おまえは寝ぼけているのか、いったい何年、ムダなことをやっているんだと。おまえがわるい、おまえがわるい、カネ、カネ、カネ。何ヵ月目くらいからだっただろうか。毎日、言われていると、ほんとうにそうおもえてきてしまう。わたしはわるいひとです、すみません、すみませんと。電話のあとは、全身の力がぬけ、気持ちがわるくなって吐いてしまう。苦しい。

なんだか、おもたい借金をせおったような気分だ。じっさい、わたしは多額の借金をしているのだが、借金というものは人間にひどい負い目を感じさせる。他人にカネを借りているのに、それを返せないでいることは、とんでもない恩知らずであり、不道徳であると。だから、ひとはいちど借金をせおったら、将来の自分の時間をカネになるものにしなくてはならないとおもわされる。たぶん資本主義は、この負債の感覚を軸にしてうごいているのだろう。わたしが働かないからといって責めたてられるのは、たんなる労働倫理のせいではない。労働倫理であれば、ある程度の仕事が保障されているのに、働こうとしないことが責められるだろう。しかし、わたしの場合、仕事はないし、今後もあるかどうかもわからない。だから、ほんとうのところ、仕事がなくても生きていける道をさがしたほうがいいはずなのに、それでも将来、自分がカネを稼げるようにしなければいけないとおもわされる。まちがいなく負い目のせいだ。いまの金融資本が、借金でまわっているからなのか、もともと資本主義がそうだったのかはわからないが、ひとはいつだって借金をせおっているかのようにふるまうことがもとめられている。借金を返せないことが悪だとしたら、たくさん借金をして、たくさん返せることが善である。とうぜんながら、じっさいに借金があるかどうかは別として、貧乏であることは、借金を返す能力がないとみなされるわけだからわるいのである。わたしはわるい。

そんなことを考えていたとき、ちょうど名古屋にさそってもらったので、わたしは心を躍らせていた。あつまってくる友人のなかには、わたしが働いていないからといって、のしったりするひとは一人もいない。しかし、そうおもっていたにもかかわらず、コンバースがなくなり、穴のあいたスリッパになってしまった。きっと物にも意志があるのだろう。足をもちあげるたびに、パカパカと音をたてるそのスリッパは、まるでこの貧乏人がとわたしをあざわらっているかのようだ。もうだめだ。そうおもっていたときである。よほど、わたしが絶望的な顔をしていたのだろう。合宿にさそってくれたYさんが「ちょっと待っていてね」といって、他の友人たちのほうに駆けていった。もどってくると、「はい」といっておカネをくれた。三〇〇〇円だ。みんなで五〇〇〇円ずつカンパをしてくれたのである。ありがたい。わたしはYさんも収入がなく、お母さんの年金で暮らしていることを知っていたので、お気持ちがとてもうれしかった。しかも、お子さんもいるわけだから、そのご苦労はわたしなどにははかりしれないものがあるだろう。「ありがとうございます」。わたしはそう言いながら、泣きそうになってしまった。

ともあれ、おカネをもらったことがうれしくてたまらない。これでコンバースが買える。後輩のKくんにつきあってもらって、靴屋をさがしにいった。しかし、これがなかなかみつからない。一時間くらい街をさまよい、いじわるなスリッパに悩まされた。ようやくみつけたのが、ASBeeというABCマートみたいなお店である。念願のコンバースに対面だ。二六〇〇円。安い。さっそくはいてみると、もう自分が自分ではなくなったような心もちだ。足をあげてみると、クツが足についてくる。軽い、軽すぎる。「うひゃー、Kくん、ほらみて。足が！　足が！」。おもわず、大声をあげながら、ぴょんぴょんと跳ねてしまった。Kくんは苦笑しながら、「そうですか」と言っていた。自分の力がどんどんと高まっていくのを感じる。なんだか、これまで自分にのしかかってきたおもたいものが、ぜんぶふっとんだ気がした。自由だ、自由だ。わたしの友人たちが、わたしにおカネをあたえてくれたのは、わたしになにか見返りをもとめてのことではない。ただ親切にしてくれただけのことであり、ほどこしである。コンバースが、わたしにこんなにも力をあたえてくれたのは、二六〇〇円を支払った見返りなどではない。おなじくわたしに親切にしてくれただけのことであり、わたしとともに力の高まりを喜びたかっただけのことである。ひとや物に親切にされて、みずからの自由を感じとりながら、わたしはだんだんとこうおもうようになっていった。無理にはたらく必要なんてないじゃないか。本が読みたい。研究がしたい。やりたいことをやろうとしているだけなのに、四の五の言うひとがいるのであれば、そんなたわごとはもう聞く耳もたずだ。忘れてしまおう。

◆もっと馬鹿になる、修業を積まなければならぬ

さて、大杉栄は、資本主義の根底には奴隷根性があると言っていた。資本主義は、なんでもかんでも数量化し、善悪、優劣のヒエラルキーをもうけようとする。ひとは気づかな

いうちにそれがあたりまえだとおもいこみ、そのなかで高く評価されようと必死になってしまう。ほんとうは他人によって、自分の価値がきめられるなんてとてもおかしいことなのに、たくさんカネをもらえれば、なんだかほめられているようでうれしくなってしまうし、あまりカネをもらえなければ、自分はだめなんだとおもって落ちこまされてしまう。貧乏であることはわるいことであり、負い目に感じるべきものである。もっと働け、カネ稼げと。大杉は、この負債の感覚を奴隷根性とよんだのである。いつだって、もっと支配してくれといわんばかりだ。

しかし、ほんとうのところ、ひとはだれしも素のままでぜんぜんちがう生きかたをしている。わたしは友人のカンパとコンバースのおかげでおもいだしたのだが、ひとがひとをたすけるのに理由なんていらないし、ひとがうれしいとおもうことにまわりの評価なんて関係はない。すべてはほどこしであり、自分が自分のことをすごいとおもえれば、それでいいのである。おそらく、ひとは生きているほとんどの時間を、そうした感覚ですごしている。ひとと話したり、物をつかったりするのに、いちいち対価や効用を考えているときなんて、ごくまれだろう。とはいえ、これは意識してやっていることではなく、いつでもどこにでもある、あまりにありふれた行為である。だからこそ、ちょくちょく忘れてしまって、結局、他人の評価ばかりを気にしてしまうのだ。

どうしたらいいのか。大杉は、ストライキをよびかけた。工場でばかりではない。社会をストライキすること。資本主義では、ひとはよき労働者として生きることばかりでなく、よき消費者として、夫として、妻として、学生として生きることがもとめられている。それぞれのアイデンティティには役割がさだめられていて、より多く稼いだひとがえらいとか、必要もないのに高い物を買えるひとがえらいとか、高収入の夫をもち、子どもを産める女性はえらいとか、将来、労働者になるために勉強をする若者はえらいとかいわれている。そして、その役割を忠実に遂行したひとが道徳的にえらいのである。だが、そんなものによって人間の生がとてつもなくつまらないものにされているのだとしたら、アイデンティティも道徳も、まるごとかなぐり捨ててしまうしかないだろう。

たとえば、工場で資本家の頬をひっぱたき、機械を破壊すれば、クビにされてしまう。よくもわるくも、労働者としてのアイデンティティを捨てることになるわけだ。しかし、大杉はそれでいいのだという。いちど工場をとめたその身体は、もうこれまでの身体ではない。あれもできる、これもできるという自信に満ちあふれている。そして、そこには見返りなんてもとめずに、ともに闘った友人たちとの関係性もつむぎあげられている。暴動にしたっておなじことだ。群集たちは、ときにはデパートのショーウィンドウをたたきわり、商品を略奪する。だが、それは貧しい消費者が、その商品ほしさにおこなった行為ではない。そうではなくて、自分たちの価値がその商品を買えるかどうかによってきめられていることに腹をたてていたのである。暴動とは、群集が消費者としてのアイデンティティをかなぐり捨て、自己の偉大さを感じとろうとする行為である。もうすこし見方を変えてみれば、略奪は物を商品世界から解放する行為であったということもできるかもしれない。略奪というと物騒に聞こえるかもしれないが、わたしにとってのコンバースのように、ひととの出あいかたによって、値段にかかわりなく、かけがえのない喜びをもたらしてくれる物だってある。そんな大切な物に勝手に値札をはられ、優劣をきめられているのはどうなのだろうか。生きとし生けるものを奴隷のようにあつかって、カネで秤にかけるのはよくないことだ。人間ばかりではない、物たちが叫び声をあげている。たすけてあげなくてはいけない。もしかしたら、略奪というのはそんなありふれた感情のあらわれなのかもしれない。

しかし、そうはいっても自分がせおわされているアイデンティティを完全にかなぐり捨てるのはとてもむずかしいことだ。いちど捨てたとおもっても、気づけばより強力なアイデンティティとなって、自分に絡みついているということはよくあることだ。ストライキを打って、仕事をやめたとしても、その後、あまりに貧乏がつづけば、どんな仕事でもいいからといって、働くことに執着してしまうこともあるだろう。あるいは、自分ではカネなんてなくてもいいとおもっていても、かの女や家族にどやされて、心が折れてしまうことだってあるだろう。もしかしたら、社会主義者や左翼活動家になって、資本主義にあらがおうとしていても、なんだかそれが仕事みたいになっていて、気づいたらみずからの生を萎縮させてしまっているということもあるかもしれない。

そう考えてみると、やはりすごいのは大杉だ。かれはひじょうに率直でポジティブなことを書くひとだったので、楽観的な人間であったといわれがちであるが、その人生は決して楽なものだったわけではない。挫折につぐ挫折の繰りかえし。若いころは、軍人を志したが、ぜんぜんなじめずに精神病になり、しかもケンカで刺されて退学になった。社会主義者になってみれば、父親からはどやされるし、その父親とは監獄にいるあいだに死別してしまった。その後、アナキストとして名をあげたかとおもえば、恋愛問題がスキャンダル化しておもいきりたたかれ、仲間の社会主義者が去ってしまった。それでもとふんばり、アナキズムの運動をもりあげて、さらにボルシェビキの友人を信じて手を組んでみたが、これまたおもいきり裏切られた。身内のアナキストからも酷評されて、反大杉派のグループまでたちあがる。それではアナキズムの運動だけでもまとめようとおもってみれば、意見対立がはげしすぎてうまくまとまらない。どうみても失敗つづきだ。

しかし、それでも大杉はまったくぶれなかった。なにかひとつのアイデンティティにでも身をゆだねれば、もうすこし楽な生きかたができそうなものなのに、大杉は打ちのめされれば打ちのめされるほど、もっともっといわんばかりに、定型的な生きかたを突きやぶり、やりたいことだけをやろうと奔走していった。実際、かれにはやりたいことだけでやっていけるという自信があったのだろう。一九一八年、大阪の米騒動をみると、群集が自分のアイデンティティを投げ捨てて、なりふりかまわずに米屋を襲撃している。みんながやりたいことをやろうとしている。しかも、このころ大杉のもとには、社会不適合者としか言いようのないようなアナキストたちがあつまりはじめていた。このアナキストたちが、異様な力を発揮する。雑誌の編集にしても、海外のアナキストとの交流にしても、労働運動のオルグにしても、人間関係のつくりかたにしても、大杉だけではどうにもならないようなことをどんどんやっていく。ほんの数人で群れあつまっただけなのに、まるで自分の力が何十倍にもふくれあがったようだ。

だから、どんなに口ぎたなくののしられ、おまえは社会にとって無用な存在だとか、おまえは日本国民の道徳に背いているとか言われても、大杉はただひとつのことだけを信じていればそれでよかった。ありふれた生の無償性。他人のためになにかしてあげたいとおもうこと、ほどこされたものをありがたくうけとること、決して恩を返そうとはおもわないこと、自分がたのしいとおもうことだけをやってみること。なにも考えなくてもいい、なんの役にたたなくてもいい。それでもわきあがってくる、やむをえない生のうごめき。それが自由だ。「そうだ！　俺は、もっと馬鹿になる、修業を積まなければならぬ」。遊ぶことしか知らない子どもたち。狂気にみちた猿たちの賭博。愚かな野獣たちは、なんどでもおなじことを繰りかえしてしまう。やっちゃいけないといわれても、たとえひどい目にあわされたとしても、気づいたらまたおなじことをやってしまう。いつだって頭は空っぽだ。生まれてはじめて味わうかのように、楽しいことだけにのめりこんでしまう。永遠だ。人間の野獣性を理想主義の衣でおおいかくすのはもうやめよう。もっと率直に、野獣でありたいとおもう。とまれ、アナキズム。

＊

さて最後に、余談になるが、名古屋の合宿のあとのはなしをしておきたい。三月二五日、二三時半くらいだったろうか。わたしの携帯電話が、ビービーっと鳴った。この日はわたしの誕生日だ。すでに疎遠になりはじめていたとはいえ、かの女からだろうとおもい、すぐに電話をとった。みてみると、かの女からではない。名古屋のYさんからのメールだ。「紛失したスニーカーがみつかりました。こんどもっていきます」。うわぁ、おもわず合掌してしまった。誕生日プレゼント。わたしのコンバースが三足になった。

文庫版あとがき——生は永久の闘いである

◆大杉栄はノーフューチャー

こんにちは、ご無沙汰しております。『大杉栄伝——永遠のアナキズム』、文庫になってもどってまいりました。いまこの本をどんなふうによんでもらえるのか、とてもたのしみです。さて、本書をかきはじめたのは二〇一二年のこと。東日本大震災があり、福島第一原発が爆発して東北関東には放射能がとびちり、ぜんぶおしまい、あれも人生、これも人生と、世界の終わりをまだ肌でかんじていたときだった。ハッピー・メリー・カタストロフ。だったら、いまやりたいことを我慢して、将来のためにああしなければならない、こうしなければならないとウダウダ考えていてもムダなことだ。すべてうしなったつもりで、もう死んだつもりでなんでもやってやれ。いつだってゼロ地点だ。そんなおもいで、大杉栄をよみかえしていたのをよくおぼえている。

そしてこの文庫版だ。目下、コロナの大フィーバー。わたしにとって、大杉栄とカタストロフはセットなのだろうか。そんなふうにさえおもってしまいそうだ。だけどちょうどいい機会をもらったとおもう。いま漠然とではあるけれどもノーフューチャー的な世界観じたいは共有されつつあるとおもっているからだ。しかしアナキズムにむかっているのではない。むしろあらたな権力をかたちづくりはじめている。たとえば、もともと男性中心主義やレイシズムがあたりまえだとおもっていたひとがいたとする。表立って意見をいうと批判されるからナリを潜めていた。だけどそういう人たちがみずからのアイデンティティをスパークさせて、公然と意見をいいはじめる。まちがっていてもかまわない。正義をふりかざすリベラルな連中になにをいわれてもかまわない。どうせこんな世界は終わっているのだから。いま死ぬつもりで差別しろ。こわい。

他人ごとではない。うかうかしていたらアナキストだって、マルクス主義者だって、フェミニストだって、エコロジストだっておなじことだ。なんらかのかたちで終末を意識すると、みんな自意識の塊みたいになってしまう。将来などないとおもったとき、一生かけてやろうとしてきたことを、いまやらなければとおもいはじめるのだ。将来がなくなるのではない、「いま」に凝縮されるのだ。いそげ、いそげとせかされる。やればやるほど切羽つまる。ありえたはずのよろこびもたのしみもすべて切り詰めて、いまなすべきことだけをなすのだ。あなたの生を萎縮させます。辛気くさい。

ちなみに、それでなされることが他人を支配することであったり、痛めつけることであったり、殺戮することであったりするかもしれない。だが、客観的な批判は通用しない。その結果も問われない。だって、これで終わりなのだから。正しいかどうかなんて関係ない。問われているのは、おのれのアイデンティティにもとづいて純粋に行動できたかどうか、そういう倫理をまもれたかどうかそれだけだ。まもれないやつらが糾弾され、シバかれていく。正しさなんてどうでもいい。そういいながら純粋さという正しさがたちあがっていく。アイデンティティで「政治」をはっていく。一周まわって絶対正義だ。正義の刀をふりかざし、悪いやつらを斬り殺せ。一言一句、どんな不純も見逃すな。みはれ、市民ポリスたちよ。全集中でとりしまりだ。正直、いまＳＮＳでおこっているのはそういうことなのだとおもう。そのつど正しいわたしを発信しよう。不純なあなたをあばきだせ。オンラインによる統治だ。気をつけろ。

というわけで、いまこそ大杉栄だ。大杉はその人生のなかで、なんどもああ終わった、死んだ、もうダメだという経験をしている。ノーフューチャーをあじわっている。陸軍地方幼年学校を退学になったときもそうだ。大逆事件でなかまを殺されたときもそうだ。恋愛事件でスキャンダルになり、友だちだとおもっていた連中がさってしまったときもそうだ。しかしそのたびに軍人としての将来なんてどうでもいい、社会主義者としての将来なんてどうでもいいと、それまで積み重ねてきたことをすべてかなぐり捨てて、まったく別の生をあゆみはじめる。しかもそれが底抜けにあかるいのだ、陽気なのだ、元気なのだ。あらたな生に酔いしれてピョンピョンとびはね、踊り狂う。

将来を「いま」に凝縮させるのではない。もはやなにが将来だかわからないようなときを生きるのだ。自意識の塊になり、自分を切り詰めて生きるのではない。自分の殻を破壊して、なにが自分だかわからないような自分を生きるのだ。それまでの自分からしたら矛盾したことをやらかすかもしれない。だがそれに気づいたとき自分を倫理的に責めるのではない。むしろまったく予想外のことをやらかしたことによろこびをおぼえるのだ。それができたことにみずからの成長をかんじるのだ。うれしい、たのしい、きもちいい。わが身でかんじるその実感を手ばなしてはいけない。大杉がその生涯をつうじて、その思想をつうじて、わたしたちにおしえてくれているのはそういうことだ。カタストロフ、そりゃけっこうな。それじゃ、こんどは踊ろうか。ヒャッハー。大杉栄はノーフューチャー。

◆スペインかぜ禍のストライキ

しかし、大杉栄がいちばんカタストロフをかんじていたのはいつだったのだろうか。いまこのコロナ禍で考えると、スペインかぜのときだったのではないかとおもう。世界的にはおよそ二五〇〇万人が死亡したといわれているあのスペインかぜだ。これからコロナがどうなるかわからないが、いまのところ世界史上最大のパンデミックである。日本には一九一八年八月に上陸。一九二一年七月までつづいて、死者およそ四〇万人ともいわれている。メタクソひとが死んだのだ。

この時期、大杉はなにを考えていたのだろうか。結論からいっておこう。なにも変わっていない。すくなくともスペインかぜについては発言ゼロ。きっと勘のよい読者のかたはもうお気づきだとおもうが、一九一八年八月である。ドンピシャで米騒動だ。その直前から、大杉はなかまたちとともに、労働運動をたちあげてガンガン、ストライキをうっていこうとはなしあっていた。そんなさなかの米騒動。日本史上最大の大暴動がまきおこってテンションダダあがり。もうストライキのことしか考えていない。せっかくなので、スペインかぜ以前と以後の発言を比較してみよう。

僕は日本の労働者が露国のそれの如く資本主に死刑を宣告するまでの元気が出なければならぬと思う。僕はだからこの会合も今までの如くしたくない。本当に実際的な元気あるものとして真の労働者の群にその運動を向けて行きたい。僕等は多くを望まない。少数でよい（ママ）のだ。本当に元気ある「死刑を宣告する」的の人があればいいのだ。そーして元気ある人達に依って迫害に向かって行けるのだと思う。

（『大杉栄全集　別巻』大杉栄全集編集委員会編、ぱる出版、四〇八頁）

これは一九一八年三月に、大杉が「労働運動研究会」でしゃべったことだ。ちゃんといっておくと、大杉の同志のメモではない。内務省警保局に保管されていた資料だ。ようするに、研究会には警察のスパイがいて、記録をのこしているのだ。おそろしい。では内容はというと、まだ大杉たちがボルシェビキの粛清をしるまえのこと、ロシア革命にアガっている。当時、大杉が労働運動にもとめていたのはなにか。ひとことだ。資本家に「死刑を宣告する」。ヤバすぎだ。そのくらいのつもりでストライキをやってやろうぜというのだ。かっこいい。そして、わかい労働者といっしょにそういう会合をかさねて、いざストライキじゃあとおもったやさきに米騒動。大杉たちがおもっていたより、はるかにすごいものがおこってしまった。シャー。

むろん、大杉にとってはうれしい誤算だったにちがいない。だが、その直後に日本でもスペインかぜが流行しはじめる。ひとがバタバタと死にはじめる。では、それを目のあたりにして、大杉はどんな発言をしていたのだろうか。たとえば一九一九年七月、「著作家組合」の総会ではこんなことをいっている。

毎日毎日騒げということではない。資本家に対し米は幾らにせんければならんというような態度をみせていれば吾々労働者の要求が徹るわけである。御話する事が色々有りますが時間も遅くなる。話を進めると響きが強くなる。すると危険視さるると困るからこれで引きやむることといたします。要するに永久的に大なる恐怖を与うべく押つめて行くことを深く思い感ずるのであります。

（同書、四二二頁）

米騒動は資本家どもに恐怖をあたえた。しかしまだまだたりないぞ。あいつらに「永久的に大なる恐怖」をあたえてやれ。そういっているのだ。ようするに、世界中でスペインかぜが大流行するなか、大杉が発言したのは「資本家に死刑を宣告する」「永久的に大なる恐怖をあたえてやれ」である。そういって会合に集会、密集に密集をくりかえし、若い労働者たちをアジりまくる。あのいばりくさった連中にほえづらをかかせてやれ、ヤッツケルのでありますと。じっさい一九一九年一〇月から、大杉のまわりにいた印刷労働者たちは決死の覚悟でストライキに挑んでいく。狂ってるぜ。

むろん大杉たちにもスペインかぜの情報はつたわっていただろう。まわりでひとが死んでいたはずだ。だけどそれでも工場はうごきつづけている。資本家たちは不衛生な状態のままで長時間はたらけといってくる。スペインかぜ、インフルエンザの現状からしてみたら、死んでもはたらけといっているようなものだ。ならばということである。本文では、資本家が雇ったゴロツキとケンカ上等、ときには工場に火をつけてでも生産活動を止めていたと紹介したが、それは仕事をクビになってもやってやるというおもいと同時に、どうせ死ぬなら、たとえ死んでもやつらをぶちかましてやるぜというおもいがあったにちがいない。スペインかぜ禍のストライキ。いま死ぬぞ。

◆懐かしい未来をとりもどせ

しかしこれはどういう死生観にもとづいているのだろう。そうおもって調べてみると、この時期、唯一、理論的なことをかいているのが、第三章でふれた「生物学から観た個性の完成」だ。この文章で、大杉はこういっている。わたしたちのこの個体は、この有機体は、あるていどまで訓練をかさねると限界にたっしてしまう。勉学をかさねてあたまがよくなっても、武術をまなんで強くなってもそうだろう。あとはそれをどれだけ有効に活用できるのか、その利益が問われるだけだ。この資本主義のためにどれだけはたらかせることができるのか、この国家のためにどれだけ闘わせることができるのか。どれだけ個体の限界を突破しようとしても、けっきょく有用性の秤にかけられて、優劣のヒエラルキーをもうけられてしまう。支配だ。

だけど、この個体の内部でおこっていることはちがう。生命の最小単位をみよ。たとえばアメーバ。アメーバはあるていどまで力がたかまるとパンパーンと爆発して、まっぷたつに分裂してしまう。古い個体が死滅して、あらたな二つの個体に増殖するのだ。原始細胞たちはみずからの個体の利益など考えはしない。いまここでやらねばならぬとおもったら、なにか衝動にでも駆りたてられたかのようにいまの自分をぶち殺し、あらたな生をつかみとる。人間だっておなじことだ。たとえ意識では、みずからの利益をもとめていても、わが内なる原始細胞たちがゆるしはしない。労働者としての利益に反しても、人間としての死をもたらすことになったとしてもやってしまうのだ。パンパーン。

なぜという問いなしに生きる。労働者としての、人間としての利益をとびこえて、原始細胞の生をいきる。これをやったら、もはや労働力商品としてつかいものにならなくなってしまうかもしれない。これをやったら、ヒトとしてつかいものにならなくなってしまうかもしれない。みずからの「個体」「主体」にもとづいて合理的に判断をしたならば、ストライキなどやらないだろう。しかし太古の原始細胞たちが駆りたててくる。おまえの意思など問題ではない。ゆけ、ストライキじゃあ。そういえば、もともと大杉はストライキについて、こんなふうにいっていた。

等しくベルグソンに拠れば、「吾々がある重大な決心をなすべく選んだ吾々の生涯の瞬間、その類において唯一なる瞬間、またその歴史の過ぎ去った時機がその国民のために再来しないと同じく、再び現はれることのない瞬間を追懐」しなければならぬ。
（『大杉栄全集　第二巻』大杉栄全集編集委員会編、ぱる出版、二〇二〜二〇三頁）

「その類において唯一なる瞬間」。その瞬間をつかむのがストライキだ。わが内なるアメーバが破裂するかのように、おのれの身をなげ捨てて、権力者にたちむかい、決起する民衆たちがいる。たとえ血祭りにあげられてもかまわない。その行動に共鳴した人たちがわれもわれもとたちあがり、どでかい革命をまきおこしていく。もちろん、それはいちどきりの出来事であり、一般的な時間の感覚からしたら再来することはないだろう。だが、わが身かえりみず決起する人たちはちがう。ひとが本気でうごくとき、そこに時間など関係ない。まるで生まれるまえからそうすることがきまっていたかのように、過去の革命が再来するかのように、太古の原始細胞たちがもどってきたかのようにうごいてしまうのだ。

これを永遠といってもいいだろうか。未来とは過去の生成である。いちど発動してしまったら、権力者にも自分にも制御できない。だって、生まれるまえからやっていたことなのだから。いくぜ、永遠のストライキ。絶対自由は必然だ。

よし、字数が大幅にオーバーしてしまったので、そろそろまとめにしよう。大杉がいいたかったのはこういうことだ。権力者にマジで闘いをいどむとき、だれもが個体の利益をとびこえて、ありえないことをやりはじめる。たとえクビになっても、たとえ死んでもやってしまう。とつぜん街頭であばれだし、パトカーに放火、そして高級商店を略奪だ。思いつめてやるのではない。やっちゃうのだ。だれにも止めることなどできやしない。太古の記憶がよみがえる。懐かしい未来が還ってくる。スペインかぜが吹きあれるなか、大杉はそんな死生観をつかみとっていたのではないだろうか。さてこのコロナ禍、大杉が生きていたとしたら、なにをいうだろうか。あたりまえの自我が砕け散る。なにが将来かなにが過去かもわからなくなる。栄ちゃん、オレたちもう終わったのかな。バカやろう。まだはじまっちゃいねえよ。懐かしい未来をとりもどせ。生は永久の闘いである。

＊

謝辞です。まずは本書を世にだしてくれた夜光社の川人寧幸さん、ありがとうございました。おかげさまでその後、いろんなところで文章をかかせてもらえるようになりました。

マジで感謝です。そしてこんかい文庫化のお誘いをいただいた岸山征寛さんにも。いつもながらたいへんお世話になりました。ありがとうございます。「解説」をおひきうけいただいた白井聡さんにも。大学のゼミ時代からのおつきあいですが、ずっとリスペクトしてきた先輩なのでほんとうにうれしいです。感謝。それから読者のみなさまにも。さいごまでおつきあいいただき、ありがとうございました。なかなかコロナの勢いがとまりませんが、死んでからが勝負。ということで、またお会いしましょう。さようなら。

二〇二一年二月

栗原　康

注

はじめに

（1）黒耀会主催の民衆芸術展（一九二一年一二月）に出品された大杉栄の書。

第一章　蜂起の思想

（2）米騒動については、とりわけ、井上清、渡部徹編『米騒動の研究』第一―五巻（有斐閣、一九五九―六二年）を参照のこと。

（3）山鹿については、とりわけ、向井孝『山鹿泰治　人とその生涯』（青蛾房、一九七四年）を参照のこと。

（4）この報告書については、社会文庫編『社会主義者無政府主義者人物研究史料1』（柏書房、一九六四年）にて読むことができる。

（5）たとえば、山本作兵衛『筑豊炭坑絵物語』（岩波書店、二〇一三年）を参照のこと。

（6）平岡正明「座頭市オゥ・ゴー・ゴー」（『犯罪あるいは革命に関する諸章』大和書房、一九七三年）を参照のこと。じつは、この「泥棒と町奴」、大杉の文章ではないかもしれないといわれていて、現在、ぱる出版から刊行中の全集には収録されていない。とはいえ、平岡もふくめ、多くの論者がこの文章に刺激をうけて、大杉の米騒動論を考えてきたことはたしかだ。せっかくなので、わたしはこの潮流にのってみたいとおもう。あと、ぱる出版の全集をよんでいて、大杉の米騒動論といえるものが、もうひとつあることに気づいた。「此の酔心地だけは」(『民衆の芸術』一九一八年九月)である。とてもいい文章だ。一読をお薦めしたい。

(7) 原書は、Romain, Rolland, *Le théâtre du peuple*, Paris : A. Michel, 1913. 初版は、一九〇三年。大杉が訳したのは、一九一三年に再版されたものである。

(8) ギー・ドゥボール『スペクタクルの社会』(木下誠訳、筑摩書房、二〇〇三年)。原著は、Debord, Guy, *La société du spectacle*, éditions Buchet/Chastel, Paris, 1967.

第二章　アナキズム小児病

(9)『自叙伝』は、一九二一年一〇月から一九二三年一月にかけて、『改造』誌上で断続的に連載された。大杉の死によって未完に終わり、『自叙伝』(改造社、一九二三年)としてまとめられた。『全集』第一二巻に収録されている。

(10) 梅森直之「号令と演説とアナーキズム」(『初期社会主義研究』第一一号、一九九八年)を参照のこと。

(11) 原著は、Gustav Le Bon, *Psychologie des foules*, F. Alcan, 1895. 邦訳としては、ギュスターヴ・ル・ボン『群衆心理』(櫻井成夫訳、講談社、一九九三年)。

(12) この著作は、Gustav Le Bon, *La naissance et l'evanouissement de la matière*, Mercure de France, 1908 の全文、および *L'évolution de la matière*, Paris: Ernest Flammarion, 1905 の第一巻 (Les idées nouvelles sur la matière) を組みあわせたものである。

(13) 後藤彰信「大杉栄、佐々木喜善との交友と平民社参加の頃」(『初期社会主義研究』第一六号、二〇〇三年）を参照のこと。

（14）「獄中記」は『新小説』一九一九年一月、二月号に連載され、「続獄中記」は同誌四月号に掲載された。同年八月には、「獄中消息」をくわえて、『獄中記』（春陽堂）として出版されている。『全集』第一三巻に収録されている。

（15）大杉栄研究会編『大杉栄書簡集』（海燕書房、一九七四年）を参照のこと。

（16）Charles Albert, *L'amour libre*, Paris, 1902.

（17）大杉が読んでいたのは、以下のフランス語版。Michel Bakounine, *Œuvres*, Paris : Stock, 1895-1913. この全集は、全六巻で、一九〇六年の時点では、第一巻のみが刊行されていた。

（18）Peter Kropotkin, ***Mutual aid : a factor of evolution***, Heinemann, 1902. のちに大杉は、本書を翻訳している。『相互扶助論：進化の一要素』（春陽堂、一九一七年）。

（19）Peter Kropotkin, ***La conquête du pain***, Tresse & Stock 1892. 大杉は、『日本平民新聞』（一九〇八年一月）にて、本書の「自由合意」（La libre entente）の部分を翻訳している。その後、幸徳秋水によって全訳された。『麺麭の略取』（平民社、一九〇九年）。

（20）Peter Kropotkin, ***Memoirs of a Revolutionist***, Smith, Elder, 1899. のちに、大杉は本書を翻訳している。『革命家の思出』（春陽堂、一九二〇年）。

（21）Peter Kropotkin, ***La morale anarchiste***, Temps nouveaux, 1889.

（22）Peter Kropotkin, ***Le communism anarchiste***. この論稿は、『パンの略取』の第三章にあたる。

（23）Peter Kropotkin, *Communisme et anarchie*, Paris : aux bureaux des "Temps nouveaux", 1903.

（24）Peter Kropotkin, ***L'organisation de la vindicte appelée Justice***, Paris : au bureau des "Temps nouveaux", 1901.

(25) Élisée Reclus, *L'évolution, la révolution et l'idéal anarchique*, Stock, Paris, 1897.

(26) Jean Grave, *L'anarchie; son but, ses moyens*, Paris; P.V. Stock, 1899

(27) Errico, Malatesta, *L'anarchie*, En vente au "Libertaire", 1907.

(28) Charles Malato, *Philosophie de l'anarchie : 1888-1897*, Paris: P.V. Stock, 1897.

(29) 原著は、Roller Arnold, *Der soziale Generalstreik*, Berlin, 1905. 渡米していた幸徳が、英語版のThe Social General Strike, Chicago, 1905をもち帰り、一九〇八年に幸徳によって翻訳され、『社会的総同盟罷工論』として秘密出版された。

(30) 大杉は、ダーウィンの主著である『種の起源』(Charles Darwin, *The origin of Species*, London; Johon Mubbay, 1859)を翻訳している。ダーキン『種の起源』(大杉栄訳、新潮社、一九一四年)。

第三章　ストライキの哲学

(31) 原著は、Fabre Jean-Henri, *Souvenirs entomologiques*, Paris : Delagrave, 1879-1907. 大杉は、全一〇巻のうち第一巻を翻訳している。『昆虫記』(叢文閣、一九二二年)。

(32) 近藤憲二『一無政府主義者の回想』(平凡社、一九六五年)を参照のこと。

(33) 梅森直之「大杉栄における『社会』と『自我』」(『早稲田政治経済学雑誌』三〇四・三〇五号)を参照のこと。

(34) 原著は、Lewis, Arthur M., *Evolution: Social and Organic*, C.H. Kerr, 1908.

(35) 原著は、Giddings, Franklin Henry, *The principles of sociology : an analysis of the phenomena of association and of social organization*, Macmillan, 1896.

(36) 原著は、Ward, Lester Frank, *Pure sociology : a treatise on the origin and spontaneous development*

of society, Macmillan, 1903.

(37) とりわけ、大杉が言及しているのは、Friedrich Nietzsche, *Also sprach Zarathustra*, Bd.1-3; Schmeizer, Chemnitz, 1883-1884, Bd. 4; Naumann, Leipzig, 1891. 邦訳としては、ニーチェ『ツァラトゥストラはこう言った』(氷上英廣訳、岩波書店、一九六七年)。

(38) 原著は、Bergson, Henri, *L'évolution créatrice*, Félix Alcan, 1907. 邦訳としては、アンリ・ベルクソン『創造的進化』(真方敬道訳、岩波書店、一九七九年)。

(39) 原著は、Huxley, Julian, *The Individual in the Animal Kingdom*, at the University Press, 1912.

(40) 梅森直之「名あて人なき民主主義」(『両大戦間期の政治思想』新評論、一九九八年)を参照のこと。

(41) 原著は、Georges Sorel, *Réflexions sur la violence*, Librarie de "Pages libres", 1908. 邦訳としては、たとえば、ソレル『暴力論』(今村仁司、塚原史訳、岩波書店、二〇〇七年)。

(42) Stirner, Max, *Der Einzige und sein Eigenthum*, Otto Wigand, 1845. 本書のもっとも古い翻訳が、マックス・スティルネル『唯一者とその所有』(辻潤訳、日本評論社、一九二〇年)である。

(43) 原著は、Jean-Gabriel de Tarde, *Les lois de l'imitation; étude sociologique*, Paris: Félix Alcan, 1890. 邦訳としては、たとえば、ガブリエル・タルド『模倣の法則』(池田祥英、村澤真保呂訳、河出書房新社、二〇〇七年)。

第四章　絶対遊戯の心

(44) 村木源次郎「どん底時代の彼」(『改造』一九二三年一一月)を参照のこと。

(45) 近藤憲二『一無政府主義者の回想』(平凡社、一九六五年)を参照のこと。

(46) アントニオ・グラムシ「アメリカニズムとフォード主義」(『グラムシ選集』第三巻、山崎功監修、合同出版社、一九六二年）を参照のこと。本論文は、エイナウディ版の著作集のうち、『マキャベリ、政治学、および近代国家にかんするノート』（Gramsci Antonio, *Note sul Machiavelli sulla politica e sullo stato moderno*, Einaudi, Torino 1949）を独自に編集し、翻訳したものである。

（47）以下、大正時代の工業化と大正文化の展開については、とりわけ、竹村民郎『大正文化帝国のユートピア』（三元社、二〇〇四年）を参照のこと。

第六章　アナキストの本気

（48）サン・ティミエ大会、およびその宣言については、渡辺孝次『時計職人とマルクス』（同文館出版、一九九四年）を参照のこと。

（49）田中ひかる「大杉栄が出席できなかったアナーキスト国際会議」（『初期社会主義研究』第一七号、二〇〇四年）を参照のこと。

（50）大杉栄「組合運動と革命運動」（『労働運動』一九二〇年六月）を参照のこと。

（51）内田魯庵「最後の大杉」（『新編 思い出す人びと』岩波文庫、一九九四年）を参照のこと。

（52）近藤憲二『一無政府主義者の回想』（平凡社、一九六五年）を参照のこと。

（53）安谷寛一「大杉栄と私」（『自由思想研究』一九六〇年七月）を参照のこと。その後、袋一家は、神戸の安谷宅に避難している。そのとき、安谷に大杉宅の様子を話したようだ。

（54）辻まこと『居候にて候』（白日社、一九八〇年）を参照のこと。

（55）『大杉栄追想／大杉・野枝・宗一死因鑑定書』（黒色戦線社、一九八四年）を参照のこと。

大杉栄　略年譜

年月日	事歴
一八八五年（〇歳）	一月一七日、香川県丸亀町に生まれる。
一八八九年（四歳）	父の異動で新潟県新発田本村にうつる。
一八九九年（一四歳）	名古屋陸軍地方幼年学校に入学。
一九〇一年（一六歳）	同期生と乱闘の末、ナイフで刺されて重傷を負う。ケンカ両成敗で退校処分。
一九〇二年（一七歳）	上京し、順天中学校五年に編入学。翌年、東京外国語学校に入学。この頃、海老名弾正から洗礼をうける。
一九〇四年（一九歳）	日露戦争に際して、愛国心をむきだしにする海老名に反感。教会とは縁を切る。この頃から、平民社に通いはじめる。
一九〇六年（二一歳）	日比谷公園で電車料金値上げに反対し、デモを扇動。兇徒聚集罪で逮捕される。東京監獄に収監。保釈後、堀保子と結婚する。エスペラント語学校を創設し、講師となる。
一九〇八年（二三歳）	金曜講演会屋上演説事件で逮捕。禁固一ヵ月半。巣鴨監獄に入獄する。出獄後、赤旗事件で逮捕。禁固二年半。千葉監獄に入

獄する。入獄中に大逆事件がおこる。

一九一一年（二六歳）　大逆事件で処刑された仲間たちの遺体をひきとる。

一九一二年（二七歳）　一〇月、荒畑寒村と『近代思想』を発刊。翌年には、サンディカリズム研究会をはじめている。

一九一四年（二九歳）　『近代思想』を廃刊にし、『平民新聞』を発刊。第四号以外はすべて発禁となる。

一九一五年（三〇歳）　『近代思想』を復刊させるが、第一号、第二号以外はすべて発禁に。仲間うちで開催していたサンディカリズム研究会を平民講演会に発展させる。

一九一六年（三一歳）　『近代思想』を廃刊に。一一月、葉山日蔭茶屋で神近市子に刺される。堀保子とは別居。伊藤野枝と暮らすようになる。

一九一八年（三三歳）　一月、『文明批評』を発刊。和田久太郎や久板卯之助の『労働新聞』を手伝う。二人とともに労働問題研究会をはじめる。八月、大阪で米騒動を視察。新聞社をまわってデマを流す。

一九一九年（三四歳）　近藤憲二や村木源次郎の北風会に研究会を一本化する。この研究会の参加者で演説会もらいに繰りだす。一〇月、第一次『労働運動』を発刊。信友会のストライキを支援する。

一九二〇年（三五歳）　コミンテルンの密使が来る。一〇月、上海に密行し、極東社会主義会議に出席。一二月、日本社会主義同盟・創立報告大会に参加しようとしたが、警察に拘束される。「おれは大杉だ、おれ

一九二一年（三六歳）

は大杉だ」と叫んだ。

一月、第二次『労働運動』を発刊。アナ・ボル協同をかかげる。仲間のアナキストからは非難囂々。二月、肺結核を悪化させて危篤。聖路加病院に入院する。入院中、ボルシェビキは大杉をだし抜いてコミンテルンと接触。しかも近藤栄蔵が警察に拘束されてすべてを話してしまう。アナ・ボル決裂。一二月、大杉は第三次『労働運動』を発刊しボルシェビキ批判を全面展開する。

一九二二年（三七歳）

二月、八幡製鉄所罷工記念演説会に出席。演説をしてうなるような歓声をあびる。その帰路、大阪の労働運動家と会合をひらき、労働組合の全国的総連合の結成にむけてうごきだす。九月、大阪天王寺公会堂の総連合創立大会に出席。労働運動内の路線対立が鮮明になり決裂。一二月、国際無政府主義大会に出席するため日本脱出。上海へ。

一九二三年（三八歳）

二月、フランスに入国。中国のアナキストと交流を深める。渡仏中の林倭衛とパリを遊び歩いた。パリ郊外のサン・ドニでひらかれたメーデーに参加。演説をして逮捕される。強制送還されて七月に帰国。帰国後は、アナキスト、サンディカリストの全国的ネットワークを結成しようとつとめた。九月一六日、関東大震災後の混乱のさなか、甘粕正彦率いる憲兵隊に拘束され、伊藤野枝、橘宗一とともに虐殺される。

参考文献

◇大杉栄の著作

『大杉栄全集 全九巻、別冊』（大杉栄全集刊行会、一九二五—二六年）
『大杉栄全集 全一四巻』（現代思潮社、一九六四—六五年）
『ザ・大杉栄：大杉栄全一冊愛蔵版』（第三書館、二〇〇四年）
『［新編］大杉栄全集 全一二巻＋別巻』（ぱる出版、二〇一四年から刊行）
『大杉栄書簡集』（海燕書房、一九七四年）
『叛逆の精神：大杉栄評論集』（平凡社、二〇一一年）
『大杉栄評論集』（飛鳥井雅道編、岩波書店、一九九六年）
『日本の名著46　大杉栄』（中央公論社、一九八四年）
『自叙伝・日本脱出記』（飛鳥井雅道校訂、岩波書店、一九七一年）
『獄中記』（土曜社、二〇一二年）※土曜社版の『自叙伝』『日本脱出記』もある。

◇大杉栄の雑誌

『近代思想』（黒色戦線社、一九八二年）※一九一二年一〇月—一九一六年一月の復刻

『平民新聞』（黒色戦線社、一九八二年）※一九一四年一〇月―一九一五年三月の復刻
『文明批評』（大正労働文学研究会、一九八〇年）※一九一八年一月―二月の復刻
『労働運動　第一次―第四次』（黒色戦線社、一九七三年）※一九一九年一〇月―一九二六年七月の復刻
『労働運動　第五次』（黒色戦線社、一九八一年）※一九二七年一月―一〇月の復刻

◇大杉栄の評伝、研究書（単著）

大沢正道『大杉栄研究』（同成社、一九六八年）
秋山清『大杉栄評伝』（思想の科学社、一九七六年）
高野澄『人と思想91：大杉栄』（清水書院、一九九一年）
松本伸夫『日本的風土をはみだした男：パリの大杉栄』（雄山閣出版、一九九五年）
鎌田慧『大杉栄　自由への疾走』（岩波書店、一九九七年）
竹中労『断影　大杉栄』（筑摩書房、二〇〇〇年）
飛矢崎雅也『大杉栄の思想形成と「個人主義」』（東信堂、二〇〇五年）
大杉豊編著『日録・大杉栄伝』（社会評論社、二〇〇九年）

◇大杉栄特集（雑誌、評論集）

『新編 大杉栄追想』（土曜社、二〇一三年）※『改造』（一九二三年一一月）の復刻
『労働運動：大杉栄・伊藤野枝・追悼号』（一九二四年三月）

『初期社会主義研究（特集：大杉栄）』（第一五号、二〇〇二年一二月）
『大杉栄：日本で最も自由だった男』（河出書房新社、二〇一二年）
『大杉栄と仲間たち：「近代思想」創刊一〇〇年』（ぱる出版、二〇一三年）
『アナキズム（特集：大杉栄と現在一九二三―二〇一三）』（第一七号、二〇一三年一一月）

◇大杉栄とその仲間たち

伊藤野枝『定本 伊藤野枝全集 全四巻』（学芸書林、二〇〇〇年）
近藤憲二『一無政府主義者の回想』（平凡社、一九六五年）
和田久太郎『獄窓から』（黒色戦線社、一九八八年）※労働運動社（一九二七年）の復刻
松下竜一『久さん伝』（河出書房新社、二〇〇〇年）
向井孝『山鹿泰治　人とその生涯』（青蛾房、一九七四年）
逸見吉三『墓標なきアナキスト像』（三一書房、一九七六年）
水沼辰夫『明治・大正期自立的労働運動の足跡』（ＪＣＡ出版、一九七九年）
宮本正男『大杉栄とエスペラント運動』（黒色戦線社、一九八八年）
古田大次郎『死の懺悔』（黒色青年社、一九八三年）※春秋社（一九二六年）の復刻
トスキナアの会編『中濱鐵 隠された大逆罪』（トスキナアの会、二〇〇七年）
小松隆二『大正自由人物語：望月桂とその周辺』（岩波書店、一九八八年）
足立元『前衛の遺伝子：アナキズムから戦後美術へ』（ブリュッケ、二〇一二年）

日本アナキズム運動人名事典編集委員会編『日本アナキズム運動人名事典』（ぱる出版、二〇〇四年）
竹中労（著）、かわぐちかいじ（画）『新装版 黒旗水滸伝：大正地獄編 全四巻』（皓星社、二〇一二年）

◇歴史的背景について

井上清、渡部徹編『米騒動の研究 第一巻―第五巻』（有斐閣、一九五九―六二年）
大沢正道編『思想の海へ17：土民の思想』（社会評論社、一九九〇年）
有馬学『日本の近代4：「国際化」の中の帝国日本』（中央公論新社、一九九九年）
竹村民郎『大正文化 帝国のユートピア』（三元社、二〇一〇年）
酒井隆史『通天閣：新・日本資本主義発達史』（青土社、二〇一一年）

◇アナキズム入門

平岡正明『犯罪あるいは革命に関する諸章』（大和書房、一九七三年）
松田政男『風景の死滅　増補新版』（航思社、二〇一三年）
久保隆『戦後アナキズム運動試論』（北冬書房、一九七六年）
矢部史郎、山の手緑『無産大衆神髄』（河出書房新社、二〇〇一年）
高祖岩三郎『新しいアナキズムの系譜学』（河出書房新社、二〇〇九年）
ダニエル・ゲラン『現代のアナキズム』（江口幹訳、三一書房、一九六七年）

ジョージ・ウドコック『アナキズム　復刻版（Ⅰ・Ⅱ）』（白井厚訳、紀伊国屋書店、二〇〇二年）
デヴィッド・グレーバー『アナーキスト人類学のための断章』（高祖岩三郎訳、以文社、二〇〇六年）
不可視委員会『来たるべき蜂起』（『来たるべき蜂起』翻訳委員会訳、彩流社、二〇一〇年）
ジョン・ホロウェイ『革命：資本主義に亀裂をいれる』（高祖岩三郎、篠原雅武訳、河出書房新社、二〇一一年）

解　説――奴隷根性は道徳的腐敗と経済的破綻を生んだ

白井　聡（政治学者）

奴隷根性の氾濫

つくづく厭な世の中になった、と毎日のように感じる。それは、政府がクソだから、政治家どもがクソだから、役人どもがクソだから、資本家どもがクソだから、というだけではない。だいたいいつの時代にもこれらは全部クソだったのだから、別にいまさら嘆く気にもなりゃしない。厭なのは、これらのクソなものどもに対する、人としてのごく当然の反応、すなわちそれらへの人々の憤りがドンドン減ってきているように思われることだ。生ける屍のような連中が増えてきてるってことだ。

しかも、「死人に口なし」で静かなことだけが唯一の取り柄のはずなのに、この屍どもはしばしば大変やかましい。クソな政府、クソな政治家などに対して当たり前の怒りを表明する人を見つけると、屍どもはピィピィ騒ぎ出す。やれ、「お前にも非がある」だの「小さなことで騒ぎすぎ」だの「偏っている」だの、あーだこーだ、どーだこーだ、御託を並べる。これらのつまらぬ小理屈を考え出すことに費やされている時間と労力は、壮大な無駄である。彼らのイイタイコトはただ一つで、「現に在る権威と権力は常に正しい」ということだけであって、かつ、その命題は何かに対する分析ではなく、彼らの世界に対する根本的な態度を言い表しているだけなのだから、「私の鼻は茶色いのです」（brown noser、その意味が分からない人は自分で調べてほしい）とひとこと宣言すれば、それで本当は十分なのだ。

かつて、ファシズムを支持する大衆の心理を分析したエーリッヒ・フロムは、現に存在する権力・権威に対して、それがただ単に存在するという理由のみによって進んで服従する連中の人間性を、「権威主義的性格」と呼んで分析した（『自由からの逃走』）。これらの手合いは、自らの中に価値の基準を設定し、自らの意志によって判断を下すという自由の重みに耐えられず、そこから逃げる。こうして惨めな屁理屈屋が誕生する。彼らは、「逃げ出した不安な私」をかろうじて支えてくれる権威を懸命に称賛し、正当化する一方、権威を批判する者や反撃して来るおそれのない相手を非難（きわめてしばしば誹謗中傷）することに熱中する。彼らが屁理屈の領域（言語の領域）にとどまっている間はまだマシだ。権威への服従の熱意が高まれば、言語は行為へと転化し、ヘイトクライムやテロへと至る。否、今日のネット上のこうした種類の言論は、すでに暴力と同様の機能を果たすに至っている。事実上の暴力と化している。

こうした醜悪さが広がる一方で、反骨とか気骨とか、かつては無条件的に美徳だと考えられてきた言葉も、とんと聞かなくなった。完成された奴隷根性。令和の日本社会は一個の巨大な肥溜めみたいなものとなってしまった。

だからいま、大杉栄は最も求められない思想家だ。「反抗？　自由？　アナーキー？　へぇ、何それ美味しいの？　っていうか、そういうのが必要だとか言えるのは余裕があるからでしょ？　上から目線なんだよ」。死体は元気いっぱいによく喋る。

社会はどこまでも腐敗しうる

本書は、栗原康がそんな時代めがけて放り込んだ爆弾だ。「最も求められない」とは、実は「本当は最も求められている」ということにほかならない。栗原が愛してやまない大杉は、右に述べた「奴隷根性」分析の大家であった。

一九一三年に書かれた文章「征服の事実」において、大杉は人間社会の起源を「征服の事実」に見定める。要するに、一方が他方に対し暴力において勝ったので、従わせることになったところから社会は始まった。だから、両者の関係は本来対立的なものであって、被征服者は隙あらば征服者の寝首を掻いてやろうと思っているし、征服者は歯向かう者は鎮圧してやると考えている。「しかし、いちいち武力をもちいて反乱をおさえていたのでは、費用がかさんでしかたがない。もうすこし楽がしたい。そこで征服者が考案したのが、法律であった。征服者に有利な法律がつくられる。だが、その法律をまもっているかぎりでは、被征服者にも自由が認められる」（本書、一二四—五頁）。こうして服従は「自発的な】ものとなってゆく。自発的な服従を引き出す力のことを、政治学では「ソフト・パワー」と呼んだりする。

しかし、いくら「ソフト」で心地好いものとなったとしても、原初の「征服の事実」が消えることはないのだ。大杉は言う。「社会は進歩した。したがって征服の方法も発達した。暴力と瞞着との方法は、ますます巧妙に組織立てられた。／政治！法律！宗教！教育！道徳！軍隊！警察！裁判！議会！科学！哲学！文芸！その他いっさいの社会的諸制度！！」（「征服の事実」：本書一二五頁に引用）。

この文を受けて栗原は指摘する。すなわち、これらの社会的諸制度が発展し、人々の生活が快適・安全になるにしたがって、やがて被征服者はいやいや従うどころか命じられることに快楽を覚え、主人に対する感謝の気持ちさえ持つようになるのだ、と。「だが、これがありがたいとおもえるのは、主人の命令を聞いているかぎりである。奴隷が、奴隷自身の言葉で、奴隷自身の文化をかたりはじめたとき、かれらはすぐにとりしまりの対象になる。征服者によってばかりではない。おなじ被征服者からも、罵声をあびせかけられる。おまえたちのせいで、社会の恩恵をうけられなくなったらどうするのか、責任をとれるのか、この反社会的、反道徳的な賊徒どもがと」（本書、一二六頁）。

この部分は、「征服の事実」の後で「奴隷根性」が生まれ、完成するメカニズムを見事にとらえたものだと思う。鎖につながれた奴隷は、まだ完璧な奴隷ではない。鎖でつながなければならないのは、逃亡の惧れがあるからだ。完璧な奴隷とは、見えない鎖につながれた状態をこの上なく素晴らしい状態だと感じている奴隷だ。しかも、それは奴隷の自己満足にとどまらない。この奴隷は、「それでもやはりあなたは奴隷にすぎない」と自由人から指摘されると憤激する。いや、もっと言えば、自由人が存在するという事実は、奴隷の本当の惨めさを明らかにしてしまうから、自由人はただ単に存在するだけで奴隷にとって許しがたいものとなるのだ。「全員奴隷にならなければならない！」

何たる命令だろう。しかし、この「奴隷宣言」「奴隷化のススメ」、否「総奴隷化命令」は、こんな直接的な表現ではなく、道徳の形態をとって発せられるのである。だから奴隷たちは、一見実に道徳的なのだ。「感謝しなさい、秩序を守りなさい、悪い奴はやっつけましょう」と。しかも、そう言っている当人は、自分が道徳的に振る舞っていることを毫も疑わない。

だから、少し別の角度から見れば、これは「通俗道徳」（安丸良夫）が発生するメカニズムをとらえたものだとも言える。通俗道徳とは、勤勉・倹約・謙譲・孝行といった項目を代表とする、平均的な日本人が日常生活のなかで尊重する規範であるが、それは歴史的には近世中期に発生し、明治以降の近代化の過程でも強力に作用してきた。「みんな真面目に働き、仲良く暮らそう」という、それそのものでは穏当な呼びかけは、支配機構の統治手段と結びつくとき、「奴隷の道徳」へと変成し、精神抑圧の装置と化す。それは、不正があっても「文句を言うな、和を乱すな」という命令へと結晶するのである。この奴隷道徳は、天皇制の支配秩序の根幹を支えながら人々の精神の在り方を規定し、あの戦争、悲惨な敗戦によって一度は巨大なダメージを受けたものの、戦後日本がはっきりと衰退の局面に入ったいま、再び強烈な力を発揮している。

そんな時代に栗原は言い切った。「それでもなお反逆してやることはできるだろうか。征服の事実にあらがうことはできるのだろうか。大杉は、躊躇せずにこういった。社会も道徳もくそくらえ」(本書、一二六頁)。

大杉栄論として栗原がこう書いたことは、とても大胆だと私は思う。なぜなら、大杉は大枠においては社会主義者に分類される人物であり(無政府主義は社会主義の一種に分類される)、社会主義とは「社会」の可能性を信じ、期待する思想であるからだ。それなのに、社会主義者が社会を否定したというのだ。社会は、国家による支配を逃れて、あるいは少なくとも最小限化させて、人々がよく生きることができる基盤なんかではない、と言い切ったのだ。

そして、この洞察は正しい。現に私たちは、社会はどこまでも腐敗しうるという事実を目撃している。「社会的なるもの」に依拠して、権力の腐敗に対抗するという発想の無理を突きつけられているのだ。大杉=栗原が言うように、社会の根源は「征服の事実」にあり、その上に何を重ね塗りしても、その根源が入れ替わるわけではない。重ね塗りを可能にしてきた諸々の条件(国民経済の成長であったり、福祉国家化であったり)が崩れてくれば、社会の地金が現れる。征服者は「征服の事実」の上で驕り高ぶる一方、被征服者の側では征服者に媚びを売り、他の被征服者を抑圧することで自分が相対的に上昇しようとしたり、抑圧することから快楽を得ようとする、あさましい奴隷根性が蔓延する。社会とはそのようなものでしかあり得ないものならば、私たちはそれを根本的に拒絶するほかない。

大杉栄を虐殺した国と社会が行き着いた成れの果て

栗原が本書の原著を世に出してから八年、その間に日本社会の劣化は如実に進んだ。ならば、いま私たちは、どうやって社会を拒絶するのか。

本書の優れた点の一つは、大杉の労働観を掘り下げることによって、現代の労働において最も焦点化している問題に迫っているところにある。大杉によれば、労働運動は、労働者の相対的な待遇改善を目指すものであるべきではない。資本主義社会における賃労働の問題は、低賃金や過酷さのみではない。それらの問題は、生産力の上昇や競争力の上昇によって相対的に改善されうるし、現に改善されることもある。大杉に言わせれば、真の問題は、資本主義社会における労働者は、自分の運命をすべて他者（資本）によって握られてしまうことにある。労働者の自己喪失が進んでゆくことにあるのだ。

この傾向を飛躍的に推し進めるのがテーラー主義である。経営学者のフレデリック・テーラーは、労働の「科学的管理法」を提唱し、労働者には資本への協力を、資本家には労働者への利潤の還元を唱えた。「科学的に管理」されるべきは、労働者の労働現場での身体の動きであり、機械の動きへの人間の一体化の要請である。テーラーは、労働者に機械の歯車の一つになることを求め、言い換えれば、その苦痛に耐えることを求め、その結果達成される高い生産性と競争力によって生じる超過利潤の一部を、苦痛の見返りとして資本は労働者に還元するべきだ、と主張したのである。この考え方は、二〇世紀後半に西側諸国で花開くフォーディズム型資本主義の時代を支える基礎となり、日本式に言えば「労使協調」の理念として戦後の経済成長を促進した。

フォーディズム・テーラー主義によって、先進諸国の労働者階級は一般的に富裕化した。しかし、それは一種の毒饅頭であったのだ。栗原は大杉の議論を敷衍して次のように言っている。

いかにして大量に物をつくるのか。ほんとうは資本家がカネもうけをするための欲望にすぎなかったのに、労働者も賃金があがるからといって、それがあたかも自分の欲望であるかのようにおもいこまされてしまう。おもうように働くことができなくなり、資本家のいうことを聞いて、資本家のために働くようになってしまったのに、すこしでも賃金をあげてもらえばありがたいといって、資本家をあがめてしまう。(本書、二三六頁)

この倒錯は、「征服の事実」から「奴隷根性」が発生してくるメカニズムの労働版なのである。この奴隷根性の問題性は、フォーディズム型の資本蓄積が機能している間は表面化しなかった。労働者が自由を自発的に放棄して「労使協調」することへの見返りが与えられたからだ。問題は、グローバル化と新自由主義化によって、いまやほとんど見返りがないにもかかわらず、資本家に対する「感謝」や「崇拝」の念が消え去らない、というところにある。言い換えれば、主人に養ってもらえなくなった奴隷がなおも主人を恋い慕い続けている。

　フォーディズムが行き詰まったことによって形成されてきた新しい生産様式は、「ポスト・フォーディズム」と呼ばれることもある。この新段階への資本主義システムの移行を肯定的にとらえた左派思想家として有名な人物に、イタリアのアントニオ・ネグリがいる。ネグリに言わせると、フォーディズムの時代には労働者は黙々と単調な労働に耐えることが要請されていたのに対し、ポスト・フォーディズムの時代では労働者自身のイニシアティブ、創意工夫が要請される。この転換は、労働者の解放を意味するという。なぜなら、フォーディズムの世界では労働者が自らの自由を手放し、主体性を抹消することが求められたのに対し、ポスト・フォーディズムの世界では労働者が自由に思考・行動すること、つまり主体性を発揮することが求められるからだ。

　このネグリの立論の当否は、ここでは問わない。当座指摘しておきたいのは、日本資本主義が、このポスト・フォーディズムへの転換に直面して、失敗の泥沼に落ち込んでいることだ。最近のビジネス誌の論調を見ると、あたかも丸山眞男（まるやままさお）の論文の戯画を見る思いがする。いわく、「日本経済の不調は労働生産性の低さゆえであり、その低さの原因は、日本の労働者が同調圧力の強い社会で主体性を発揮できないからだ」といった類の議論が大量に生産されている。要するに、奴隷根性がひどすぎるせいでからっきし儲けられなくなった、というのである。奴隷根性が蔓延した社会は、道徳的に腐敗しているだけでなく、経済的にも破綻しつつあるのだ。大杉栄を、その自由を憎み、虐殺した国と社会が行き着いた成れの果ての姿がこれだ。

生命の力は人間を爆弾にする

そんな現状がどう変わりうるのか。栗原が唱えているのは、あくまで正攻法だ。すなわち、大杉の言う「労働者の自己獲得」への欲求、「自分で、自分の生活、自分の運命を決定したい」(本書、二二六頁)、もっと人間的でありたいという欲求が人々のあいだで高まる以外に本当の意味での解決はない。私たちは、そうした欲求に対して素直であってよいはずなのだ。そんな生き方がどうやって可能になるのだろうか。

今回、本書を読み返してみてあらためて気づかされたのは、大杉を取り巻く人物たちの魅力だった。幸徳秋水や堺利彦、荒畑寒村といった著名な人物に関しては多くのことが語られ、書かれてきたし、彼らは自ら語る言葉を持っていたから、それぞれの魅力についてはここで言及するまでもない。私が心を惹かれたのは、いまはもうほとんど忘れられてしまった、より無名で、自ら語る言葉をあまり持たなかった人々である。

例えば、大逆事件で実際に爆弾を作成・実験し、弾圧のきっかけを作ってしまった宮下太吉、管野すが、新村忠雄、古河力作ら。甘粕事件の後、大杉らの仇を討とうとした和田久太郎、村木源次郎とギロチン社の面々。これらの人々は、例えば『平民新聞』を読み、社会主義者となり、行動を企て、そしてあっという間に首を縊られた。彼らの多くは、特に高い教育を受けたわけではない、普通の勤労者、市井の人であった。見たところごく平凡な人間が、社会的矛盾を感じ、その構造に関する幾ばくかの知識を得て、そして瞬く間に社会主義者・無政府主義者となってゆく。当時、「主義者」というレッテルがどれほど呪われたものであったかを忘れてはなるまい。それは、社会＝村からの永久追放、村八分を意味した。何の躊躇いもないかのように突っ走って行った彼らの道行きは、「直情径行」という言葉では言い尽くせないほど、異様なまでに激しいものに見える。

だが、栗原の生き生きとした叙述は大切な事実を浮かび上がらせる。すなわち、彼らは、本当に異様なのだろうか。彼らが異様に見えるとすれば、異様なのは本当は私たちの方ではないのか。彼らはただ、人間として、いや生き物として当然味わわれるべき生命の喜びを享受するために、それを妨げるものを壊そうと体当たりして行っただけではないのか。「なぜそんな真っ直ぐで大胆な生き方ができたのか」、と問うことにおそらく意味はないだろう。人間とは、生命とはそういうものだ、生命とは「永遠のアナキズム」なのだとしか言いようがあるまい。彼らは自らの死を全く恐れなかったように見えるが、権力・社会が生命の本分を妨げているとき、すなわち生命を現に殺しているとき、殺されることを恐れる道理はなかったのであろう。彼らが社会の拒絶と死を恐れなかったことは即、生命の論理への忠実であり、生命の本来の喜びを譲らないことにほかならなかった。

こうして生命の力は人間を爆弾にするのだし、その事実を克明に描き出した本書自体も爆弾の一種だ。それは、この時代に向けて、今日の日本社会という肥溜めめがけて放り込まれた。さらには、本書の上梓以来快進撃を続ける栗原は、次々と爆弾を投じている。

もちろんここで言う「爆弾」とは、栗原が暴力を推奨しているとか使嗾(しそう)しているとかいうことでは全くない。各人が持つ本来の生命の力、それを時にはストライキとして、時には打ち壊しとして、時には芸術の創造として、時には相互扶助として、爆発させることを指しているのだ。栗原の爆弾はいつの日か、肥溜めを、そこに住む生ける屍諸共吹き飛ばすだろう。その時私たちは、糞まみれになりながらも、歩き始められるはずだ。生命の喜びを噛みしめながら。

人物解説・索引

五十音順、《 》内の数字は本書登場頁をさす

赤松克麿（あかまつ・かつまろ）
1894～1955
山口県生まれ。東京帝国大学卒。在学中に新人会をつくる。1921年、日本労働総同盟に参加。第1次共産党にも参加した。のち検挙され、転向。その後、日本主義や国家社会主義をかかげる。1940年、大政翼賛会企画部長。
《*234*》

浅原健三（あさはら・けんぞう）
1897～1967
福岡県生まれ。1914年、日本大学専門部法科に入学。在京中に大杉栄を知り、北風会の活動に参加。1919年、帰京し、八幡製鉄所の労働運動の組織化をはかる。日本労友会結成。大規模なストライキを決行した。1925年、九州民権党を結成。1928年、衆議院議員に当選。議会で日中不戦をとなえ、1932年に落選。その後は石原莞爾に接近した。石原が失脚すると、浅原は治安維持法で検挙。出獄後、名前をかえて上海へおもむいたが、1944年、東条英機暗殺未遂で逮捕。翌年釈放。
《*249～251*》

安部磯雄（あべ・いそお）
1865～1949
福岡県福岡市生まれ。同志社英学校でまなび、新島襄から洗礼をうける。卒業後、アメリカ、ドイツに留学し、帰国後、1895年に同志社の教授となり、その後、早稲田大学にうつった。1901年、社会民主党結成。キリスト教の立場から社会主義の宣伝につとめた。
《*155,184,185,(11),(13),(14),(21)*》

甘粕正彦（あまかす・まさひこ）
1891～1945
仙台生まれ。陸軍軍人。憲兵大尉時代に大杉栄、伊藤野枝、橘宗一を殺害。禁固10年の判決をうけるが、1926年には出獄。1930年、満州に渡り、満州国建国のために暗躍。1938年、満州国代表団とし

てイタリアを訪問し、ムッソリーニと会談。翌年には満州映画協会の理事となった。従兄弟がマルクス主義経済学者の見田石介、その息子が社会学者の見田宗介である。

《*290〜292,295,343,(24)*》

荒川義英(あらかわ・よしひで)
1894〜1919
愛知県生まれ。父の友人であった堺利彦の紹介で、『生活と芸術』に小説を寄稿。その後、『近代思想』『早稲田文学』などに作品を発表した。
《*107*》

アラゴン(ルイ・アラゴン)
1897〜1982
フランスの作家、評論家。1919年、アンドレ・ブルトンとともに雑誌『文学』を創刊。シュルレアリズムをとなえる。1927年、フランス共産党に入党。以後、党のための文章を書きはじめる。
《*175*》

荒畑寒村(あらはた・かんそん)
1887〜1981
神奈川県横浜生まれ。1912年、大杉栄とともに『近代思想』を創刊。翌年からサンディカリズム研究会をはじめる。その後も、月刊『平民新聞』、第2次『近代思想』と大杉と行動をともにするが、しだいに思想的、感情的なもつれが生じ、決別。荒畑はサンディカリズムから共産主義の立場に転じた。1922年、堺利彦、山川均らと共産党を結党。翌年にはソ連を訪問している。その後は、山川と行動をともにし、労農派の立場をとった。戦後は社会党に参加し、衆議院議員になっている。
《*69〜71,78,95,96,98,99,106,107,143〜148,151,156,160,161,186,187,189,192,224,248,256,257,287,342,(6),(12),(13),(19),(36),(40),(43)*》

有島武郎(ありしま・たけお)
1878 〜 1923
東京水道橋生まれ。札幌農学校卒。トルストイ、ホイットマン、クロポトキンに傾倒する。1907年、ロンドンに亡命中のクロポトキンを訪ねる。日本の現状を話し、幸徳秋水宛の手紙をあずかった。大逆事件後は文学に専念、『白樺』に参加。大杉栄とも交友関係をもち、1922年、大杉がアナキスト国際会議に出席するための資金提供

をした。1923年6月、軽井沢で自殺。
《*207,266,(40)*》

有吉三吉（ありよし・さんきち）
？～？
東京台東区生まれ。自宅でゴムマリの絵付け業をいとなむ。1915年、近代思想社の会合に顔をだし、大杉栄とも親しくなった。1918年、大杉や和田久太郎がひらいていた労働問題座談会は、有吉宅でひらかれていた。しかし翌年、和田に官憲のスパイであったことがあばかれてしまい、また1920年1月にはスパイよばわりしてきた中村還一を刺してしまい、以後、運動から遠ざかった。
《*155*》

安藤忠義（あんどう・ただよし）
1854～1920
江戸生まれ。外務省にはいり、フランス語の外交文書や法典を翻訳。のちに陸軍大学校や早稲田大学で教授をつとめている。著書に『新式仏語文法』（1919年）がある。
《*71*》

伊串英治（いぐし・えいじ）
1899～1968
愛知県名古屋生まれ。名古屋の米騒動に参加する。その後、大杉栄や和田久太郎と知りあう。1920年1月、『労働運動』名古屋支局の責任者になった。
《*279*》

生田春月（いくた・しゅんげつ）
1892～1930
鳥取県米子市生まれ。1907年、上京。生田長江の書生となる。1917年に『霊魂の秋』、1918年に『感傷の春』を新潮社から出版。詩人として名をはせる。ニヒリズムの影響が強い。1929年11月、石川三四郎が『ディナミック』を創刊すると、毎号、詩を寄稿している。翌年、汽船から播磨灘に身を投げて自殺した。
《*43*》

石川三四郎（いしかわ・さんしろう）
1876～1956
埼玉県本庄生まれ。1898年、東京法学院に入学。1901年、本郷教

会で海老名弾正から洗礼をうける。1902年、堺利彦の紹介で万朝報の黒岩涙香の秘書となる。1903年、堺とともに退社。平民社にはいる。1905年、木下尚江とともに『新紀元』を発刊。その後、入獄と出獄を繰りかえす。大逆事件はまぬがれたが、生活に窮し、1913年、非合法出国を決意。イギリスのカーペンターを訪ねた。しかし、イギリスでも仕事はみつからず、ベルギーでポール・ルクリュ宅の居候になる。第一次大戦がはじまると、ともにフランスに渡り、農作業をしてすごした。そのころ、ポールの弟、エリゼ・ルクリュの『地人論』を読み、感激する。1920年に帰国すると、その翻訳や紹介をおこなうかたわら、独自の土民思想を展開した。1925年には、農民自治会に参加している。敗戦直後、天皇制を擁護する文章を書いたことで、物議をかもした。

《*72,79,101～103,145,(3),(14),(21)*》

石黒鋭一郎（いしぐろ・えいいちろう）
？～？
1921年、平岩巌と抹殺社を結成。同年12月、反軍ビラを全国の連隊に送り、逮捕。1923年、高尾平兵衛、吉田一、平岩らと戦線同盟を結成。スト破りをした南葛労働協会を急襲するなどした。大杉栄の呼びかけたアナキスト同盟の準備会に参加し、席をけって退場したといわれている。
《*279,(33)*》

伊藤孝一（いとう・こういち）
1900～1943
大阪曾根崎生まれ。1919年、逸見直造宅にすみこみ、借家人同盟の雑務を手伝う。1923年、石田正治、大串孝之助らと関西抹殺社を結成。大杉の死後、ギロチン社事件にかかわり、逮捕。懲役3年となった。
《*298,306*》

伊藤野枝（いとう・のえ）
1895～1923
福岡県今宿生まれ。実家が貧しかったため、叔父の代準介にそだてられた。代は、地元の名士で、頭山満と義兄弟の仲であった。1910年上京し、上野高等女学校に入学。1912年、高等女学校を卒業すると、代のすすめで結婚するが、どうしてもいやで高等女学校の恩師であった辻潤宅に逃げこみ、そのまま辻と同棲。2児をもうけている。この年から『青鞜』に文章をよせるようになり、習俗打破をか

かげたその詩や評論が、またたくまに脚光をあびることとなった。1913年ころから、エマ・ゴールドマン、アナキズムに傾斜する。1915年、平塚らいてうのあとをついで『青鞜』の2代目編集長に就任。貞操や堕胎、廃娼をめぐって論争をくりひろげ、誌面をにぎわせた。しかし、このころから大杉栄と恋仲におちいり、1916年11月の葉山日蔭茶屋事件後、マスコミや身内から激しいバッシングをうけた。『青鞜』の仕事は手につかず廃刊。辻とは離別し大杉と暮らすことになった。その後、大杉とのあいだには5児をもうけている。1919年、大杉が『労働運動』を発刊すると、これにくわわり、女性労働運動についての記事を書いている。1921年には、山川菊栄らと女性の社会主義団体である赤瀾会を創設。精力的な活動をつづけていたが、1923年9月16日、大杉とともに憲兵隊に虐殺された。享年28歳。

《*15,146,148〜157,159,160,187,188,200,201,203,204,224,235,237,240,268,271,277,290〜292,300,342,343,346,347,(1),(8),(22),(30),(42)*》

李東輝（イ・ドンヒ）

1873〜1935

1919年、3・1独立運動に参加。その後は、上海に創立された大韓民国臨時政府で要職をつとめた。

《*232*》

伊庭孝（いば・たかし）

1887〜1937

東京生まれ。同志社大学神学部中退。1912年、『演劇評論』創刊。『近代思想』にも寄稿。

《*107,143,202*》

岩佐作太郎（いわさ・さくたろう）

1879〜1967

千葉県生まれ。東京法学院卒業後、1901年、サンフランシスコにわたる。社会主義にひかれ、1905年、幸徳秋水と交流し、その後アメリカのアナキストたちと連絡をとった。1914年、帰国。1919年に上京、大杉栄の北風会に参加。その後はアナキズムの理論家として活躍。

《*206,209,235,236,241,249,252,286,293,294*》

岩田富美夫（いわた・ふみお）
1891～1943
青森生まれ。陸軍で諜報活動に従事するが、上海で北一輝と出あい、右翼活動家になる。1923年6月、右翼団体である大化会を結成。大杉栄の遺骨をうばうなどした。1932年には、やまと新聞の社長に就任している。

岩出金次郎（いわで・きんじろう）
1890～1951
大阪生まれ。大阪平民社の活動にかかわる。大石誠之助と交流をもったことから、大逆事件にまきこまれ検挙もされたが、あやうく難をのがれた。1912年、大杉栄と荒畑寒村が『近代思想』をたちあげると、東京の社会主義者と連絡をとりはじめ、雑誌やリーフレットの配布につとめた。1919年、荒畑とともに『日本労働新聞』を創刊。大阪の労働運動に大きな影響をあたえた。

岩野泡鳴（いわの・ほうめい）
1873～1920
兵庫県淡路島生まれ。作家、文芸評論家。エマソンやシモンズの影響をうける。

ヴォイチンスキー（グリゴリー・ヴォイチンスキー）
1893～1953
コミンテルン極東支局の副支局長。中国共産党の創立にかかわった。

上田蟻善（うえだ・ありよし）
1892～1931
京都生まれ。薬剤師。1914年、京都三条でウエダヤ薬局を開業。労働者むけに薬剤をやすく販売し、無期限貸与などを実施した。社会主義者とも交流。1927年には、社会民衆党京都支部に参加。その後除名されてしまうが、1931年には全国労働大衆党に参加している。

ウォード（レスター・ウォード）
1841～1913

アメリカの社会学者。アメリカ社会学会の初代会長。社会学の普及に貢献した。
《111,112,(11)》

ヴォーリン
1882〜1945
ロシア生まれ。アナキスト。ロシアで革命運動に身をとうじ、1905年には血の日曜日にも参加。逮捕されシベリアに流刑となったが、脱走し、フランスに亡命した。1917年、2月革命後ロシアにもどり、レーニンを批判。マフノ軍に合流。1920年、軍事行動のさなかにチフスにかかり、赤軍に逮捕される。処刑されそうになるが、バークマンらの必死の嘆願によって死をまぬがれた。その後、レーニンに出獄を許可され、フランスに亡命している。
《271》

内田源太郎（うちだ・げんたろう）
1905〜？
岡山県生まれ。1923年9月、ギロチン社にくわわり、リャクを繰りかえす。大阪の天満警察で捕えられ、懲役15年。
《297,306》

内田魯庵（うちだ・ろあん）
1868〜1929
江戸生まれ。1890年代から『国民之友』『太陽』などで執筆。1892〜93年にかけて、ドストエフスキー『罪と罰』を翻訳する。関東大震災当時、大杉栄の近所に住んでいた。
《107,286〜288,340》

宇都宮卓爾（うつのみや・たくじ）
？〜？
1908年6月、赤旗事件で逮捕。重禁固刑1年半。入獄中、房内に落書きがあり、不敬罪として佐藤悟が重禁固刑3年9ヵ月に処せられたが、その真犯人が宇都宮であったらしく、同志から絶交をいい渡された。真相は不明。
《95,96》

生方敏郎（うぶかた・としろう）
1882〜1969
群馬県沼田町生まれ。早稲田大学英文科卒。トルストイに傾斜。

『東京朝日新聞』の記者。随筆、小説を多数のこした。
《*107,114*》

江口渙（えぐち・かん）
1887〜1975
東京千代田区生まれ。作家。大杉栄や和田久太郎、中浜哲、古田大次郎らと交友関係をもち、その思い出を小説に書いている。
《*168,200,299*》

エマ・ゴールドマン
1869〜1940
アメリカのアナキスト。ヨハン・モストの影響をうける。1892年、恋人であったバークマンがカーネギー製鉄所の工場責任者を暗殺しようとして逮捕。エマはバークマンを擁護する演説をして逮捕、1年間投獄される。1901年、マッキンレー大統領が青年に暗殺されると、その青年がエマの演説の影響をうけていたとして、ふたたび逮捕。大逆事件のさいには、日本政府に抗議活動をおこなった。その後、アメリカの第1次大戦参戦に抗議、逮捕されて2年の刑。1919年、革命後のロシアにわたるが、その実情をみて1921年、ロシアを脱出。ロシア革命批判を展開した。1936年、スペイン革命がはじまるとこれに参戦している。大杉栄や伊藤野枝に大きな影響をあたえた。
《*149,241〜243,248,271,(5),(31)*》

海老名弾正（えびな・だんじょう）
1856〜1937
福岡県生まれ。同志社神学校卒業後、群馬県安中教会の牧師となり、その後、前橋、神戸、本郷と、教会を転々とした。優秀な説教者であり、大杉栄のほかにも、吉野作造や鈴木文治らが本郷教会にかよっていた。キリスト教の思想家としても知られており、1901年から植村正久と論争をくりひろげた。熱烈なナショナリストで、日韓併合や日露戦争をキリスト教の立場から肯定した。
《*67,68,341,(4),(21)*》

大石七分（おおいし・しちぶん）
1890〜1959
名古屋市熱田生まれ。兄は、西村伊作。叔父は、大石誠之助。同志社普通学校に入学するが中退。1906年、アメリカの学校に進学するが中退。しおくりがとだえたため、職を転々とした。1914年ころ帰

国し、大杉栄や堺利彦と交流する。1918年7月、『民衆の芸術』を創刊し、民衆芸術論を展開。1922年に渡仏し、1925年に帰国。

《*43,(9)*》

大石誠之助（おおいし・せいのすけ）
1867〜1911
和歌山県新宮市生まれ。同志社英学校でまなび、1890年に渡米。オレゴン州立大学で医科を卒業。帰国し、郷里で医院をひらいた。貧しいものからは治療費をとらず、地域の人々からはしたしまれていた。1904年からは、社会主義系の雑誌に寄稿。1906年、上京して幸徳秋水と交流。1908年には幸徳が大石を訪ねている。1910年6月、大逆事件に連座して逮捕、死刑。甥に、西村伊作、大石七分らがいる。
《*98,99,101,(6),(8),(29)*》

大串孝之助（おおぐし・こうのすけ）
1899〜？
京都伏見生まれ。大阪にきていた和田久太郎の影響でアナキストになる。1922年、岡山連隊、新潟県新発田鯖江連隊に後藤謙太郎、石田正治らと反軍ビラをまき、検挙。出獄後、労働運動社を手伝った。1923年、関西抹殺社設立。1927年には、山岡喜一郎と大阪水平社解放連盟を結成し、水平運動にもかかわった。1928年、東京のアナキストの分裂をみて、黒色青年連盟から脱退。翌年、黒色青年自由連合を結成している。
《*252,(4),(36),(42)*》

大須賀里子（おおすが・さとこ）
1881〜1913
愛知県額田郡生まれ。金曜講演会に参加。1908年5月、山川均と結婚。翌月、赤旗事件で逮捕。大須賀は、重禁固1年執行猶予5ヵ月。1910年、岡山県宇野にあった実家にもどったが、病魔におそわれ、山川にみとられながら死没した。
《*95,96*》

大場勇（おおば・いさむ）
1901〜1976
本芝労働組合にかかわり、大杉栄とも交流した。
《*279*》

丘浅次郎（おか・あさじろう）
1868〜1944
静岡県磐田生まれ。東京大学理学部選科で動物学をまなんだあと、ドイツに留学してホヤ類、ヒル類の研究をした。1897年、東京高等師範学校の教授となる。『進化論講話』(1904年) は、ダーウィン進化論を一般むけに紹介したものである。
《67,83,84》

岡千代彦（おか・ちよひこ）
1873〜1956
島根県松江生まれ。印刷工。1899年、活版工組合に参加。『誠友』を発行。1904年、平民社に加わる。電車事件で逮捕。1910年には、赤羽巌穴『農民の福音』を秘密出版し、禁固刑をくらっている。
《75》

小川未明（おがわ・みめい）
1882〜1961
新潟県上越市生まれ。早稲田大学英文科卒。在学時代から小説を書く。アナキズム思想にひかれ、1920年には日本社会主義同盟に参加。その後も、いくつものアナキズム系雑誌に寄稿している。童話作家としても有名であり、『赤い船』(1910年)、『赤い蠟燭と人魚』(1921年) などの著作がある。
《168》

小川義雄（おがわ・よしお）
1899〜1936
広島県福山市生まれ。1922年、上京し、自由労働者となる。そこでギロチン社のメンバーと知りあった。リャクを繰りかえしたが、1924年、神戸で逮捕。懲役15年となった。服役中に死去。
《297,306》

奥宮健之（おくのみや・けんし）
1857〜1911
高知県高知市生まれ。1875年、板垣退助の立志社に参加、西洋思想をまなぶ。1881年、人力車夫を中心とした車会党の結成にかかわる。1884年、巡査殺害にかかわり、逮捕。12年7ヵ月の獄中生活をおくる。出獄後、平民社や日本社会党ともかかわりをもった。1910年、大逆事件で逮捕、死刑。理由は、幸徳秋水と旧交があり、爆弾の製造法を尋ねられたからであった。

《98,101》

小山内薫（おさない・かおる）
1881〜1928
広島県広島市生まれ。劇作家、批評家。イプセン、ゴーリキーなどの戯曲を試演し、近代演劇の確立につとめた。
《107》

小田頼造（おだ・らいぞう）
1881〜1918
山口県徳地町生まれ。東京政治学校でまなぶ。山口義三と知りあい、1904年、ともに社会主義伝道商人を決行。1910年ころから仏教にめざめ、高野山にはいる。1917年、大法師の資格を授与。
《70》

小原慎三（おはら・しんぞう）
？〜？
高畠素之にさそわれて、売文社にかかわる。『近代思想』に寄稿し、ラファルグ、ウォード、グンプロビッチなどの紹介をおこなっている。
《107》

賀川豊彦（かがわ・とよひこ）
1888〜1960
兵庫県神戸市生まれ。5歳のとき徳島の親戚にひきとられる。徳島の教会でキリスト教に入信。木下尚江、安部磯雄の文章をよみ、キリスト教社会主義に関心をもった。1911年、神戸神学校卒。在学中からスラムにすみこみ、伝道をおこなっていた。1914年、渡米し、アメリカの労働運動をまなぶ。1917年、帰国すると友愛会に参加し関西の指導者となった。1921年、神戸三菱造船所で大規模なストライキを指導するも、会社の強硬姿勢に敗北。暴力を否定する賀川の指導に批判が高まった。以後、農民運動に力点をうつすことになる。
《48,228,256,280,281》

片山潜（かたやま・せん）
1859〜1933
岡山県生まれ。1881年にアメリカに渡り、グリンネル大学やエール大学でまなぶ。在米中にキリスト教に入信した。社会主義にも関心をもち、1896年に帰国後、労働組合期成会を結成。労働組合の結成

を指導した。1901年、社会民主党を結成。1906年、日本社会党にも参加。議会政策派として、幸徳秋水と対立した。1914年、アメリカに渡り、ロシア革命前後からマルクス・レーニン主義に傾斜する。アメリカ共産党にも参加。1921年、モスクワに渡り、翌年、コミンテルン常任執行委員会幹部になった。

《*77,186,(17),(29),(30)*》

加藤一夫（かとう・かずお）
1887〜1951
和歌山県すさみ町生まれ。キリスト教徒。トルストイやロマン・ロランに傾倒。1915年、西村伊作の援助をえて、『科学と文芸』を創刊。労働文学を書き、民衆芸術論争にも参加。1920年、アナキストの集団である自由人連盟を結成。雑誌『自由人』を創刊した。1920年代後半は農本主義をとなえ、戦時下になると民族主義にかたむき、キリスト教の日本化を主張した。
《*168*》

加藤弘之（かとう・ひろゆき）
1836〜1916
兵庫県生まれ。法学者、政治学者。もともと天賦人権説をとなえていたが、1877年、東京帝国大学総理に就任すると一転。これを批判しはじめた。社会ダーウィニズムの立場にたち、明治政府の帝国主義を正当化した。
《*84*》

金咲道明（かなさき・みちあき）
1894〜？
滋賀県中主生まれ。大阪で痛快社をおこし、『痛快新聞』を発行。米騒動では新聞紙条例違反にとわれ、罰金50円、禁固2ヵ月。1920年7月、荒畑寒村がL.L会をたちあげたときには、これに参加している。
《*27*》

神川松子（かみかわ・まつこ）
1885〜1936
広島県大須賀町生まれ。1903年、日本女子大学に入学。在学中に平民社に入社する。1908年6月、赤旗事件で逮捕。無罪放免となるが、勾留中の拷問にショックをうけ、出獄後、運動からしりぞいた。
《*95,96*》

神近市子（かみちか・いちこ）
1888〜1981
長崎県生まれ。1909年に上京し、女子英学塾でまなぶ。1912年、青鞜社に参加。1914年、『東京日日新聞』記者となる。翌年、大杉栄のフランス文学研究会に参加し、恋愛関係となる。1916年、葉山日蔭茶屋で大杉を刺す。1919年、出獄。その後は、吉田一らの『労働者』に協力。戦後は社会党の代議士として活躍した。
《151〜156,342,(43)》

上司小剣（かみつかさ・しょうけん）
1874〜1947
奈良県生まれ。1897年、上京し、読売新聞記者となる。社会主義者とも交流した。
《107,143》

上山草人（かみやま・そうじん）
1884〜1954
宮城県仙台市生まれ。俳優。大養毅宅に寄宿し、早稲田大学にかよった。川上音二郎に共感し1908年、新派の俳優一期生になる。その後アメリカに渡り、ハリウッドで活躍した。
《107》

管野すが（かんの・すが）
1881〜1911
大阪市生まれ。1899年、『大阪朝報』の記者となる。1902年、大阪にきていた安部磯雄や木下尚江と出あう。社会問題に関心をもち、大阪婦人矯風会にはいる。1904年、上京したさいに平民社を訪問。1906年、父の死をきっかけに京都にうつる。荒畑寒村と同棲。翌年、上京し、『毎日電報』に就職。1908年6月、赤旗事件で逮捕。無罪となるが、『毎日電報』を解雇される。荒畑が入獄中に幸徳秋水と恋愛関係になる。宮下太吉、古河力作らと天皇に爆弾を投げる計画をたてるが、発覚し、逮捕。いわゆる大逆事件。1911年1月25日、死刑。
《95,96,98,99,101,102,148,(29),(40)》

北村栄以智（きたむら・えいいち）
？〜？
長野県生まれ。革新会、正進会に参加。1921年、吉田一らとソ連にわたる。共産党とアナキストとの板挟みになり、運動からとおざか

る。
《*220,(17)*》

北原白秋（きたはら・はくしゅう）
1885〜1942
熊本県生まれ。福岡県柳川でそだてられる。1904年、上京して早稲田大学英文科に入学。若山牧水と親交を深めた。『明星』によせた詩や短歌が評価される。1909年、詩集『邪宗門』。1915年には弟の鉄雄とともに、出版社の阿蘭陀書房（のちのアルス）を設立。大杉栄の著作も多数出版した。童謡作家としても活躍し、童謡を数多くのこしている。
《*66,(26),(47)*》

ギディングズ（ヘンリー・ギディングズ）
1855〜1931
アメリカの社会学者。社会結合の基礎を同類意識に求めた。
《*111,112*》

木下尚江（きのした・なおえ）
1869〜1937
長野県松本生まれ。東京専門学校（現、早稲田大学）でまなぶ。卒業後、地元で普選運動を展開していたが、逮捕。1893年、キリスト教に入信。1899年に上京して『毎日新聞』の記者となった。キリスト教ヒューマニズムの立場から、平和論、廃娼論、足尾鉱毒事件などの記事を書いた。1900年、幸徳秋水や堺利彦らとともに社会主義協会を創立。翌年には、社会民主党を結党した。1905年、石川三四郎や安部磯雄とともに『新紀元』を創刊。キリスト教社会主義の立場をといた。社会主義内部の対立にいやけがさし運動から離脱した。
《*72,(4),(11),(13),(45)*》

久津見蕨村（くつみ・けっそん）
1860〜1925
江戸生まれ。東洋新報社、万朝報社、長崎新報社、東京毎日新聞社などで記者をつとめる。ニーチェやシュティルナーにひかれ、『近代思想』に「ニイチェと社会主義」（1913年3月）などを寄稿。
《*107*》

グラーヴ（ジャン・グラーヴ）
1854〜1939

フランスのアナキスト。新聞『ル・レボルテ』(その後、紙名は変更)を手伝った。クロポトキンの思想を普及させる役割をはたした。《*79*》

倉地啓司(くらち・けいじ)
1890〜1960
岡山県倉敷生まれ。紡績工。1922年、大阪で大杉栄をかこむ会に参加。同年、上京し、中浜哲と出あう。ギロチン社に参加。大杉の復讐戦にかかわり、1924年、逮捕。懲役12年。
《*252,298,303,306*》

グラムシ(アントニオ・グラムシ)
1891〜1937
イタリアの社会主義者。1919年、トリアッティらとトリノの工場占拠闘争に参加。敗北後、1921年にイタリア共産党を創設。1926年、ファシズム政権下の特別法によって国会議員でありながら逮捕。獄中で身体を壊し1937年に死去。獄中で書いたノートは32冊にもおよび、第2次大戦後、出版されて思想界に大きな影響をおよぼした。
《*164,339*》

黒板勝美(くろいた・かつみ)
1874〜1946
長崎県生まれ。東京帝国大学教授。歴史学者。専門は古代史。国史の編纂につとめた。1906年には、エスペラント協会を設立している。
《*78,(44)*》

クロポトキン(ピョートル・アレクセイヴィチ・クロポトキン)
1842〜1921
ロシア生まれ。アナキスト。軍人としてそだてられる。1862年、シベリア赴任を希望して、地理学的調査に従事する。1867年、退役して、ペテルブルグ大学に入学。シベリア、その他の探検報告書を発表し、地理学者としての名声を高める。1872年、スイスに渡り、アナキストと交流。以後、アナキストとして生きることを決意。帰国後、ヴ・ナロードの運動に参加した。1874年、逮捕。シベリア流刑となる。1876年、病気で移送中に脱走。ヨーロッパに渡り各地を転々とする。1879年、新聞『ル・レボルテ』を発行し、数々の評論を発表した。なかでも、「青年に訴う」は世界中で翻訳され、各国のアナキストに影響をあたえた。1917年、ロシア革命後、40年ぶりにロシアに帰国。

《*77,79〜83,85〜90,92,93,98,106,109,112,120,121,281,(2),(15),(46)*》

桑原錬太郎(くわばら・れんたろう)
1885〜1960
1918年、信友会に参加。1921年、和田久太郎にかわり、第2次『労働運動』の大阪支局をになう。東京印刷工組合、全国自連にも参加した。
《*232*》

グンプロビッチ(ルートヴィヒ・グンプロビッチ)
1838〜1909
オーストリアの社会学者。国家の成立は、人種間の抗争と征服の結果であると主張。
《*112,124,(11),(46)*》

幸徳秋水(こうとく・しゅうすい)
1871〜1911
高知県中村生まれ。幼少年期から自由民権運動に関心をもち、1888年、中江兆民の書生となる。1898年、『万朝報』の記者となり、社会主義ジャーナリストとして名をはせた。名文家としても知られており、1901年、田中正造が足尾鉱毒事件で直訴したときには、その訴状を起草した。1903年、日露戦争にむけて『万朝報』が開戦論に転じると、これに反対して退社。堺利彦とともに、週刊『平民新聞』を創刊。その後、大逆事件にいたる。
《*64,65,68,70,72,76,77,80,98〜105,109,110,145,148,192,241,305,337,338,(2),(5),(9),(10),(12)〜(14),(18),(19),(25),(29),(30),(36),(40),(42),(45),(46)*》

小暮れい子(こぐれ・れいこ)
1890〜1977
群馬県伊勢崎市生まれ。父は民権運動家。1908年5月、上京し、堺利彦宅にすみこむ。翌月、赤旗事件で逮捕。重禁固刑1年。最年少であったため、執行猶予5年となり出獄。堺宅にもどるが、兄によって郷里につれもどされた。息子は山崎真道。のちにアナキストとなり、銀座事件をおこした。
《*95,96*》

後藤新平(ごとう・しんぺい)
1857～1929
岩手県生まれ。医者、官僚、政治家。もともと医者であったが、1883年、内務省衛生局にはいり、その後、台湾総督府民政局長に就任し、植民地経営に手腕をふるった。1906年、満鉄初代総裁。1908年以降は、逓信大臣、内務大臣、外務大臣などをつとめた。1920年、東京市市長。関東大震災後は内務大臣として復興政策の指揮をとった。娘婿に政治家の鶴見祐輔、孫に鶴見和子、俊輔がいる。
《*154*》

小林新次郎(こばやし・しんじろう)
?～?
1919年、革新会、正進会に参加。1921年、吉田一、北村栄以智とともにソ連を訪問した。1924年、正進会と信友会は合体し、東京印刷工組合が立ちあがるが、その創立大会、第2回大会、第5回大会で書記をつとめている。
《*220*》

コロメル(アンドレ・コロメル)
1886～1931
フランス生まれ。アナキスト。1907年ころから雑誌の編集にたずさわる。1914年、第1次大戦がはじまると、妻とともにジェノヴァにのがれるが、その後、イタリアも参戦し、強制送還。第1次大戦後は、著作家組合、劇作家組合を創設。パリで娯楽産業労働組合連合の書記になる。サンディカリズム運動にもかかわった。1921年、フランスのアナキズム雑誌『ル・リベルテール』の編集、および執筆者になる。1924年、なんらかの理由で同志から批判をうけ、『ル・リベルテール』をやめる。1927年、フランス共産党に入党。ロシアに移住し、同地で死去した。
《*263～265,269,272,274,275*》

近藤栄蔵(こんどう・えいぞう)
1883～1965
東京文京区生まれ。1908年、カリフォルニア農学校卒。1916年、再度、訪米したさいに片山潜に出あう。社会主義へ。1919年、帰国し、堺利彦や山川均と交流。大杉栄とアナ・ボル協同路線をくんだ。その後、協同路線は決裂。1922年、共産党中央委員になるが、23年、第1次共産党事件がおこる。近藤はソ連に亡命し、1926年に帰国。その後は国家社会主義への転向を宣言した。

近藤憲二（こんどう・けんじ）
1895～1969
兵庫県上竹田生まれのアナキスト。本書四章で詳述。

斎藤兼次郎（さいとう・かねじろう）
1860～1926
江戸生まれ。金櫛の職人。社会主義協会以来の活動家。社会主義内部で抗争があるなか、いずれの会派にも顔をだし、融和につとめた。1920年、日本社会主義同盟にも参加している。

斎藤茂吉（さいとう・もきち）
1882～1953
山形県生まれ。1908年、創刊された『アララギ』に短歌を発表し、歌人として名をはせた。精神科医としても活躍。実家は、時宗の檀家であった。

堺利彦（さかい・としひこ）
1870～1933
福岡県豊津生まれ。1899年、『万朝報』の記者となる。しだいに社会主義の立場を鮮明にした。1903年、『万朝報』が日露戦争開戦論をかかげるようになると、幸徳秋水とともに退社。平民社をたちあげる。1906年には、日本社会党を結党した。1908年、大杉栄とともに赤旗事件でつかまり、大逆事件をまぬがれた。その後、社会主義運動再生のために売文社をおこし、『へちまの花』『新社会』を発刊。1922年には、共産党を結党しているが、しばらくのちに離脱。1927年には、山川均とともに『労農』を創刊している。1929年、東京市会議員に立候補し当選をはたした。

坂谷寛一（さかたに・かんいち）
1897～？
兵庫県姫路市生まれ。1921年4月ころから大杉栄と文通。1923年に上京。その後、大杉の報復にかかわる。懲役1年半。
《*279,306*》

坂本清馬（さかもと・せいま）
1885～1975
高知県室戸市生まれ。『老子』をつうじて東洋アナキズムをまなぶ。1906年に上京。幸徳秋水と交流する。張継や章炳麟、劉師培ら、中国人アナキストとも交流した。1908年、金曜会屋上事件で逮捕。1901年、幸徳訳の『麵麭の略取』の発行人となる。1910年、大逆事件で逮捕。無期懲役となる。1947年、特赦で刑が失効される。
《*94,98,99*》

佐藤悟（さとう・さとる）
？～？
宮城県仙台市生まれ。1908年6月、赤旗事件でつかまる。重禁固刑1年であったが、房内の落書きが不敬罪にあたるとして、重禁固刑3年半に処せられた。
《*95,96,(7)*》

佐藤緑葉（さとう・りょくよう）
1886～1960
群馬県生まれ。早稲田大学英文科に進学。若山牧水、土岐哀果、安成貞雄らと知りあう。『万朝報』の記者をやりながら、『近代思想』に詩や翻訳、劇評などを発表。1921年には、『早稲田文学』に大杉栄や荒畑寒村をモデルにした小説「無為の打破」を発表。その後記者をやめ、法政大学で教授をつとめている。戦後は東洋大学で教鞭をとっていたが、1960年に自殺。
《*107,143*》

シュティルナー（マクス・シュティルナー）
1806～1856
ドイツの哲学者。青年ヘーゲル派のひとりとされる。いかなる一般性にも還元されない交換不可能な自我のありかたをといた。その思想は個人主義的アナキズムと呼ばれることもおおい。
《*149,(14),(21),(34)*》

ジェームズ（ウィリアム・ジェームズ）
1842〜1910
アメリカの哲学者、心理学者。パースの友人であり、プラグマティズムの考えかたを発展させた。
《*86*》

師復（しふく）
1884〜1915
中国中山市生まれ。正式名は劉師復。1904 年、日本に留学。在日中に中国同盟会を創立。帰国後、広州で広東水師提督の暗殺をはかるが失敗。1909 年、出獄後、香港で支那暗殺団を組織。袁世凱の暗殺をはかるが、清朝崩壊を聞いて中止する。1912 年、中国初のアナキズム結社である晦鳴学舎を創設。1913 年、アナキズムを普及させるために雑誌『晦鳴録』を創刊。その後、『民声』と改名する。大杉栄とも連絡をとりあっていた。大杉の要請をうけて、山鹿泰治が師復の活動を手伝っている。
《*267,(26),(44)*》

島上善五郎（しまがみ・ぜんごろう）
1903〜2001
秋田県生まれ。東京市電気局につとめ、労働運動にとりくむ。1924 年、東京市電自治会結成。交通労働組合の活動を指揮した。戦後、総評初代事務局長となる。社会党創立にもかかわり、衆議院議員をつとめた。
《*279*》

島村抱月（しまむら・ほうげつ）
1871〜1918
島根県生まれ。早稲田大学在学中に坪内逍遥の指導をうけ、演劇や美学に関心をもつ。1906 年、坪内とともに文芸協会を設立。同年、かつて坪内がやっていた『早稲田文学』を復刊させ、文芸評論の担い手となった。1913 年、女優の松井須磨子との不倫がきっかけで文芸協会を辞し、松井とともに劇団の芸術座を結成した。1918 年、スペイン風邪で急死。
《*108,113,143*》

下中弥三郎（しもなか・やさぶろう）
1878〜1961
兵庫県生まれ。1902 年、上京し、埼玉師範学校の教員となる。1914

年、平凡社設立。同年、教員組合である啓明会を結成。日本初のメーデーに参加、司会をつとめる。全国労働組合総連合を呼びかけた。1925年、石川三四郎、渋谷定輔らと農民自治会を結成。しかし1930年以降は、大アジア主義をかかげるようになり、1940年には大政翼賛会の発足に協力している。

《254》

鈴木文治（すずき・ぶんじ）
1885〜1946
宮城県生まれ。10歳のころキリスト教に入信、東京帝国大学在学中、吉野作造につれられて、海老名弾正の本郷教会にはいる。そこで安部磯雄や桑田熊蔵と出あい、社会問題に関心をもつ。1912年、友愛会を創設。当初は、修養機関的な要素がつよかったが、1919年には、大日本労働総同盟友愛会、1921年には、日本労働総同盟へと改組し、友愛会を戦前最大のナショナルセンターへと発展させた。労資協調、階級融和をとなえていたため、大杉栄から批判された。1928年、社会民衆党から衆議院議員に立候補、当選する。
《216,217,254,256,(8),(38)》

諏訪与三郎（すわ・よざぶろう）
1896〜1931
東京浜松町生まれ。印刷工。信友会に参加。正進会の若手急進派メンバーとS.S会を結成。両組合をつなぐ役割をはたした。『正進』や第2次、第3次『労働運動』に多くの論稿をよせた。
《220》

相馬御風（そうま・ぎょふう）
1883〜1950
新潟県糸魚川市生まれ。東京専門学校英文科卒。『早稲田文学』の編集委員をつとめる。トルストイ、ツルゲーネフらに親しむ。ニーチェやシュティルナー、キルケゴールの紹介などもおこなった。大杉栄と個人革命か社会革命かをめぐって論争。1916年以降、郷里にかえり、良寛を研究。短歌会などをひらいた。
《107,114,143》

ソレル（ジョルジュ・ソレル）
1847〜1922
フランスの社会思想家。1908年の『暴力論』は、革命的サンディカリズムの理論書として知られている。しかし本人とサンディカリズ

ム運動とのつながりはうすい。第5版の付録には「レーニンのために」という論文がのせられている。その思想は、とりわけイタリアでうけいれられ、ムッソリーニからは「ファシズムの精神的父」と称された。

《*137～142,339,(36)*》

孫文（そん・ぶん）
1866～1925
中国の革命家。初代中華民国大総統。「中国革命の父」とよばれる。
《*233*》

ダーウィン（チャールズ・ダーウィン）
1809～1882
イギリスの生物学者。1859年にあらわした『種の起源』で進化論をとなえた。
《*83～85,111,112,338,(10),(32),(47)*》

代準介（だい・じゅんすけ）
1864～1946
福岡県生まれ。伊藤野枝の叔父であり、そだての親。貿易商をいとなむ。伊藤の死後、4人の遺児をひきとった。頭山満は遠縁にあたる。
《*292,300,(4)*》

高尾平兵衛（たかお・へいべえ）
1895～1923
長崎県生まれ。1919年、社会主義者の主宰した労働問題演説会で逮捕。このとき、大杉栄、近藤憲二、高田公三、吉田一らがともに留置された。以後、北風会に参加。第2次『労働運動』のアナ・ボル協同に反対し吉田一と『労働者』を創刊。しかし1922年にはソ連を訪問し、ボルシェビキに転じている。1923年6月、戦線同盟を結成。同月、赤化防止団団長の米村嘉一郎を襲撃。帰路、米村に銃撃されて即死。
《*235,236,242,247,(4),(28),(34),(40),(46)*》

高田公三（たかだ・こうぞう）
1897～?
1914年ころからの信友会メンバー。1923年、信友会、正進会の合同機関紙『印刷工連合』の編集兼印刷人となっている。

《*209,(22)*》

高畠素之（たかばたけ・もとゆき）
1886～1928
群馬県前橋市生まれ。同志社神学校を中退。大逆事件後、堺利彦の売文社に参加。マルクスの『資本論』を翻訳した。国家社会主義者となり、山川均と論争している。
《*107,192,193,202,(11)*》

高山久蔵（たかやま・きゅうぞう）
1895～1958
千葉県生まれ。1919年、杉浦啓一とともに大日本機械技工組合を結成。1921年には本芝労働組合を結成し、機械技工組合との合同機関紙『鉄鞭』を創刊。両組合をひきいて機械労働組合連合会に参加し、自由連合派の中心的な存在になった。関東大震災後、現実主義に転じる。1930年代は右派に転じ、愛国労働組合全国懇話会などに参加している。敗戦後、公職追放。
《*279*》

高山樗牛（たかやま・ちょぎゅう）
1871～1902
山形県鶴岡生まれ。東京帝国大学哲学科卒。1897年、『太陽』の主筆となり、日本主義をとなえた。1900年、文部省から美学研究のため留学を命じられるが、その直前に吐血、辞退する。晩年はニーチェに傾倒し、その超人思想を賛美した。
《*113,114*》

竹内一郎（たけうち・いちろう）
1895～1923
茨城県生まれ。第2次『労働運動』の同人となる。吉田一らの『労働者』にも参加。
《*235*》

竹内善朔（たけうち・ぜんさく）
1885～1950
神奈川県海老名市生まれ。1905年ころから平民社に参加。その後、亜洲和親会にも参加し、張継や劉師培らと交流。1908年、金曜会屋上事件で逮捕。1910年、大逆事件で取り調べをうけるが、連座をまぬがれた。事件後は運動から離れる。

《*94*》

竹内余所次郎(たけうち・よそじろう)
1865〜1927
石川県生まれ。金沢医学校でまなぶ。貧民救済の志をたて、北海道に渡る。1893年、札幌独立基督教会に入会。週刊『平民新聞』の読者会をつくる。1906年、日本社会党に参加。電車事件で逮捕される。1921年、ブラジルに移住した。
《*75*》

武田伝次郎(たけだ・でんじろう)
1882〜1940
大阪生まれ。兄の九平は、大阪平民社の常連であり、大逆事件で無期懲役となった。伝次郎も、大阪平民社に出入りしていたため検挙されたが、あやうく難をのがれた。その後も、大杉栄や堺利彦と連絡をとりつづけ、米騒動前後からは、とりわけ大杉にちかづいている。1921年には、革命運動社を創立している。1925年、金光教を中心に兄の仮出獄運動がはじまると、これに参加。1929年には、兄の仮出獄をかちとっている。1932年、一家をつれてブラジルに移住。1938年ころ日本に帰国し、しばらくして亡くなっている。
《*16〜18,27,33,199,252,(45)*》

田添鉄二(たぞえ・てつじ)
1875〜1908
熊本生まれ。シカゴ大学で宗教学、社会学をまなぶ。帰国後、長崎で新聞記者をつとめていたが、1904年、上京して社会主義運動に身をとうじる。『新紀元』、『光』、日刊『平民新聞』などに論説を発表した。議会政策派の旗手とみなされていたが、1908年、結核で死去。
《*77*》

田中勇之進(たなか・ゆうのしん)
1904〜1966
山口県生まれ。1922年に上京し、東京逓信局につとめるが、山川均の『社会主義研究』を読んでいるところをみつかり、解雇。自由労働者となり、そこでギロチン社のメンバーと出あった。仲間とともにリャクを繰りかえす。1923年10月4日、大杉栄の報復として甘粕正彦の弟、五郎を襲撃、逮捕されて懲役8年となった。
《*295,306*》

タルド（ガブリエル・タルド）
1843〜1904
フランスの社会学者。司法官をつとめるかたわら、犯罪学の研究にたずさわった。1900年、コレージュ・ド・フランスで教鞭をとる。1901年には『世論と群集』をあらわし、「群集／公衆」という概念を提示した。群衆の非合理性に注目していたル・ボンとはことなる群集論を展開した。
《*151,339*》

張継（ちょうけい）
1882〜1947
中国河北省生まれ。1899年、日本に渡り、翌年、早稲田大学入学。アナキズムをまなび、幸徳秋水や大杉栄と交流する。1908年、金曜講演会事件をきっかけにパリにうつる。1911年、帰国後は国民党の要職につく。党内右派として反共をかかげつづけた。1902年、大杉が上海におもむいたときに再会している。
《*80,233,(19),(23)*》

陳独秀（ちん・どくしゅう）
1880〜1942
中国の社会主義者。1918年、マルクス主義を宣伝し、5・4運動の急進左派として名をはせた。1921年、中国共産党創立時の総書記。
《*232*》

辻潤（つじ・じゅん）
1884〜1944
東京浅草生まれ。日本におけるダダイズムの中心的人物の一人。本書三章で詳述。
《*149,150,153,290,339,(4),(5)*》

続木斉（つづき・ひとし）
1881〜1934
愛媛県生まれ。東京外国語学校英文科卒。上京中に内村鑑三門下にはいる。はばひろい交友関係をもち、大杉栄や山鹿泰治、上田蟻善らとつきあいをもった。1924年に渡仏し、パリ大学でフランス文学をまなぶ。そのかたわら、パンづくりの修業をして帰国。1930年、京都の百万遍でパン屋をひらいた。
《*27,34*》

綱島梁川（つなしま・りょうせん）
1873〜1907
岡山県生まれ。1892 年、早稲田大学に入学し、坪内逍遥のおしえをうける。『早稲田文学』の編集にたずさわり、文芸評論、美術評論を多数のこした。
《*113,114*》

鄭佩剛（てい・はいごう）
1890〜1970
中国中山市生まれ。師復の妹と結婚。師復死後、1920 年に上海でAF（アナキスト連盟）を創設。エスペラント語にも堪能であった。
《*267,268*》

テーラー（フレデリック・テーラー）
1856〜1915
アメリカのエンジニア、経営学者。「科学的管理法の父」と呼ばれる。
《テーラー主義 *163,164,178,218,223,224〜227,259,282,283*》

出口王仁三郎（でぐち・おにさぶろう）
1871〜1948
京都亀岡生まれ。新興宗教団体、大本教の 2 大教祖のひとり。開祖とされる出口なおの入り婿となり、教団の発展につとめた。1918 年の時点では、信者は 30 万人をこえていたといわれている。
《*66*》

寺田鼎（てらだ・かなえ）
1901〜1936
東京中央区生まれ。ジャパン・アドヴァタイザー新聞社の記者。大杉栄に雑誌『フリーダム』など、海外のアナキズム系雑誌を提供した。
《*235*》

土岐哀果（とき・あいか）
1885〜1980
本名は、土岐善麿。東京浅草生まれ。早稲田大学英文科卒。歌人。同級生に若山牧水、北原白秋、安成貞雄らがいた。卒業後、読売新聞社に入社。石川啄木と親しく、死後、遺稿の編集発行につとめる。大杉栄の『近代思想』に寄稿。1913 年には、その文芸版ともいわれ

た『生活と芸術』を発刊した。
《107,143,144,(19),(47)》

徳永保之助（とくなが・やすのすけ）
1889～1925
東京台東区生まれ。1905年、平民社の給仕として入社。1908年、赤旗事件でつかまるが、執行猶予がつき出所。やまと新聞社の記者となる。『近代思想』にも寄稿。
《95,107》

ド・フリース（ユーゴー・マリー・ド・フリース）
1848～1935
オランダの植物学者。進化における突然変異説をとなえた。
《111,112,119》

トルストイ（レフ・ニコラエヴィチ・トルストイ）
1828～1910
ロシアの文学者。代表作に『戦争と平和』。非戦主義者としても知られている。
《76,201,(2),(7),(12),(21),(41)》

トライチュケ（ハインリッヒ・フォン・トライチュケ）
1834～1896
ドイツの歴史学者。ビスマルクの支持者として知られ、愛国主義的、軍国主義的な政治評論をおおく書いた。反ユダヤ主義、反マルクス主義を主張していたことでも知られている。
《84》

永井柳太郎（ながい・りゅうたろう）
1881～1944
石川県金沢市生まれ。1917年まで早稲田大学で教鞭をとり、植民地政策、社会政策などの講義をおこなった。1920年、憲政会から衆議院議員に当選。1931年、立憲民政党幹事長に就任。その後、斎藤実内閣では拓務大臣、第1次近衛文麿内閣では逓信大臣をつとめた。1941年以降、大政翼賛会東亜局長、翼賛政治会常任総務に就任。戦時中に大日本育英会（現、日本学生支援機構）を創設したことでも知られている。
《184,185》

仲木貞一(なかぎ・ていいち)
1886〜1954
石川県金沢市生まれ。早稲田大学英文科卒。読売新聞の記者となる。『近代思想』に戯曲を寄稿。演劇の演出や脚本も手がけた。
《*107*》

中西伊之助(なかにし・いのすけ)
1887〜1958
京都宇治市生まれ。キリスト教社会主義にひかれ、1907年、日本社会党に参加。1919年、日本交通労働組合を結成。ストライキを決行し、検挙される。労働文学者として長編小説を書く。代表作は、日本統治下の朝鮮をえがいた『赭土に芽ぐむもの』(改造社、1922年)。
《*168*》

中村還一(なかむら・かんいち)
1894〜?
栃木県足利市生まれ。時計工。久板卯之助の『労働青年』を読んで共鳴し、北風会に参加する。第2次『労働運動』の同人。1923年には、高尾平兵衛らと戦線同盟を結成。しかし戦線同盟のメンバーが赤化防止団団長を襲撃したところ、返り討ちにあい、高尾が銃殺される。その後、運動から離れた。
《*188,209,217,224,235,288,(3)*》

中浜哲(なかはま・てつ)
1897〜1926
福岡県北九州市生まれ。1922年2月、埼玉県蓮田市の小作人社に立ちより、古田大次郎と出あう。ふたりでテロを決意。同年、訪日中のイギリス皇太子をねらうが断念。その後、ギロチン社をたちあげる。1923年9月、大杉栄が虐殺されると、ギロチン社は復讐戦にむかうが、1924年3月、中浜は資金集めのためのリャクで逮捕。恐喝以外の罪状がないにもかかわらず、死刑。別名、中浜鉄。
《*194,263,295〜298,306〜308,(8),(15),(36),(45)*》

鍋山貞親(なべやま・さだちか)
1901〜1979
大阪生まれ。日本労働総同盟の活動家。1925年、総同盟分裂のさいには日本労働組合評議会に参加。第1次、第2次共産党に参加。1929年、4・16事件で逮捕され、1933年、佐野学とともに獄中転向声明をだした。

《*252,(40)*》

ニーチェ（フリードリヒ・ニーチェ）
1844〜1900
ドイツの哲学者。その生の思想や徹底した文明批評は、後世の哲学、文学、社会思想に多大な影響をおよぼした。
《*114〜117,120,121,339,(14),(21),(23)*》

新美卯一郎（にいみ・ういちろう）
1879〜1911
熊本県熊本市生まれ。東京専門学校でまなぶ。1900年、実家の経済状況のため中退、帰京。『日東新聞』、『鎮西日報』などで記者をつとめる。東京専門学校の同窓であった松尾卯一太と親交を深め、1907年、ふたりで『熊本評論』を創刊。反権力を基調とする評論を数多くのせた。その後、松尾が上京し、幸徳秋水と交流してアナキズム色を高める。1909年、松尾はアナキズムの立場をかかげた『平民評論』を創刊。新美は参加しなかったが、1910年、大逆事件がおこると、松尾と幸徳の面会が「大逆の謀議」とみなされ、新美もこれにまきこまれる。死刑。
《*98,101,(37)*》

新村忠雄（にいむら・ただお）
1887〜1911
長野県更埴市生まれ。日露戦争前後から貧民救済の手段は社会主義しかないとおもうようになる。1907年、日本社会党で内部対立がおこると、幸徳秋水の直接行動論を支持しようと幸徳宅を訪ねた。その後も幸徳近辺で動き、天皇暗殺計画にも賛同している。1909年4月から8月までは和歌山県新宮の大石誠之助のもとで薬局を手伝っていた。その間、大石宅から宮下太吉に爆弾資金をおくる。東京にもどると、管野すがや古河力作と革命談義をしたという。大逆事件で逮捕。死刑。
《*99,101,(40)*》

西川光二郎（にしかわ・こうじろう）
1876〜1940
兵庫県淡路生まれ。札幌農学校予科で新渡戸稲造の影響をうけ、社会主義を知った。その後、東京専門学校でまなぶ。在学中に片山潜と出あい、労働組合期成会の機関紙『労働世界』の編集を手伝った。1901年、社会民主党の創設にかかわる。平民社、日本社会党にも参

加。1906年、幸徳秋水が直接行動論を展開すると、片山とともにこれを批判。電車事件で入獄中に社会主義運動からの離脱を決意する。1910年、転向の意志を記した『心懐語』は、大逆事件で苦しむ同志たちを落胆させた。

西村陽吉(にしむら・ようきち)
1892～1959
東京両国生まれ。1904年、東雲堂書店に入社。もともと、東雲堂書店は学習書を中心とした出版社であったが、西村が文芸や思想に関心をもっていたことから、伊藤野枝『婦人解放の悲劇』、大杉栄『労働運動の哲学』、石川啄木『悲しき玩具』、斎藤茂吉『赤光』などの著作が出版された。編集にたずさわるかたわら、本人も生活派の歌人として活躍した。

野沢重吉(のざわ・じゅうきち)
1857～1916
栃木、群馬の県境の農家で生まれる。上京し、人力車夫になる。社会主義協会時代から、運動にかかわる。住所から、築地の親爺と呼ばれた。

野田律太(のだ・りつた)
1891～1948
岡山県生まれ。1916年、友愛会に参加。1920年からは日本労働総同盟の常任活動家となる。1925年、総同盟分裂のさいには日本労働組合評議会に参加。1928年には3・15事件で検挙されている。

延島英一(のぶしま・えいいち)
1902～1969
東京文京区生まれ。和文文選工。信友会にはいる。母は村木源次郎の愛人。1919年、吉田一とともに尾行巡査に暴行をふるい、懲役3ヵ月。大杉栄にみこまれ、労働運動社にはいる。印刷工組合で活躍したが、1928年、純正アナキズムをかかげる水沼辰夫と論争になり、改良的サンディカリストと呼ばれて追放される。その後は、しだいに運動からとおざかった。

野依秀市（のより・ひでいち）
1885〜1968
大分県生まれ。ジャーナリスト。慶応大学在学中に『三田商業界』を創刊。1908年、『実業之世界』の社長となる。
《*107*》

バークマン（アレクサンダー・バークマン）
1876〜1936
ロシア生まれ。ベルクマンともよむ。アナキスト。1887年、シカゴにわたる。ヨハン・モストに接近し、エマ・ゴールドマンとも出あう。1892年、カーネギー製鉄所でストライキを決行した労働者11人が殺害され、その報復として経営者の暗殺をはかり失敗。1906年まで投獄される。出獄後は、エマの『マザーアース』を手伝った。第1次大戦がはじまると、アメリカの参戦に反対。弾圧をうけ、1919年、革命期のロシアに亡命したが、その実情をみてヨーロッパに脱出し、ロシア革命批判を展開する。スペイン革命直前に病気にかかり、自殺。
《*241,242,248,271,(7),(8)*》

パース（チャールズ・サンダース・パース）
1839〜1914
アメリカの科学者、論理学者、哲学者。プラグマティズムの創始者として知られている。
《*86,(20)*》

バクーニン（ミハイル・バクーニン）
1814〜1876
ロシア生まれ。アナキスト。軍人になるべく教育をうけたが、哲学をまなぶために、1835年、依願退職。1840年には、ドイツ留学をはたした。留学中に社会主義思想にはまる。帰国後、その傾向はますます高まり、官憲にマークされるようになった。1842年、ドイツに亡命。1844年には、パリにうつり、マルクスやプルードンと交流した。1848年、ヨーロッパ全土でまきおこった蜂起に加わるが、逮捕され、ロシアに身柄をひき渡された。シベリアへ流刑。1861年に脱走。日本を経由して、アメリカに渡り、ロンドン、イタリアへ。1868年、第1インターナショナルに参加するが、マルクスと対立。1872年に排除される。バクーニンたちはサン・ティミエにあつまり、独自のインターナショナルをたちあげた。その間、ネチャーエフと提携するなどしている。1870年には、パリ・コミューンの先駆けと

なるリヨン暴動に参加した。その後も、死の直前まで各地の暴動に参加しようとしていた。

《76,80,264,(33),(38)》

ハクスリー(トマス・ヘンリー・ハクスリー)
1825〜1895
イギリスの生物学者。ダーウィン進化論の熱烈な支持者であり、「ダーウィンの番犬」の異名で知られる。
《83,118》

橋浦時雄(はしうら・ときお)
1891〜1969
鳥取県岩美町生まれ。1908年、早稲田大学入学、そのころから平民社に参加し、1912年、『近代思想』にも参加。1920年には日本社会主義同盟、1922年には日本共産党に加わる。1923年、第1次共産党事件で逮捕。山川均と行動をともにし、1928年からは労農派に加わっている。
《107》

八太舟三(はった・しゅうぞう)
1886〜1934
三重県津市生まれ。牧師として各地で伝道していたが大杉栄虐殺に抗議して広島教会で追悼会をひらき、教会から追放される。本書六章で詳述。
《280〜282,284,286》

服部浜次(はっとり・はまじ)
1887〜1945
千葉県生まれ。東京有楽町で洋服店をいとなむ。ふるくから社会主義者と交流をもち、1920年には日本社会主義同盟の発起人となった。
《287》

服部嘉香(はっとり・よしか)
1886〜1975
詩人、国語学者。口語自由詩運動をすすめた。
《114》

林倭衛(はやし・しずえ)
1895〜1945

長野県上田生まれ。1911年、上京し、日清印刷所の給仕として働きはじめる。会社の上司のすすめで絵画をはじめるかたわら、会社の客の紹介で大杉栄と知りあう。しだいに画家としての頭角をあらわし、1916年には、二科会に「サンヂカリスト」と題してバクーニンの肖像画を出品し入選。1918年には、「H 氏像」と題して、久板卯之助の肖像画を出品し、二科賞を受賞。1919年には、「出獄日の O氏」と題して、大杉の肖像画を出品。警視庁から撤回命令がでたことで、話題をはくした。1921年に渡欧し、ドイツ、フランスに長期滞在している。1923年、大杉がフランスにきたときには、2人でパリを遊びまわった。1926年、帰国。春陽会の会員になる。その後は、帝展の審査員などをつとめた。猫のようなからだつきで、底なしに酒を飲んだことで知られている。

《*15,16,206,269,270,275,277,343*》

バルビュス（アンリ・バルビュス）
1873〜1935
フランスの作家。1916年、反戦小説『砲火』を書き、一躍有名になる。1923年、フランス共産党に入党。以後、プロレタリア文学運動に邁進している。
《*175*》

樋口伝（ひぐち・でん）
1870〜？
奈良県郡山町生まれ。1898年、上京して古物商をいとなむ。1901年から雑誌記者もつとめるようになり、社会主義にひかれる。1906年、堺利彦らと日本社会党を創立。電車事件で逮捕された。以後、運動からはしりぞく。
《*75*》

久板卯之助（ひさいた・うのすけ）
1878〜1922
京都下京区生まれ。あだ名はキリスト。大杉栄にさそわれて、和田久太郎とともに『労働運動』を手伝った。本書四章で詳述。
《*42,161,162,183,186,187,190,196,198〜209,224,235,236,342,(28),(33),(41)*》

平岩巌（ひらいわ・いわお）
1899〜1976
東京生まれ。1921年、石黒鋭一郎らと抹殺社を結成。その後も石黒

と行動をともにした。1923年6月、戦線同盟で南葛労働協会をおそったときには、川合善虎をなぐりつけ、わび状を書かせたといわれている。同月、高尾平兵衛らと赤化防止団団長を襲撃、高尾は殺され、平岩は逮捕されている。

《*279,(4)*》

平塚らいてう（ひらつか・らいちょう）
1886〜1971
東京麹町生まれ。1911年、『青鞜』創刊。女性解放運動の原点となった。
《*148,154,155,(5)*》

平林初之輔（ひらばやし・はつのすけ）
1892〜1931
京都生まれ。早稲田大学文学部英文科卒。やまと新聞社につとめ、文芸欄を担当。ビクトル・ユゴーの翻訳小説などを載せた。1920年、ストライキを契機に退社。青野季吉らと知りあい、『種蒔く人』に参加。以後、プロレタリア文学の理論化につとめている。
《*168*》

フォイエルバッハ（ルートヴィヒ・アンドレアス・フォイエルバッハ）
1804〜1872
ドイツの哲学者。青年ヘーゲル派の代表的人物。マルクスやエンゲルス、シュティルナーらに多大な影響をあたえた。
《*76*》

フォーレル（オーガスト・フォーレル）
1848〜1931
スイスの菌類学者、神経学者。人間の脳や蟻の研究で知られる。
《*91*》

深尾韶（ふかお・しょう）
1880〜1963
静岡市生まれ。小学校の教員などをしていたが、1904年ころ平民社に立ちより、堺利彦と会う。翌年、原子基とともに社会主義伝道に乗りだすが、弾圧をうけて失敗。同年、北海道で平民農場をはじめるが、深尾はすぐに帰京。堺の『家庭雑誌』を手伝った。1906年、電車事件で逮捕。同年、堀保子と婚約するが、大杉栄にうばわれる。

以後、運動からはしりぞいた。
《*73,75,78*》

福田狂二（ふくだ・きょうじ）
1887～1971
島根県平田市生まれ。早稲田大学政治経済学部中退。1913年、渡辺政太郎とともに中国へわたり、革命軍に参加する。1917年、日本労働協会を創立。普選請願デモをおこなって検挙される。1925年、大庭柯公の死をめぐって共産党を批判。戦時中は右翼に転じて、神道の教師を名のる。戦後は反共運動を展開した。
《*187,192,193*》

福田雅太郎（ふくだ・まさたろう）
1866～1932
長崎県大村市生まれ。関東大震災当時、陸軍大将、関東戒厳司令官の立場にあった。
《*194,299～303,(36)*》

布留川桂（ふるかわ・けい）
1895～1958
千葉県生まれ。北風会に参加。正進会の組合員として活躍した。戦時中は読売新聞社で働き、敗戦直後、読売争議をおこしている。
《*220～222,279,280,(48)*》

古河力作（ふるかわ・りきさく）
1884～1911
福井県小浜市生まれ。1903年、園芸見習のために上京。1907年ころ、貧困問題を解決したいとおもい社会主義に関心をもつ。1909年、平民社で天皇暗殺計画を聞き、賛同する。1910年、大逆事件で検挙、死刑。
《*98,99,101,(13),(29),(35)*》

古河三樹松（ふるかわ・みきまつ）
1901～1995
福井県小浜市生まれ。大逆事件で処刑された古河力作の弟。アナキストと交流を深め、1924年、大杉栄の報復に参加。逮捕されて6年の有罪判決をうけた。
《*279*》

古田大次郎(ふるた・だいじろう)
1900〜1925
東京千代田区生まれ。1917年、早稲田大学高等予科にすすみ、在学中に幸徳秋水『社会主義神髄』をよむ。大学に進学すると、民人同盟会に参加し、そこで講演会出演依頼のため大杉栄宅を訪ねた。アナキズムに傾倒する。1921年、早稲田を中退し、友人3人で埼玉県熊谷市に小作人社をたてる。翌年、蓮田市に移動。そこで中浜哲と出あい、身を賭して社会改造におもむく覚悟を決める。1923年、大杉栄の復讐戦を開始。古田は、1923年10月、資金集めのリャクで銀行員を刺殺してしまい、地下に潜伏。1924年9月、和田久太郎や村木源次郎と福田雅太郎暗殺をこころみるが失敗し、逮捕、死刑。

ベルクソン(アンリ=ルイ・ベルクソン)
1859〜1941
フランスの哲学者。その思想は、ジョルジュ・ソレルや大杉栄などの社会思想家に大きな影響をおよぼした。

逸見吉三(へんみ・きちぞう)
1903〜1981
逸見直造の次男。1914年から、父の活動を手伝いはじめ、月刊『平民新聞』を新世界で売り歩いていた。1922年、大串孝之助らと関西自由労働組合を結成。労働運動社の記者として大阪にきていた和田久太郎を手伝った。1923年、大杉がフランスから帰国し、東京で自由連合派のつどいを呼びかけるとこれに参加。大杉の死後、1924年には関西労働組合自由連合会を結成。同年末、福田雅太郎暗殺未遂事件で逮捕。1927年、出獄後も関西自由連合派の労働運動に尽力している。

逸見直造(へんみ・なおぞう)
1877〜1923
岡山県生まれ。1899年に渡米し、カリフォルニアでパン職人の修業をつんだ。IWWの活動を知り、社会主義に関心をもった。帰国後は、大阪で紙函業をはじめている。1914年、大杉栄と荒畑寒村が月刊『平民新聞』を創刊すると、逸見は大阪販売所をうけおった。1915年からは、南区水崎町の自宅で労働者無料相談所をはじめている。1919年、大杉が労働運動社をたちあげると、これに参加。自宅

を大阪出張所としている。1921年、借家人同盟をたちあげる。1923年、はじめて起訴されて入獄。半年で出獄したが、その帰途、急逝してしまった。

《16,17,24,25,27,32～35,199,216,252,(4),(36)》

ホッブス（トマス・ホッブス）
1588～1679
イギリスの哲学者。1651年にあらわした『リヴァイアサン』で近代国家の理論化をおこなった。
《83》

堀保子（ほり・やすこ）
1883～1924
茨城県下館市生まれ。兄は、堀紫山。姉は、堺利彦の妻、美知子。1905年から、堺の『家庭雑誌』を手伝う。1906年に大杉栄と結婚。1916年、大杉の恋愛事件にまきこまれ、離婚。
《77,108,110,148,152～154,156,184,341,342,(34)》

本間久雄（ほんま・ひさお）
1886～1981
山形県生まれ。早稲田大学英文科卒。文芸評論家として活躍した。1918年から1927年にかけて、『早稲田文学』を主宰。のちに早稲田大学教授となる。
《114》

前田夕暮（まえだ・ゆうぐれ）
1883～1951
神奈川県秦野生まれ。尾上紫舟に師事し、同門の若山牧水とともに歌人として活躍した。代表作は、『収穫』（1910年）。
《66,(47)》

桝本卯平（ますもと・うへい）
1873～1931
宮崎県生まれ。東京帝国大学卒。造船技術者。
《217》

松尾卯一太（まつお・ういった）
1879～1911
熊本県出身。大逆事件に連座。新美卯一郎の欄に詳述。

《*101,(29)*》

松下芳男（まつした・よしお）
1892〜1983
新潟県新発田生まれ。仙台陸軍地方幼年学校に進学し、卒業後、弘前の歩兵第52連隊に配属。1917年には陸軍中尉に昇格した。しかし幼年学校時代から軍人社会にいやけがさし、同郷の大杉栄を訪問したりしている。思想的に、アナキズムにはなじめなかったため、1920年、大杉に紹介された友愛会の高山義三に入会希望の手紙をおくった。高山はその手紙を鈴木文治に転送したが、それを東京日日新聞の記者にみられてしまう。社会主義中尉、造反将校として、スクープ報道された。記事を読んだ田中義一陸軍大臣は激怒。松下は停職処分となった。翌年、日大法文学部に入学。軍政史をまなび、著書も多数のこしている。
《*64*》

松田十九二（まつだ・とくじ）
？〜？
信友会の組合員。1922年、『労働者』に参加し、反ボルシェビキの論陣をはった。翌年には『組合運動』にも参加。1926年、黒色青年連盟の結成にかかわり、全国自連にも参加したが、翌年、全国自連から絶縁されている。ボルシェビキの立場をとるようになったといわれている。
《*279*》

マフノ（ネストル・マフノ）
1889〜1934
ウクライナ生まれ。その生涯とマフノ運動については本書五章で詳述。
《*244〜247,271,300,(7)*》

マラテスタ（エッリーコ・マラテスタ）
1853〜1932
イタリアのアナキスト。パリ・コミューンの影響をうけて、第1インターナショナルに参加。バクーニンの盟友になる。翌年、バクーニンが排除されると、ともにサン・ティミエにつどい、反権威派インターナショナルをたちあげた。その後、南イタリアでたびたび武装蜂起をおこそうとするが失敗。1880年代には対英アラブ反乱をささえようと、エジプトに渡っている。アナルコ・コミュニズムの立

場をとり、集産主義やサンディカリズムを不徹底として批判した。1922年、イタリアにファシズム政権が樹立されるとローマの自宅で軟禁状態となり、そこで死去している。

《*79,263,264*》

マラトウ（シャルル・マラトウ）
1857〜1938
フランスのアナキスト。評論家、編集者。
《*79*》

マルクス（カール・マルクス）
1818〜1883
ドイツ生まれ。科学的社会主義の創始者とされる。『共産党宣言』（1848年）、『資本論』（1867〜94年刊）は世界中の社会主義者に影響をおよぼした。
《*124,231,264,340,(23),(31),(34)*》

水沼辰夫（みずぬま・たつお）
1892〜1965
栃木県今市市生まれ。欧文植字工。1917年、信友会を結成。アナキズム系労働運動の立役者。本書五章で詳述。
《*188,209,214〜217,219,223,279,280,294,347,(30),(46)*》

水野葉舟（みずの・ようしゅう）
1883〜1947
詩人、歌人、小説家。与謝野鉄幹に師事し、そこで高村光太郎、窪田空穂らと知りあう。新進詩人として知られ、詩集に『あららぎ』（1906年）や窪田との共同歌集『明暗』（1906年）などがある。1902年、早稲田大学に進学し、佐々木喜善と交流。佐々木のはなしのおもしろさから、1907年、友人であった柳田国男を紹介する。これが『遠野物語』のきっかけになった。水野は、怪談話がすきだったようで、その後は海外の怪談話を翻訳するなどしている。
《*66*》

三田村四郎（みたむら・しろう）
1896〜1964
石川県金沢市生まれ。もともと警察官であったが、とりしまりの対象であった社会主義者に関心をもち、免職。日本労働総同盟にはいる。1925年、日本労働組合評議会に参加。第2次共産党では中央委

員に就任するが、1929年、4・16事件でとらえられ、佐野学、鍋山貞親の転向声明に同調した。だが、三田だけは予防拘禁をつづけられ、戦後に釈放。共産党にはもどれず、山川均の民主人民連盟に参加した。

《*252*》

宮下太吉（みやした・たきち）
1875〜1911
山梨県甲府市生まれ。機械工。日刊『平民新聞』を読み、労働問題に関心をもつ。1908年、内山愚堂からパンフレット『無政府共産』をもらい、労働者を苦しめる悪の元凶が天皇であると認識する。翌年2月、平民社を訪ね、幸徳秋水に天皇暗殺計画を話す。その後、爆弾製造にいそしむ。同年11月、爆弾の試投に成功。1910年1月、幸徳秋水や管野すが、新村忠雄らと談義する。秋頃に計画を実行する予定であったが、5月25日、同僚に密告されて逮捕。大逆罪にとわれて死刑。
《*98,99,101,(13),(29)*》

宮嶋資夫（みやじま・すけお）
1886〜1951
東京四谷生まれ。1914年頃、大杉栄と荒畑寒村のサンディカリズム研究会に出席。アナキズムに共鳴する。労働文学者として活躍。1916年、葉山日蔭茶屋事件をきっかけに大杉と反目。1921年には、大杉らの労働運動社に対抗して、高尾平兵衛、吉田一らと労働社をたちあげた。1930年代にはいるとアナキズムの衰退に自信をうしない、やがて仏門にくだった。
《*146,151,152,155,156,168,(40)*》

宮地嘉六（みやち・かろく）
1884〜1958
佐賀県佐賀市生まれ。1900年、呉海軍工廠にはいる。1906年ころから社会主義に関心をもち、1912年、ストライキを決行し、検挙される。その後、宮嶋資夫と出あい、労働文学を書きはじめる。
《*168*》

武者小路実篤（むしゃのこうじ・さねあつ）
1885〜1976
東京麴町生まれ。学習院の初等、中等、高等科を卒業。東京帝国大学哲学科を中退。1910年、志賀直哉や有島武郎とともに『白樺』創

刊。トルストイに傾倒。1918年、宮崎県木城村に「新しき村」をつくったが、ダム建設で水没。その後、1939年、埼玉県入間郡毛呂山町に再建している。

《155》

武藤山治（むとう・さんじ）
1867〜1934
岐阜県生まれ。鐘淵紡績の社長。紡績王として知られる。1923年、経営者団体である実業同志会を創設、会長となった。
《266,298》

村木源次郎（むらき・げんじろう）
1890〜1925
神奈川県横浜市生まれ。アナキスト。本書四章で詳述。
《95,96,159〜161,183,186,189〜194,196,200〜202,207,209,235,237,288,292,294,295,297〜305,339,342,(30),(36)》

望月桂（もちづき・かつら）
1887〜1975
長野県明科町生まれ。1905年、上京し、東京美術学校西洋画科でまなぶ。卒業後、郷里の野沢中学で美術の教師になったが、1年で退職。1912年、上京し、印刷会社で働いた。1915年、一膳料理屋「へちま」を経営。客であった久板卯之助の『労働青年』を手伝った。1919年、黒耀会をたちあげ、民衆芸術運動を展開。大杉栄とも親しく、共著『漫文漫画』（アルス、1922年）がある。大杉死後、1928年に読売新聞社に入社。犀川凡太郎の名前で漫画を描いた。1931年、退社。平凡社に入社した。戦後は郷里で農民運動にたずさわっている。
《162,202,205〜207,236,279,288,293,347》

森岡栄治（もりおか・えいじ）
1885〜1911
兵庫県姫路市生まれ。金曜会に参加し、1908年1月、金曜会屋上事件で逮捕。同年6月、赤旗事件で逮捕。大逆事件はまぬがれるが、入獄中に精神に変調をきたす。出獄後、井戸に身を投げて自殺した。
《94〜96》

守田有秋（もりた・ゆうしゅう）
1882〜1954

岡山県灘崎町生まれ。1900年、山川均とともに『青年の福音』を発刊。山川の評論が不敬罪にとわれ、ともに重禁固3年半に処される。1904年、出獄し、二六新報社の記者となる。その後、山川にさそわれて社会主義運動にかかわるが、金曜会屋上事件や赤旗事件はまぬがれた。大逆事件も家宅捜索されたものの、検挙はまぬがれた。

《*98*》

百瀬晋（ももせ・すすむ）
1890〜1964
長野県松本市生まれ。1907年、平民社に給仕として参加。その後、大阪におもむき、『大阪平民新聞』を手伝う。1908年6月、赤旗事件でつかまる。出獄後、大逆事件で取り調べこそうけたものの、連座はまぬがれた。
《*95,96*》

森近運平（もりちか・うんぺい）
1880〜1911
岡山県井原市生まれ。1900年、岡山県庁につとめる。幸徳秋水の『社会主義神髄』を読み、社会主義にひかれた。1904年、『平民新聞』の読者会をつくる。1905年3月には大阪に渡り、大阪平民社をたちあげた。しかし警察の弾圧で10月には閉鎖。上京し、日本社会党に参加する。1908年7月、新聞紙条例違反で禁固2ヵ月。出獄後、幸徳らの急進化する動きに反発。帰京し、園芸にとりくんだ。1910年、大逆事件に連座させられ、死刑。
《*98,101*》

安谷寛一（やすたに・かんいち）
1896〜1978
兵庫県城崎生まれ。神戸の貿易商社に就職。経営者がフランス人であったこともあって、フランス語をまなんだ。1912年ころから、『近代思想』『青鞜』の読者となり、大杉栄や伊藤野枝と文通をはじめた。米騒動のとき、大阪で大杉と初対面。1920年6月には、上京して大杉宅の食客となった。同年10月、神戸にもどって変則仏学塾をひらき、塾生とともにアナキスト自由連盟ロンダ組を名乗った。友愛会の講演会に殴りこみをかけるなどしている。1923年4月には、和田信義や大串孝之助とともに『ダダ』を発刊。同年7月、大杉がフランスから帰国したときには、神戸で出むかえた。大杉の死後、1927年に『未刊 大杉栄遺稿』（金星堂）を編集、刊行している。
《*33,340*》

安成貞雄（やすなり・さだお）
1885〜1924
秋田県阿仁町生まれ。歌人、評論家。本書三章で詳述。
《*107,108,143,(19),(26),(43)*》

安成二郎（やすなり・じろう）
1886〜1974
秋田県阿仁町生まれ。安成貞雄の弟。『近代思想』や『生活と芸術』、『へちまの花』、『新社会』などに短歌をよせた。
《*107,108,143,188,295*》

山川菊栄（やまかわ・きくえ）
1890〜1980
東京千代田区生まれ。青山菊栄。1912年、女子英学塾卒。1915年、同窓の神近市子にさそわれて、大杉栄のフランス文学研究会や平民講演会に参加。1916年、山川均と結婚。マルクス主義の立場から女性解放運動について論じた。1921年、赤瀾会顧問になる。戦後は社会党に参加した。
《*159,(5)*》

山川均（やまかわ・ひとし）
1880〜1958
岡山県倉敷生まれ。1906年、日本社会党に参加。その後、大杉栄や堺利彦とともに、金曜会屋上事件、赤旗事件で捕えられる。1910年に出獄。いちど帰京し、薬屋をいとなんでいたが、1914年に上京。堺の『新社会』の編集に参加する。1918年、荒畑寒村とともに『青服』、翌年には堺と『社会主義研究』を創刊している。1920年、日本社会主義同盟に参加。1922年、『前衛』を創刊し、ボルシェビズムの立場をあきらかにした。同年、日本共産党を創立。大杉とアナ・ボル論争を展開した。1923年6月、第1次共産党事件で一斉検挙にあう。翌年、共産党解党。再建された共産党には参加せず、1927年、『労農』を発刊し、労農派の結集につとめた。1937年、人民戦線事件で投獄。戦後は1951年、社会主義協会をたちあげ、社会党左派の理論的支柱となった。
《*81,94〜96,159,192,224,231,234,237〜240,248,256〜259,288,(2),(9),(17),(18),(23),(24),(32),(40),(42),(43)*》

山鹿泰治（やまが・たいじ）
1892〜1970

京都生まれ。1907年、上京。出版社の有楽社につとめる。社内には日本エスペラント協会の事務所があり、黒板勝美からエスペラント語をまなんだ。1910年、有楽社が倒産すると欧文植字工になり、翌年、同僚から大杉栄を紹介された。大杉のすすめで京都にもどり、エスペラント語で海外の活動家と連絡をとりはじめる。1914年には上海に渡り、師復が『民声』を発行するのを手伝った。1916年、葉山事件をきっかけに大杉と疎遠になるが、米騒動をきっかけにふたたび親密になる。1922年7月には上海に渡り、黄凌霜が組織したAF（アナキスト連盟）に参加。10月、帰国するが、大杉の旅券を確保するために、11月、ふたたび上海に渡った。翌年1月、大杉が渡仏するのをみとどけて帰国。同年9月には、大杉虐殺の知らせをエスペラント語で発信した。その後も、近藤憲二とともに第4次、第5次『労働運動』を発刊。山鹿はエスペラント語をいかして、海外の運動情報を紹介した。戦後も精力的に活動をつづけ、1952年、アナ連の代表。1955年には、戦争抵抗者インターナショナル（WRI）の日本登録所をうけもち、『世界市民』を発刊。

山口孤剣（やまぐち・こけん）
1883〜1920
山口県下関生まれ。本名は、山口義三（やまぐち・よしぞう）。東京政治学校在学中、平民社に参加。1904年、東京から下関まで社会主義伝道商人をやった。1906年、日本社会党に参加。しかし電車事件や筆禍事件などで入獄をかさねる。1908年の赤旗事件は、山口の出獄歓迎会がきっかけであった。その後、運動からはとおざかる。

山崎正二郎（やまざき・しょうじろう）
1899〜？
大阪市南区の日本橋筋生まれ。逸見吉三のいとこ。呉服商をいとなんでおり、その2階はアナキストのアジトになっていた。

山路愛山（やまじ・あいざん）
1864〜1917
江戸生まれ。幕府滅亡後、静岡に移住した。1892年、『国民新聞』の記者となり、同紙や『国民之友』に多数の記事や評論を書いている。1905年、国家社会党を結党。

山田正一（やまだ・しょういち）
1898〜1927
和歌山県生まれ。金属彫刻工であった武田伝次郎の内弟子。1923年、久保譲、小西武夫らと黒社を結成。月刊『黒』を創刊した。翌年、投獄中の中浜哲救出のため爆弾計画をたてるが逮捕。予審中に死没した。
《252,306》

山本作兵衛（やまもと・さくべい）
1892〜1984
福岡県出身の炭鉱労働者、炭鉱記録画家。
《37,335》

山本飼山（やまもと・しざん）
1890〜1913
東京神田生まれ。1909年、早稲田大学英文科に入学。その後、木下尚江、幸徳秋水らと交流。大逆事件後、売文社、『近代思想』に参加。1913年、精神的に変調をきたし、鉄道自殺。
《107》

与謝野晶子（よさの・あきこ）
1878〜1942
大阪堺市生まれ。1900年から『明星』に短歌を発表。翌年出版された『みだれ髪』で注目される。日露戦争のさい、従軍した弟をおもって長詩「君死にたまふことなかれ」を発表し、論議をよんだ。
《155》

吉川守圀（よしかわ・もりくに）
1883〜1939
東京檜原村生まれ。東京政治学校でまなぶ。1904年、平民社に出いりするようになり、幸徳秋水に私淑。1906年、日本社会党に参加。同年の電車事件で逮捕される。大逆事件後は、大杉栄の『近代思想』や堺利彦の『新社会』を支援した。1920年、日本社会主義同盟の発起人になる。1922年、共産党の創立に参加。1927年以降は、『労農』に参加し、労農派として行動した。1937年、人民戦線事件で逮捕。出獄後、まもなく死去。
《74,75,101,145,146》

吉田一（よしだ・はじめ）
1892～1966
千葉県生まれ。鍛冶工。1919年、南千住で水沼辰夫と労働者相談所を開設。1921年、大杉栄のアナ・ボル協同路線に反発し、労働社をたちあげた。雑誌『労働者』創刊。だが、1922年にはモスクワにわたり、レーニン、スターリンらと会見。ボルシェビキに転じている。1923年、高尾平兵衛らと戦線同盟を結成。6月、高尾とともに赤化防止団団長を襲撃するが、銃撃され、高尾は即死、吉田も傷をおった。以後、運動からはとおざかっている。
《*188,209,216,235,236,(4),(13),(17),(22),(23),(30),(40)*》

ラッツェンホーファー（グスタフ・ラッツェンホーファー）
1842～1904
オーストリアの社会学者。グンプロビッチとともに、征服国家論を提唱した。
《*112,124*》

劉師培（りゅう・しばい）
1884～1919
中国江蘇省生まれ。1903年、ナロードニキの影響をうけ、清朝高官の暗殺をもくろむ。1907年、日本に渡り、亜洲和親会で幸徳秋水や大杉栄と交流。アナキストとなる。1908年に帰国後、清朝のスパイとなる。中華民国成立後は袁世凱に接近した。1917年、北京大学の教授となる。
《*80,(19),(23)*》

ルクリュ（エリゼ・ルクリュ）
1830～1905
フランスの地理学者、アナキスト。1851年、ナポレオン3世のクーデターに反対して国を追われる。ヨーロッパ、アメリカを旅してまわり、地理学の研究にめざめる。1871年、パリ・コミューンに参加。捕えられて追放。スイスに渡り、クロポトキンの『ル・レボルテ』の編集を手伝う。その後、アナキズムについての著作を多数のこした。
《*79,111,(4)*》

ル・ボン（ギュスターヴ・ル・ボン）
1841～1931
フランスの社会心理学者、医学博士、物理学者。代表作は、『群衆

心理』(1895年)。19世紀末から20世紀初頭を群衆の時代ととらえ、その非合理的な性格を否定的に論じている。

《*65,336,(25)*》

ローレル(アーノルド・ローレル)
1878〜1956
ウィーン生まれのアナキスト。本名は、ジークフリード・ナハト。もとは電気工。パリ滞在中にアナキスト、サンディカリストになる。英語、ドイツ語でゼネストにかんする冊子を出版。各国語に翻訳された。
《*79,98*》

ロラン(ロマン・ロラン)
1866〜1944
フランスの作家。ヒューマニズムの立場から、戦争反対を訴えかけた。
《*43,44,47,168,175,176,181,182*》

ワイスマン(オーギュスト・ワイスマン)
1834〜1914
ドイツの動物学者。フライブルク大学教授。専門は発生学、遺伝学。ダーウィンの進化論に注目し、その発展につとめた。
《*111,119*》

若山牧水(わかやま・ぼくすい)
1885〜1928
宮崎県東郷町生まれ。早稲田大学英文科卒。歌人。北原白秋、前田夕暮らをしる。土岐哀果と親しく、『近代思想』にも寄稿。
《*107,(14),(19),(26),(37)*》

和気律次郎(わけ・りつじろう)
1888〜1975
愛媛県松山市生まれ。1909年、慶応大学予科を中退。『近代思想』に翻訳を寄稿。その後、『やまと新聞』『大阪毎日新聞』の記者となる。
《*107*》

和田栄太郎(わだ・えいたろう)
1894〜1984

長野県長野市生まれ。東京で印刷工となり、大杉栄を知る。正進会に参加。大杉死後、第4次、第5次『労働運動』に参加している。

《*220,279,294*》

和田久太郎（わだ・きゅうたろう）
1893〜1928
兵庫県明石市生まれ。1919年、大杉栄とともに『労働運動』を発刊。記者活動のかたわら、全国を飛びまわってアナキストを糾合する役割をはたした。本書四章で詳述。
《*42,161,183,186,187,190〜206,209,217,224,235,236,241,249,251〜253,256,266,278,287,288,293〜295,297〜306,308,342,347,(3),(8),(9),(16),(33),(36)*》

渡辺政太郎（わたなべ・まさたろう）
1873〜1918
山梨県敷島町生まれ。アナキスト。号北風。本書四章で詳述。
《*146,150,185〜187,189,196〜199,202,209,215,216,305,(35)*》

綿引邦農夫（わたびき・くにのぶ）
1895〜1975
茨城県水戸市生まれ。1918年、信友会に参加。北風会にも顔をだしている。1919年、正進会に参加し、布留川桂、信兄弟と行動をともにする。戦時中は読売新聞社で働き、敗戦直後、やはり布留川兄弟とともに読売争議をおこした。
《*220,280*》

本書は二〇一三年に夜光社から刊行された単行本を加筆修正のうえ、文庫化したものです。

大杉栄伝

永遠のアナキズム

栗原 康

令和3年 2月25日 初版発行
令和6年 12月5日 6版発行

発行者●山下直久

発行●株式会社KADOKAWA
〒102-8177 東京都千代田区富士見2-13-3
電話 0570-002-301（ナビダイヤル）

角川文庫 22568

印刷所●株式会社KADOKAWA
製本所●株式会社KADOKAWA

表紙画●和田三造

ISBN 978-4-04-400335-7 C0131

角川文庫発刊に際して

角川源義

第二次世界大戦の敗北は、軍事力の敗北であった以上に、私たちの若い文化力の敗退であった。私たちの文化が戦争に対して如何に無力であり、単なるあだ花に過ぎなかったかを、私たちは身を以て体験し痛感した。西洋近代文化の摂取にとって、明治以後八十年の歳月は決して短かすぎたとは言えない。にもかかわらず、近代文化の伝統を確立し、自由な批判と柔軟な良識に富む文化層として自らを形成することに私たちは失敗して来た。そしてこれは、各層への文化の普及滲透を任務とする出版人の責任でもあった。

一九四五年以来、私たちは再び振出しに戻り、第一歩から踏み出すことを余儀なくされた。これは大きな不幸ではあるが、反面、これまでの混沌・未熟・歪曲の中にあった我が国の文化に秩序と確たる基礎を齎らすためには絶好の機会でもある。角川書店は、このような祖国の文化的危機にあたり、微力をも顧みず再建の礎石たるべき抱負と決意とをもって出発したが、ここに創立以来の念願を果すべく角川文庫を発刊する。これまで刊行されたあらゆる全集叢書文庫類の長所と短所とを検討し、古今東西の不朽の典籍を、良心的編集のもとに、廉価に、そして書架にふさわしい美本として、多くのひとびとに提供しようとする。しかし私たちは徒らに百科全書的な知識のジレッタントを作ることを目的とせず、あくまで祖国の文化に秩序と再建への道を示し、この文庫を角川書店の栄ある事業として、今後永久に継続発展せしめ、学芸と教養との殿堂として大成せんことを期したい。多くの読書子の愛情ある忠言と支持とによって、この希望と抱負とを完遂せしめられんことを願う。

一九四九年五月三日

角川ソフィア文庫ベストセラー

マルクスを再読する
主要著作の現代的意義

的場昭弘

資本主義国家が外部から収奪できなくなったとき、資本主義はどうなるのか？　この問題意識から、主要著作を読み解く。〈帝国〉以後の時代を見るには、資本主義〝後〟を考えたマルクスの思想が必要だ。

増補「戦後」の墓碑銘

白井聡

「平成」。国民益はもとより国益とも無縁な政治が横行するようになった時代。昭和から続いた戦後政治は、崩落の時を迎えている。その転換点はいつ、どこにあったのかを一望する論考集が増補版で文庫化！

新版 増補 共産主義の系譜

猪木正道

画期的な批判的研究の書として、多くの識者が支持した名著。共産主義の思想と運動の歴史を、全体主義に抗す自由主義の論客として知られ、高坂正堯ら錚々たる学者を門下から輩出した政治学者が読み解く‼

独裁の政治思想

猪木正道

独裁を恣意的な暴政から区別するものは、自己を正当化する政治理論の存在だ。にもかかわらず、権力の制限を一切伴わない現代の独裁は、常に暴政に転化するというパラドックスを含む。独裁分析の名著！

ロシア革命史
社会思想史的研究

猪木正道

「概説書として、本書の右に出るものはない。また、今後、少なくとも邦語においては出ることはないだろう」（木村汎氏）。革命史を簡潔にたどりながら、革命過程を独創性をもって理論的に分析した金字塔的著作！

角川ソフィア文庫ベストセラー

経済学 上巻
編著／宇野弘蔵

「宇野が原理論、段階論、現状分析のすべてについて体系的に編集した、唯一の著作」（佐藤優氏）。宇野弘蔵が宇野学派を代表する研究者と共に、大学の教養課程における経済学の入門書としてまとめた名著。

経済学 下巻
編著／宇野弘蔵

「リストに注目した宇野と玉野井の慧眼に脱帽する」（佐藤優氏）。下巻では、上巻で解説された原理論、段階論と経済学説史を踏まえ、マルクスの経済学の解説から入り、現状分析となる日本経済論が展開される。

ブッダ伝 生涯と思想
中村　元

煩悩を滅する道をみずから歩み、人々に教え諭したブッダ。出家、悟り、初の説法など生涯の画期となった出来事をたどり、人はいかに生きるべきかを深い慈悲とともに説いたブッダの心を、忠実、平易に伝える。

新版 福翁自伝
福沢諭吉
校訂／昆野和七

緒方洪庵塾での猛勉強、遣欧使節への随行、暗殺者におびえた日々——。六〇余年の人生を回想しつつ愉快に語られるエピソードから、変革期の世相、教育に啓蒙に人々を文明開化へ導いた福沢の自負が伝わる自叙伝。

張学良秘史 六人の女傑と革命、そして愛
富永孝子

1901年。軍閥・張作霖の長男として生まれ、百歳で世を去った張学良が初めて語った女傑たちとの物語。蔣介石夫人・宋美齢、ムッソリーニ令嬢・エッダ、幽閉時代を支えた妻と秘書に最高の女友達との秘史。